생각의 급소를 찌르는
다르게_____읽는 힘 오독의
즐거움

남궁민 지음

어바웃어북

진짜 고수만이
겨우 쓸 수 있는 글을
읽는 즐거움

다른 사람이 쓴 책을 읽고 요약하고 압축해서 전달하는 일은 두 가지 의미에서 부질없는 일이다.

첫째, 아무리 잘해도 저자의 원본에 없는 말을 쓸 수는 없으니 그 결과물이 원본보다 뛰어나기는 불가능하다. 할 말이 있으면 차라리 책을 한 권 쓰고 말지 겨우 남의 책을 읽고 요약 해설하는 좀스러운 일은 지식인이 하기엔 적절하지 않다.

둘째, 말은 그렇게 했지만 이 요약이라는 일이 실제로 해보면 여간 어려운 게 아니다. 원본의 내용 중에 뭐가 중요한 것이고 뭐가 사소한 것인지를 구별하는 일은 사실 원본의 저자보다 더 뛰어나야 할 수 있다. 저자가 아무렇게나 구겨 넣은 에피소드들을 하나하나 풀어헤쳐서 건질만한 건 따로 건져놓고 잘못 풀어놓은 것은 적당히 정리해서 군살 없는 조각으로 만든 후에 거기에 원본이 던지는 깊이 있는 통찰까지 놓치지 않고 꾹꾹 눌러 담는 작업은 웬만한 지식인은 엄두도 못 낼 일이다.

이런 까닭에 세상에서 판매되는, 뭔가를 요약해서 엑기스만 담았다고 주장하는 것들의 품질은 늘 부실하고 엉성하다. 그러나 다시 한 번 말하지만 그건 어쩔 수 없다. 작품을 압축 정리해서 정교한 미니어처를 만들어 놓았음에도 불구하고 원본의 향기와 품위를 그대로 담아내는 것은 수 십 년 내공을 쌓은 고수들만 할 수 있는 일인데, 그런 고수들은 남의 작품을 요약하고 해설하는 따위의 일은 하지 않기 때문이다.

진짜 고수만이 겨우 해낼 수 있는 일인데 정작 그런 고수들은 그 일이 시시해보여서 거들떠보지도 않는 이 안타까운 불협화음을 깨뜨린 게 이 책의 저자 남궁민이다.

사실 이건 남궁민에게는 비밀로 해야 되는 건데 우리끼리니까 조용히 이야기하자면 그는 자기가 이런 일에 초고수라는 걸 아직 잘 모른다. 자신이 그린 모나리자 그림을 마뜩잖게 바라보며 한숨을 쉬고 다시 습작을 이어가는 젊은 다빈치를 보는 것 같다. 얼마나 다행스러우면서도 또 조마조마한지 모르겠다.

저자 남궁민과는 몇 년 전 라디오 진행자와 패널로 만난 게 첫 인연이었는데, 내가 그를 라디오 스튜디오로 초대한 건 그가 어떤 커뮤니티에 올린 한 게시물 때문이었다. 자신이 읽은 괜찮은 책을 한 권 소개하면서 그의 생각을 함께 녹여서 쓴 글이었는데, 그가 인용한 두꺼운 그 책을 읽는 것보다 그가 쓴 짧은 게시물을 읽는 게 훨씬 유용하다는 생각이 들었다. 그 후로 나는 그를 만나면 요즘 무슨 책을 읽고 있는지 슬쩍 물어 보고 내가 읽을 책 리스트에서 제외하는 게 습관이 됐다.

이 책은 겉보기엔 저자가 고른 괜찮은 책들을 모티브 삼아 그 책에 대한 생각과 책의 내용을 적절히 배합해서 써내려간 에세이집에 가깝다. 그런 구성의 책은 어설픈 저자라도 어찌어찌 쓰다보면 책 한 권이 쉽게 만들어질 것 같기 때문에 출판업계에서 자주 시도되곤 하는데, 나의 독서 경험에 따르면 이런 류의 도서들은 꽤 높은 빈도로 실망스럽다.

대부분은 모티브로 사용된 책의 제목이나 내용이 글의 도입부에만 잠깐 언급될 뿐 나머지는 그 책을 핑계로 꺼내든 저자의 해묵은 주장으로 가득해서 결국 그 본질이 책을 빙자한 꼰대질인 경우가 태반이거나, 그게 아니면 단순히 책의 부분 부분을 인용하면서 책에 이렇게 나와 있으니 궁금하면 사서 읽어보면 좋다는 식의, 그 유용함이 동네 백화점 세일 전단만도 못한 책들이 적지 않다.

그런데 이 책은 그런 식상한 장르도 훌륭한 저자를 만나면 멋진 작품이 된다는 걸 보여준 참 절묘한 성공작이다. 책의 내용을 인용해서 이어붙이는 요약

문도 아니면서 그렇다고 저자의 생각을 주절주절 나열한 칼럼도 아니다. 굳이 이 책의 성격을 정의하자면 이름난 책들의 리모델링 작품이다.

이 책의 저자 남궁민은 아마도 이런 과정을 거쳤을 것이다. 그가 신중하게 골라낸 이름난 책들을 스스로 찬찬히 읽고 나서 그 책의 저자가 던지는 메시지들에 충분히 동의하고 빙의한 후에 그 책에 담긴 메시지를 전하기 위한 칼럼을 흰 종이에 처음부터 다시 쓰기 시작했을 것이다. 물론 그 책에서 인용한 사례들보다 더 효과적인 사례가 있으면 주저 없이 그걸 뽑아들었을 것이다. 그러나 글에 흐르는 중심 생각은 원본의 저자가 전하려는 의도와 방향에서 한 뼘도 벗어나지 않는다. 뼈대는 살리고 자재는 더 나은 것으로 바꾸는 리모델링이 책에서도 가능하다는 걸 보여줬다.

요약하자면, 이 책은 저자 남궁민이 명저들을 읽고 '저자가 전하려는 아이디어가 이런 것이라면 차라리 이런 식으로 전달하는 게 훨씬 나을 텐데'라고 생각한 그 포인트를 글로 써내려간 책이다. 원서가 전달하려는 아이디어가 꽤 생동감 있게 전해지다 보니 이 책을 읽고 나면 인용된 그 원서를 사서 읽고 싶은 생각이 들겠지만 그런 시도는 접어두고 그 시간에 다른 책을 사서 읽는 게 낫다. 짧은 글이지만 엑기스는 이미 다 녹아있다. 정말이다.

이진우
(MBC 라디오 〈손에 잡히는 경제〉, 삼프로TV 진행자)

'오독'이란
책읽기의 주도권을
돌려받는 선언

촌스러운 여행이 있다. '꼭 찍어야 하는 곳'에서 사진 찍고, '꼭 가야 하는 맛집'에서 밥을 먹고는 주르륵 소셜 미디어에 올리는 데 충실한 정석 코스다. 이렇게 열 명이든, 백 명이든 똑같은 여행을 다녀오는 모습은 차츰 사라지고 있다. 많은 사람이 자신의 개성을 찾기 시작하면서다. 나만의 장소를 찾고, 특별한 기록을 남기는 여행자가 많아지며 (빤한 여행은) 옛날 일이 되어간다.

여전히 이 굴레에서 벗어나지 못한 게 있다. 책읽기다. 책 앞에 앉으면 우린 작아진다. 머리를 싸매며 정답을 찾으려 애쓴다. 겨우 찾은 답은 어디서 본 듯 기시감이 든다. 그럭저럭 나쁘지 않으면서 남들과 엇비슷하다. 이럴 바엔 차라리 요약 정리된 유튜브나 보고말까 싶다. 어차피 내가 읽으나, 블로그나 유튜브나 똑같은 '정답'을 말하는데, 무슨 차이가 있나 하는 허탈감이 들기 마련이다.

이 책 〈오독의 즐거움〉은 대열을 이탈한다. '정면 사진'을 찍으려고 몰려있는 군중 사이에 있는 당신의 소매를 살짝 끌어당겨 숨은 포토 존으로 데려 간다. 세계 경제부터 패권 갈등, 에너지 그리고 인간의 심리까지 대가들이 쓴 책을 비틀어 바라본 이야기를 실었다. '정독'의 굴레를 벗어나 책 속에 나만의 길을 내는 작업, '오독'의 결과물이다.

책읽기에 몰두하기 시작한 건, 직업적 강박 때문이었다. 신문기자로 일하면서 매 순간 부족한 지식에 허덕였다. 간신히 대학 문턱을 넘자마자 내로라하는 똑똑한 사람들을 만나는 일을 할 줄은 몰랐으니 말이다. 부끄럽지 않으려 '책이라도 읽자' 생각했다. 하지만 막막함만 깊어갔다. 나 또한 정독의 굴레에 빠진 탓이다.

그러다 쓰기 시작했다. 네트 넘어서 날아오는 공에 맞지 않으려 피하기 급급했던 자세를 바꿔서, 받아치기로 했다. 열심히 읽되 이해하고 생각한 걸 나의 언어로 써 내려갔다. 나의 리시브에는 대가들의 책에는 빠진 걸 담았다. 지금이 순간, 우리 사회에 필요한 고민이다.

이렇게 '지금' '우리'의 관점으로 글을 썼다.
인류 진화의 역사를 담은 〈사피엔스〉에 대해서는 '왜 오늘날에도 사기 피해가 이어질까'라는 중요하지만 엉뚱한 질문을 던져봤다. (그럴 가능성은 많지 않겠지만) 저자 유발 하라리가 이 글을 읽는다면 조금 당황스러울 수도 있겠다, 생각하니 나도 모르게 입가에 미소가 번진다. '오독의 즐거움'이다. 잡초학자가 쓴 책(《전략가, 잡초》)을 읽고는, 몇 년 전 만났던 스타트업 대표의 말을 다시 떠올렸다. 잡초의 생애가 주는 통찰에 스타트업의 일생을 연결 지은 것이다.

세계 주요국의 지리를 정리한 〈지리의 힘〉을 읽으면서는 사회생활하며 푸념처럼 내뱉는 '팔자'를 생각했다. 부단히 노력해야만 극복할 수 있는 조건이 있다는 점에서 사람이나 국가나 같은 처지다. 국가만큼이나 시장도 거창해 보이는 모습 뒤편에는 인간스러움이 있다. 〈야성적 충동〉은 인간의 옹졸한 면모를 통해 2008년 금융위기가 일어나게 된 과정을 들여다봤다. 살짝 비뚤어진 자리에서 국가와 경제의 속사정을 들여다본 작업이다.

책을 고르는 작업도 정공법은 피하고 틈새를 찾아갔다. 여기서 다룬 46권의 책 가운데 번듯한 베스트셀러 자리에 오른 '모범생'은 많지 않다. 그보다 수년 전에 절판돼 헌책방 서가에서 벌을 서고 있던 책들을 골랐다. 흥행에는 실패했지만, 좋은 독자를 만나면 충분히 빛을 볼 가치가 있는 저주 받은 걸작들이다. 〈헤지펀드 열전〉, 〈보물섬〉, 〈더 박스〉 같은 책들이다. 남들이 많이 사는 책을 마음 편히 사는데 익숙했다면, 이런 '절판 명작'을 만나며 새로운 즐거움을 찾을 수 있을 것이다.

〈오독의 즐거움〉은 정답을 보장하지 않는다. 대신 아마도 유일한 생각 그리고 문장을 약속한다. 수없이 많은 사람이 봤을 명저에서 찾은 '다른 관점' 말이다. 이런 과정을 거쳐 대가의 명저는 비로소 내 생각, 나의 문장이 됐다. 이 책의 글들은 나의 시선에서, 살짝 삐딱하게 찍은 '인생 샷'이다.

이 책은 4개의 장으로 나뉘어 있다. INSIGHT(통찰), MARKET(시장), HEGE-MONY(패권), HUMANITY(인간)이다. 필자의 관점을 담아 써내려갔지만, 주제는 자못 웅장하다. 모두가 한번쯤은 고민해봤거나 해야만 하는 문제를 골랐다. 가장 중요한 문제들에 대한 대가의 생각을 따라가면서 동시에 살짝 빗겨난 오독의 묘미를 즐길 수 있기를 바란다.

우리는 모두가 잘하고 싶어 하는 사회를 살아왔다. 말문이 트인 때부터 가갸거겨, 가나다라……를 얼마나 빨리 떼는 지 경쟁했다. 12년의 직선 주로로 학교생활을 내달리고는 대학과 직장에 가서도 잠시 멈춤 없이 '정답'과 '정석'을 찾아 헤맸다. 그저 잘하려고, 배운 대로 했을 뿐이지만 그 결과는 엇비슷한 사람과 생각으로 가득한 사회로 돌아왔다.

'오독'은 책읽기의 주도권을 돌려받는 선언이다. 대가의 명저 속에 놓인 선로의 끝에 도달했다면, 끊겨있는 선로를 마저 이어나가는 건 독자의 몫이다. 이 책은 그 선로 끝에 필자가 놓은 선로다. 이 책을 덮을 때는 생각지도 못한 곳으로 향하는 당신의 선로가 이어져 있길 기대한다.

2023년 여름 광화문에서

C O N T E N T S

Chapter 1 ___ INSIGHT

Chapter 3 ___ **HEGEMONY**

Chapter 4 ___ HUMANITY

┃일러두기┃

- 인명은 국문명과 영문명을 함께 표기했다.(예 : 워런 버핏Warren Buffett)
  다만, 해당 꼭지에서는 영문명을 중복표기하지 않는 것을 원칙으로 했다.
  이후 항목을 달리하는 꼭지에 재등장할 경우 중복표기했다.
- 책, 잡지, 영화, 명화, 음악 등의 작품은 〈 〉로 묶었다.
- 외래명의 한글 표기는 가급적 외래어 표기법에 따랐다.
- 본문에서 다룬 책 중에서 번역서의 경우 서지정보란에 원서의 표지이미지를 수록했다.

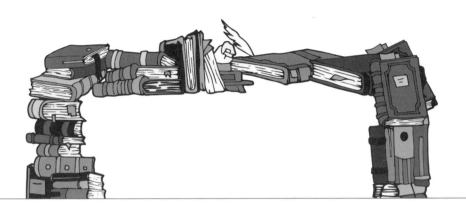

chapter 1
INSIGHT

혁신의 저주

1950년대 컨테이너에서 보는
테슬라의 미래

한국에서 좋은 책을 가리는 가장 확실한 기준은 전문가의 추천도 아니요, 베스트셀러 순위도 아닌 '절판' 여부다. 2017년에 나온 〈더 박스〉는 출간된 지 5년도 채 지나지 않아 절판됐다. 경험상 이런 책은 얼마나 팔렸는지를 떠나서 좋은 책일 가능성이 높다. 실제로 이 책이 그렇다.

〈더 박스〉는 컨테이너에 대한 이야기다. 저자는 가로×세로 반듯한 쇳덩어리를 주제로 500페이지가 넘는 벽돌책을 썼는데, 이게 한번 쉬지도 않고 읽을 만큼 재미있다. 컨테이너가 어떻게 실용화됐고 세상을 바꿨는지 흥미진진하게 풀어낸다. 오늘날의 1인당 소득으로 G7 국가를 넘보는 한국을 만든 단 하나의 물건을 꼽으면 반도체가 아닌 '컨테이너'라고 확신한다.

'혁명적'이란 말로도 부족했다

1956년 4월 26일. 최초의 컨테이너선이 뉴욕 뉴어크항을 출항했다. 이전에도 컨테이너는 있었다. 철골을 덧댄 거대한 상자가 활용된 건 오래된 일이다. 이 때까지는 갑판 위에 가끔 보이는 특이한 화물 정도였다. 거의 모든 화물은 부두노동자가 등짐으로 옮겼다.

자수성가한 트럭운수업자인 말콤 맥린Malcolm Purcell McLean은 컨테이너에 맞춰 모든 운송 시스템을 뜯어 고친 '컨테이너화'에 도전했다. 제2차 세계 대전 이후 정부가 거저 나눠 준 배를 컨테이너에 맞게 개조하고 크레인을 설치했다. 여기에 맞춰 항구도 뜯어 고쳤다. 트럭운수업자답게 컨테이너에 최적화한 트럭 운송 체계도 세웠다. 맥린은 컨테이너를 발명하진 않았지만, 컨테이너화를 시작했다.

말콤 맥린

결과는 혁명적이었다. 1956년에 일반 화물을 기존의 화물선으로 옮기는 데 드는 비용은 톤당 5.83달러였다. 이걸 컨테이너선으로 옮길 때 비용을 맥린이 계산해보니 톤당 15.8센트로, 운송비가 37분의 1로 줄었다. 3000원 하던 택배비가 80원 꼴로 준 셈이다. '혁명적'이란 말로도 부족하다.

여기서 '그렇게 말콤 맥린은 운수업의 혁명을 이끌고 세계화를 이룩했습니다'로 끝났으면 책이 두꺼울 필요가 없다. 맥린이 컨테이너선을 띄운 게 본문 15장 가운데 딱 1장 내용이다. 이제부터 '혁신의 저주'가 뭔지 생생하게 전개된다. 테슬라가 벌써 혁명을 다 이룬 것처럼 보인다면, 말콤 맥린의 이야기를 들어봐야 한다.

운송비를 혁신적으로 줄였으니 순식간에 운송업계가 컨테이너화했을 거라고 생각하기 쉽다. 그런데 첫 컨테이너선이 출항하고 6년이 지난 1962년에도 뉴욕항의 화물 중 컨테이너 화물은 8% 밖에 되지 않았다. 이것도 전체 항구도 아닌 뉴욕항의 수치고, 여기에 국제화물은 넣지도 않았다. 당시 국제화물 중 컨테이너로 옮긴 비율은 0%였다.

혁신은 수지 타산이 맞는 모델을 '짜잔' 개발하고 끝이 아니다. 첫 번째 벽은 정치적 문제다. 부두노동자는 인기 있는 직업이었다. 노동조합의 단결력은 강했고, 선적과 하역, 배분 등 여러 공정에 걸쳐 있었기 때문에 파업의 위력도 셌다. 부두노동자는 수도 많고 소득도 높아 정치적 영향력도 컸다. 그들은 컨테이너가 위협이 될 걸 간파했고 파업으로 맞섰다.

'부두노동자'라는 글자를 가리면 오늘날의 자동차 공장 노동자를 설명한 것과 다를 바 없다. 그나마 저 때는 전후 호황기라 일자리 문제가 심각하지 않았지만, 요즘은 정치적 지형이 더 안 좋다. 장기적으로는 노동절약형 기술

사진은 1956년 4월 26일경 뉴욕 뉴어크항을 출항하는 최초의 컨테이너선. 컨테이너 박스에 'SEALAND SERVICE'라는 상호명이 보인다. 바로 말콤 맥린이 세운 회사다. 맥린은 제2차 세계 대전 이후 미국 정부가 거저 나눠 준 배를 컨테이너에 맞게 개조하고 크레인을 설치했다. 여기에 맞춰 항구도 뜯어 고쳤다. 트럭 운수업자 출신답게 컨테이너에 최적화한 트럭 운송 체계도 세웠다. 맥린은 컨테이너를 발명하진 않았지만, 컨테이너화를 시작함으로써 20세기 중반 미국 운송업계에서 '혁신의 아이콘'이 되었다. 하지만, 사업가로서 그의 혁신은 성공적이었을까?

진보의 힘으로 노동자들이 밀려나겠지만, 결코 쉬운 일은 아닐 것이다.

1960년에 '기계근대화협정'이라는 협상을 통해 컨테이너 선사와 노동자는 타협을 이뤘지만 갈 길이 멀었다. 이번에는 선사끼리의 경쟁이 불 붙었다. 컨테이너화는 엄청난 자본을 투자해서 공정을 쉽게 만드는 작업이다. 일단 인프라가 갖춰지면 서비스에 큰 차이가 없다. 끝없는 원가 경쟁이 시작되고 투자도 계속해야 한다.

컨테이너화를 시작한 맥린의 시랜드서비스사가 앞서갔지만, 6년째 적자였다. 빚은 산더미처럼 쌓였고, 후발주자는 계속 치고 들어왔다. 돈을 벌어도 원가절감 압박과 추가 투자를 멈출 수 없는 지경이었던 것. 당시 큰 손이었던 담배회사 레이놀즈가 맥린에 대한 투자자로 들어왔는데, 그 현금부자도 결국 포기하고 나갔다.

지금의 전기차도 마찬가지다. 헤어드라이기로 유명한 영국 다이슨이 2016년 전기차 개발을 선언하면서 자신들은 모터를 잘 만들고, 전기차는 모터로 가는 물건이라 만들 수 있다고 했다. 수천 개의 부품으로 정교하게 만드는 내연기관보다 진입장벽이 낮아진 것. 다이슨은 2019년 프로젝트를 포기했지만 테슬라 앞에는 벤츠, BMW, 현대차 등 쟁쟁한 거인들이 셀 수 없이 많다.

여기에 거의 끝이 없는 자본 투자 부담도 있다. 다이슨은 3년 만에 7500억 원을 태웠는데, 미련 없이 포기했다. 상업성이 없다고 봤기 때문이다. 전기차가 대중화하면 결국 가격이 중요해질 텐데, 그럼 투자를 늘려 '규모의 경제'를 이뤄서 더 싸게 만들어야 한다. 이윤은 박해지고 투자금은 계속 쏟아 부어야 한다.

워런 버핏Warren Buffett이 비슷한 얘기를 여러 번 했는데, 항공업계도 다르지 않았다. 버핏은, "자본가 입장에서는 라이트 형제가 첫 비행할 때 총으로 쐈다면 돈을 많이 아꼈을 것"이라고 말했다. 비행기가 혁신인 건 누구도 부정할 수 없었지만, 이후 약 100년 가까이 항공산업에 투자해서 돈 번 사람은 거의 없었다.

여러 장벽에 막혀 지지부진하던 컨테이너화에 숨통을 틔운 건 베트남전쟁이었다. 1970년 군수 보급으로 속을 썩던 미군은 컨테이너를 해결책으로 찾았고, 결과는 성공이었다. 덕분에 맥린도 돈을 벌기 시작했고, 베트남에서 돌아오는 길에 일본에 들러 빈 컨테이너에 물건을 채우기로 하면서 '환태평양 무역의 시대'도 열었다.

어릴 때는 고(故) 정주영 회장이 뜬금없이 배를 만든다고 한 게 그저 위인의 '뚝심'이라고 생각했는데, 이런 배경이 있었던 것이다. 정주영 회장이 바클레이를 찾아가 그 유명한 '이순신 지폐' 에피소드를 만든 게 1971년이다. 세상 돌아가는 판세를 잘 보고 설득한 거다. 역시 에피소드는 아름답지만 비즈니스는 합리적이다.

베트남전쟁이라는 엄청난 기회를 맞은 맥린은 드디어 성공했을까? 그렇지 않다. 이제는 아예 일본, 대만에 한국까지 가세해서 더 싸고 더 빠른 배를 찍어냈다, 국가가 나서서 대형 항구와 컨테이너선을 만든 동아시아는 빠르게 치고 올라왔다. 2014년 기준으로 세계 10대 무역항 중 7곳이 동아시아에 있다. 첫 컨테이너 선을 띄운 뉴욕항은 순위에서 보이지도 않는다.

이렇게 정리할 수 있겠다. 혁신이 성공으로 이어지려면,

① 그 혁신이 사업성이 있어야 하고(제록스),

② 정치적 문제를 돌파해야 하고(타다),

③ 언제가 될지 모를 '그때'를 기다려야 하고(테슬라),

④ 누가 승자가 될지 모르는 무한경쟁을 이겨내야 하며(삼성전자),

⑤ 대중화를 이룰 이벤트도 있어야 한다(애플).

이런저런 굴곡이 있는데, 여하튼 맥린은 나중에 파산하고 쓸쓸하게 생을 마감한다. 결국 1990년대 들어 컨테이너는 세상을 바꿨지만, 혁명을 완성하기까지 첫 출항 후 40년 가까운 세월이 필요할 줄은 몰랐던 거다. 물론 그는 컨테이너화의 선구자로 역사에 남았고, 그가 죽었을 때 전 세계의 컨테이너선은 뱃고동을 울려 예의를 표했다.

책을 읽는 내내 이미 혁명이 일어났다거나 '사실상' 완성됐다거나 '이건 실패할 수 없는 혁명'이라고 생각하는 테슬라에 대한 시선이 떠올랐다. 1960년대에 컨테이너화는 전기차보다 덜 매력적인 아이템이었을까?

컨테이너는 세계 경제를 넘어 '동아시아의 부상(浮上)'이라는 지정학적 격변을 일으켰다. 하지만 컨테이너 선사에 투자해서 돈을 번 사람은 없었다. 혁신은 참 먼 길이다.

<더 박스>
THE BOX _ 원제
마크 레빈슨(Marc Levinson) 지음 / 이경식 옮김
청림출판 | 2017년 8월 16일

KILLER TEXT

혁신은, 수지 타산이 맞는 모델을
'짜잔' 개발하는 것에서 끝나지 않는다.
투자를 늘려 '규모의 경제'를 이뤄서
더 싸게 만들어야 한다.
결국, 이윤은 박해지고 투자금은 계속 불어난다.
워런 버핏이 비슷한 얘기를 여러 번 했는데,
항공업계도 다르지 않았다.
버핏은, "자본가 입장에서는 라이트 형제가
첫 비행할 때 총으로 쐈다면 돈을 많이 아꼈을 것"
이라고 말했다. 비행기가 혁신인 건 맞지만,
이후 약 100년 가까이
항공산업에 투자해서 돈을 번 사람은 거의 없었다.

상실의 시대
저편에

에반게리온의 늙은 전사들

30대가 되면 인간은 매년 약 1% 가량 근육이 줄어든다고 한다. 평범한 성인 남자로 치면 가만히 있어도 매년 300~400g씩 준다는 의미다. 근육량 1kg 늘리기가 얼마나 힘든가 생각하면, 장년이 되어서도 소싯적 몸을 유지하는 건 대단한 일이다.

이런 일을 무려 20년 넘게 해내는 기적을 이룬 나라가 있다. 일본이다. 일본은 2000년 무렵부터 노동가능인구가 매년 약 1%씩 감소했다. 정점일 때 8700만 명이었던 노동가능인구는 그 사이에 1300만 명 넘게 줄었다. 국가를 움직일 근육이 15%나 감소한 것이다.

그런데 놀라운 건, 그 사이 일본 경제의 총생산은 매년 1%씩 증가했다는 점이다. 매년 근육량이 1% 줄어드는 몸을 갖고서 오히려 증량을 해온 셈이다. +1%와 -1%의 간극을 메운 건 생산성 향상이다. 더 적은 노동자가 일하고도 많은 산출물을 내는 생산성 향상을 이뤘다는 의미다.

GDP 통계를 보면 더 직관적이다. 2000년을 100으로 놓고 볼 때, 20년 사이 미국과 영국은 약 140, 독일과 프랑스는 약 120이 된 반면, 일본은 113 정도에 그친다. 이걸 보면 일본은 여전히 '잃어버린 세월'을 살고 있다고 생각할 수 있다. 그래서 모두가 비웃는다.

그런데 노동인구당 GDP를 보면 상황이 달라진다. 미국과 영국, 프랑스가 약 120 정도에 머무는 데 반해 일본은 135를 기록했다. 독일이 130 정도로 분발했지만, 일본에는 미치지 못했다. 즉 일본은 20년 동안 주요국 가운데 노동자당 생산성이 가장 빠르게 증가했다. 다들 늙어가는 와중에도 남은 힘을 끌어다 악으로 깡으로 버틴 결과다. 부양인구비가 치솟던 일본에 '1인당 GDP'의 렌즈를 끼고 본 게 중요한 점을 놓치게 만들었다.

아직도 도장을 찍고 팩스를 쓴다는 일본에 대한 인식을 생각하면 믿기 힘든 얘기다. 이런 얘기를 필자가 하면 한소리 듣기 좋겠지만, 영국의 대표적 거시경제학자인 찰스 굿하트^{Charles Goodhart}가 그의 책 〈인구 대역전〉에서 풀어낸 주장이다. 그는 고령화를 먼저 맞이한 일본은 오히려 보고 배워야 할 '모범생'이라고 치켜세운다.

굿하트에 따르면 일본은 운이 좋았다. 인구가 정체되고 버블이 터진 1990년 무렵 세계에는 노동자가 흘러넘치기 시작했다. 중국이 개혁·개방에 속도를 냈고, 무너진 동구권에서도 노동력이 쏟아졌다. 일본 기업은 해외로 나가서 노동자와 소비 시장을 구했다. 20% 정도에 머물렀던 해외 생산비율이 40%에 육박하는 수준으로 올랐다.

선원은 줄고 배는 낡아 떠밀려가던 일본호가 세계 경제의 훈풍을 맞아 그나마 제자리라도 지킨 건 오히려 보고 배워야 할 업적이라는 게 찰스 굿하트의 평가다. (물론 버블 붕괴 직후 10여 년간 일본의 거시경제 정책은 엉망이었다고 선을 긋는다.)

수레바퀴는 뒤로 돌지 않는다

일본에 대한 재평가를 읽고 마음이 무거웠던 건, 이제 한국은 어쩌나 하는 생각에서다. 우리는 이제 일본의 헤이세이 시대(1989년~2019년)에 접어든다. 그런데 세계 경제의 순풍이 역풍으로 바뀌고 있다. 2010년대 선진국을 시작으로 마침내 중국까지 노동가능인구가 줄기 시작했다. 소비처인 선진국은 장벽을 세우고 있다.

우린 일본의 헤이세이 시대를 가리켜 '총체적 실패'라고 말한다. 그런데 어쩌면 많은 실책에도 불구하고 일본은 이런 고난의 시기를 이례적으로 잘 넘은 걸지도 모른다. 세계의 노동 공급 증가로 낮은 물가를 유지했고, 성공적인 해외 진출로 생산성도 높여왔다. 남들보다 숙제를 먼저 해치운 셈이다.

우리가 비웃는 정치도 꽤 역동적으로 발버둥 쳤다. 일본 정치를 '55년 체제'로 문질러서 무시하지만, 사실 일본은 1989년에

1989년 1월 7일 새로운 연호, 헤이세이를 발표하는 오부치 게이조(小渕恵三) 당시 내각관방장관. '쇼와(昭和) 시대'에서 '헤이세이(平成) 시대'로의 전환을 상징하는 장면이다.

제1당이 자민당에서 사회당으로 넘어간다.

당시 이변을 이끈 게 젊은 여성 정치인 도이 다카코土井 多賀子였다. 1992년에는 일본신당이 나와서 집권까지 성공하고, 무려 개헌보다 어렵다는 선거제 개혁을 해낸다. 별짓을 다 해 본거다. 물론 일본의 이른바 정치개혁 시도는 하나같이 단기간에 끝났다. 그럼에도 일본이 '아무 것도 하지 않고 있다가 망했다'는 일반적 인식은 사실과 다르다. 정치는 물론 경제에서도. 역풍을 맞으며 이 시대를 맞이한 우리는 이 정도 혁신을 이뤄낼 지 장담하기 힘들다.

일본의 지난 40년은, 늙어가는 나라는 나라 안에서 발버둥을 쳐도 잘해야 본전이라는 암울한 현실을 말해준다. 새치가 성성한 아저씨가 20살 때처럼 이틀 밤을 새우고도 쌩쌩하지 않다고 푸념해봐야 별무소용이다. 한국은 늙어가고 세계도 그렇다. 이 수레바퀴가 뒤로 돌진 않을 것이다.

〈헤이세이사〉를 읽으며, 우린 일본이란 교보재를 어떻게 활용하고 있나 생각했다. 예순 살에도 노쇠한 팔로 벤치프레스를 미는 옆집 노인을 보며 비웃는, 이제 곧 근감소가 시작될 30살 청년이 아닐까.

역사가 가치 있는 건 자기객관화의 도구이기 때문이다. 그런데 어느 때부턴가 남을 내가 보고픈 대로 보게 하는, 타자주관화의 연장이 된 것 같아 씁쓸하다.

〈헤이세이사〉
平成史—昨日の世界のすべて _ 원제
요나하 준(與那覇 潤) 지음 / 이충원 옮김 /
2022년 12월 28일 / 마르코폴로

헤이세이의 원년 1989년에 일본은 '두 아버지'와 사별했다. 현실사회주의 붕괴로 마르크스
(Karl Marx)의 마지막 영령제를 지내야 했고, '덴노' 히로히토(裕仁)의 임종을 지켜봐야 했다.
전후 막장을 건너며 눈부신 경제 성장을 이룩한 전공투 세대는 그 즈음 활력을 잃었고, 그로
부터 30년 간 상실의 시대를 인내해야 했다. 90년대 일본열도를 흔들었던 애니메이션 〈신세
기 에반게리온〉에서 아들에게 전투병기 에바에 올라타 괴물(세상)과 싸우라는 아버지의 절
절한 메시지는, 헤이세이를 종언하며 영원히 사라질까? 아니면 유언이 되어 늙어가는 아들
을 다시 한 번 곧추세울 것인가? 이미지는 애니메이션 〈신세기 에반게리온〉의 아트워크.

KILLER TEXT

30대가 되면 인간은 매년 약 1% 가량 근육이 줄어든다고 한다. 평범한 성인 남자로 치면 가만히 있어도 매년 300~400g씩 준다는 의미다. 근육량 1kg 늘리기가 얼마나 힘든가 생각하면, 장년이 되어서도 소싯적 몸을 유지하는 건 대단한 일이다. 이런 일을 무려 20년 넘게 해내는 기적을 이룬 나라가 있다. 일본이다. 일본은 2000년 무렵부터 매년 노동가능인구가 약 1%씩 감소했다. 정점일 때 8700만 명이었던 노동가능인구는 그 사이에 1300만 명 넘게 줄었다. 국가를 움직일 근육이 15%나 감소한 것이다. 놀라운 건, 그 사이 일본 경제의 총생산은 매년 1%씩 증가했다는 사실이다. 우린 예순 살에도 노쇠한 팔로 벤치프레스를 미는 옆집 노인을 보며 비웃는다. 이제 곧 근감소가 시작될 30살 청년이!

꼰대의 혜안

실리콘밸리가 가장 두려워하는
촌철살인자

살면서 굉장히 인상 깊은 순간은 시간이 지나도 또렷하게 기억난다고 한다. 몇 년 전 책을 읽다가 그런 적이 있었다. 스콧 갤러웨이Scott Galloway가 쓴 〈플랫폼 제국의 미래〉란 책에서 4대 빅테크(애플, 구글, 메타, 아마존)와 겨룰 기업으로 테슬라를 짚은 부분을 2018년에 읽었을 때다. 당시는 국내에서 테슬라를 억만장자 괴짜의 별난 취미나 부자의 장난감 정도로 인식할 때다.

이런 기업이 무려 빅테크의 반열에 오를 곳으로 꼽은 부분을 몇 번씩 다시 읽었다. 실리콘밸리 창업자들이 가장 두려워하는 평론가 가운데 하나로 지목할 만큼 매우 현실적이면서도 까칠한 사람이 어떻게 테슬라 같은 기업을? 스콧 갤러웨이를 알 만한 사람은 고개를 끄덕일 텐데, 그는 아무리 전도유망한 테크 기업이라 해도 일단 삐딱하게 본다. 테크업계 언저리에 창궐한 조증에서 자유로운 꼰대가 바로 갤러웨이다.

깐깐함의 끝판왕인 이 꼰대 기업분석가가 자신의 책에서 4대 빅테크와 겨룰 기업으로 '테슬라'를 지목한 건 믿기지 않지만 사실이다. 국내에서 테슬라는, 억만장자 괴짜의 별난 취미나 부자의 장난감 정도로 인식될 만큼 그다지 믿음이 가는 회사는 아니었다. 그의 주장이 실현되는 데 거의 3년이 걸렸다. 아무튼 빅테크에 대한 무성한 소음이 피곤할 때면 그의 책을 찾아 읽어야 한다. 이미지는 스콧 갤러웨이의 캐리커처.

빅테크의 빅리그로 들어간 억만장자 괴짜

갤러웨이의 주장이 사실로 입증되는 데 겨우 3년 걸렸다. 물론 언제든 사라질 수 있는 시가총액을 기준으로 빅테크의 반열에 올랐다고 하는 건 섣부르고, 테슬라는 여전히 갈 길이 멀다. 하지만 2018년 즈음에 이 정도 무게감 있는 저자가 테슬라를 '차세대 빅테크'로 꼽은 건 돌이켜봐도 놀랍다.

사실 꼼수가 있다. 저자는 그의 책 〈플랫폼 제국의 미래〉에서 빅테크의 대항마로 무려 11개의 기업을 꼽았다. 그래도 호기심에 그가 꼽은 기업(우버, 에어비앤비는 당시 비상장이라 제외)으로 구성한 '스콧 포트폴리오'를 만들어서 성과를 확인해보니 5년간 S&P500 지수 대비 130% 정도 초과수익을 거뒀다. IBM, 컴캐스트 같이 주가가 지지부진했던 기업을 포함했는데도 준수한 성과를 거둔 셈이다.

〈거대한 가속〉은 전작인 〈플랫폼 제국의 미래〉의 코로나19 버전 개정판이다. '팬데믹 이후 빅테크의 앞날' '빅테크에 대한 반독점 규제의 파급력' 등을 심도 있게 다룬다. 빅테크 기업의 호황을 가져온 팬데믹이 끝났으니 좋은 시절도 끝난 걸까? 이 책은 그렇지 않다고 말한다. 오히려 빅테크의 지배력 강화가 더 빨라진다고 설파한다.

결국 포스트 코로나19 시대를 바라보는 관점의 차이 아닐까 생각한다. 단기적으로는 저평가 됐던 리오프닝 주식이 주목받을 수 있다. 하지만 장기적으로 기술 중심 삶의 방식이 다시 옛날로 돌아갈 리는 없다. 점점 원격화하는 삶은 팬데믹 이전에도 이어져온 흐름이다. 빨라지면 빨라졌지 후퇴할 가능성은 매우 낮다.

▍빅테크 중 직원 1인당 매출

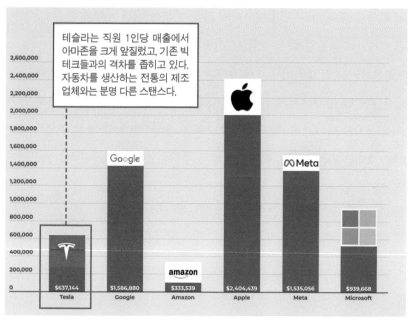

테슬라는 직원 1인당 매출에서 아마존을 크게 앞질렀고, 기존 빅테크들과의 격차를 좁히고 있다. 자동차를 생산하는 전통의 제조업체와는 분명 다른 스탠스다.

$637,144	$1,586,880	$333,539	$2,404,439	$1,535,056	$939,668
Tesla	Google	Amazon	Apple	Meta	Microsoft

(인포그래픽 출처 : fourweekMBA, 2022년 기준)

한동안 자본 시장에서 제기되었던 '금리 인상 = 빅테크 약세' 논리도 반박할 수 있다. 저자가 말하는 빅테크의 진짜 우위는 뛰어난 자본 조달 능력이다. 미국에서는 세금을 더 걷으려 하면 의회에서 난장판이 벌어지고 대통령은 폭락하는 지지율에 벌벌 떤다. 반면 애플이나 구글은 구독료를 올려도 트위터에서 잠시 욕을 먹을 뿐이다. 뛰어난 현금 창출 능력을 바탕으로 빅테크는 매우 낮은 금리로 회사채를 발행할 수 있다. 이렇게 보면 애플의 회사채가 어지간한 나라의 국채보다 못할 게 뭔가 싶다.

금리가 올라 돈이 귀한 시대가 되면, 펠로톤이나 로블록스 같은 기업은 자본 조달에 문제가 생길 수 있다. 애플은? 오히려 빅테크와 그 밖의 기업 사이의 회사채 금리 격차는 더 벌어지지 않을까. 돈이 귀한 시대가 됐을 때, 힘든 건 빅테크에 용감하게 맞서려는 도전자일 것이다.

평론가라는 직업은 지나치게 좋거나 나쁘게 평가받는 대상을 분석해서 적절한 가치를 평가하는 사람이라고 생각한다. 스콧 갤러웨이는 비관과 낙관으로 점철된 빅테크에 대한 시각의 균형을 잡아주는 사람이다. 우리가 살아가는 세계를 만들고 있는 빅테크에 대한 무성한 소음에 피곤할 때, 그의 책은 믿고 읽을 만하다.

<거대한 가속>
Post Corona _ 원제
스콧 갤러웨이(Scott Galloway) 지음 / 박선령 옮김
리더스북 / 2021년 10월 5일

KILLER TEXT

한동안 자본 시장에서 제기되었던 '금리 인상 = 빅테크 약세' 논리가 흔들린다. 빅테크의 진짜 우위는 뛰어난 자본 조달 능력이기 때문이다. 미국은 세금을 더 걷으려면 의회에서 난장판이 벌어지고 대통령은 떨어지는 지지율에 벌벌 떤다. 반면 애플이나 구글은 구독료를 올려도 트위터에서 잠시 욕을 먹을 뿐이다. 뛰어난 현금 창출 능력을 바탕으로 빅테크는 매우 낮은 금리로 회사채를 발행할 수 있다. 이렇게 보면 애플의 회사채가 어지간한 나라의 국채보다 못할 게 뭔가 싶다.

가스의 시간

**탄소라는 주홍글씨에 대한
화석연료 구루의 변론**

파리협정 이후에 화석연료의 서사시인(敍事詩人)은 무엇을 쓸까? 〈황금의 샘〉(원제 : THE PRIZE)을 쓴 대니얼 예긴Daniel Yergin의 신작 〈뉴 맵〉이 출간되자 〈뉴욕타임스〉와 〈파이낸셜 타임스〉, 〈월스트리트 저널〉 같은 미국 유명 언론은 앞 다퉈 서평기사를 냈다. 트럼프Donald Trump의 퇴장으로 탈탄소가 다시 궤도에 오르고 코로나19가 전 세계를 휩쓴 2021년경에 나온 이 책은 저자의 지명도만큼 시의성도 충분했다. 모두가 재생에너지를 얘기할 때 평생을 화석연료에 바친 전문가는 과연 무슨 말을 했을까?

책은 미국 · 러시아 · 중국 · 중동의 지정학을 다룬 4개의 장과 전기차 · 재생에너지를 다룬 2개의 장으로 이뤄졌다. 앞의 4개의 장은 사실상 천연가스에 대한 이야기다. 책의 제호에서 지도(Map) 앞에 '새로운(New)'을 붙인 것도 천연가스가 바꾼 지정학을 이야기한다는 의미다. 미국의 에너지 독립과 유럽의 에너지원 다변화, 러시아의 중국 종속 심화 및 중국의 에너지 안보 고군 분투가 그려진다. 가스 하나로 강대국 자리를 지키기 위해 싸우는 러시아의 암울한 현실은 점점 중국의 주변국으로 전락하는 듯한 인상을 준다.

즉위는 했지만 대관식은 치르지 못한

책은 가스가 바꾼 권력지형을 역동적으로 다루지만, 긴장감이 떨어진다. 예 긴의 대표작 〈황금의 샘〉을 읽었을 때 들었던 무게감 같은 게 느껴지지 않는 다. 겨우 10년 전만 해도 화석연료는 세계 경제를 쥐고 흔들었다. 하지만 '마 이너스 유가 사건'*과 함께 석유에서 뿜어져 나오던 아우라는 사라졌다. 화석 연료는 여전히 중요하지만 독보적 위치는 바랬다.

가스는 미국과 카타르, 시베리아에서 쏟아져 나온다. 비싸게 LNG를 사오 던 동아시아를 옭아매던 목적지제한조항(Destination Clause)**이나 장기계약 관행은 줄고, 서로 더 팔려고 경쟁한다. 글로벌 에너지 판도에서 러시아의 새 가스관이나 미국의 LNG 사업은 큰 변화이긴 하지만, 이제는 생존 문제가 아 니라 그저 비즈니스의 문제라 그러려니 할 뿐이다.

---

* 미국 서부 텍사스산 원유 가격이 2020년 4월 20일 −37.63달러로 마감됐던 사건. 국제유가가 마이너스를 기록한 것은 사상초유의 일인데, 이는 원유 생산업체가 웃돈을 얹어주며 원유를 판매해야 한다는 의미다. 팬데믹으로 세계 경제가 멈춰서면서 원유 수요가 급감했던 탓이다. 당시 국가마다 이동제한과 재택근무가 일상화되자 항공 과 자동차 이동이 줄고 공장 가동이 중단되는 상황이 속출했다.
** LNG 구입자가 판매자 동의 없이 제3자에게 잉여 물량을 전매하는 것을 금지하는 계약조건. 미국 LNG 장기구매 계약에는 목적지제한조항이 없기 때문에 구매자가 인수한 물량을 현물 시장에서 재판매할 수 있다.

물론 가스는 중요한 에너지원으로 부상할 가능성이 높다. 석탄과 석유가 발전원료에서 '사라져야 할 존재'로 낙인 찍혔기 때문이다. 이들을 대신할 에너지원으로 가스가 왕위에 오른 셈이다. 하지만 가스도 결국 화석연료이기 때문에 '정통성'을 인정받지 못한다. (에너지의 왕으로) 즉위는 했는데 대관식은 치르지 못하는 꼴이다.

'2050년 탄소중립' 목표에 따르면, 가스는 언젠가는 사라져야 한다. 공급까지 넘쳐서 석유 같은 영향력을 갖긴 어렵지 않을까? 언제나 심각하고 무거웠던 예긴의 저서를 처음으로 여유로운 마음으로 읽은 건 그런 이유에서다. 너무 많은 전략가가 이미 '셰일혁명'을 다루기도 했다.

물론 화석연료가 짧은 기간에 사라지진 않을 것이다. 15세기에 콜럼버스 _{Christopher Columbus}가 신대륙을 '발견'하고, 바스코 다 가마^{Vasco da Gama}가 인도에 간 후에도 지중해 무역은 융성했다. 베네치아는 16세기에도 오히려 무역량이 늘었다. 하지만 천천히 쇠락했고, 결국은 멸망했다.

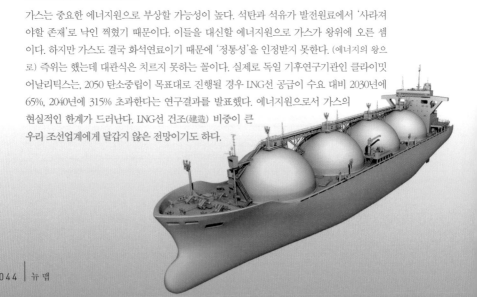

가스는 중요한 에너지원으로 부상할 가능성이 높다. 석탄과 석유가 발전원료에서 '사라져야할 존재'로 낙인 찍혔기 때문이다. 이들을 대신할 에너지원으로 가스가 왕위에 오른 셈이다. 하지만 가스도 결국 화석연료이기 때문에 '정통성'을 인정받지 못한다. (에너지의 왕으로) 즉위는 했는데 대관식은 치르지 못하는 꼴이다. 실제로 독일 기후연구기관인 클라이밋 어날리틱스는, 2050 탄소중립이 목표대로 진행될 경우 LNG선 공급이 수요 대비 2030년에 65%, 2040년에 315% 초과한다는 연구결과를 발표했다. 에너지원으로서 가스의 현실적인 한계가 드러난다. LNG선 건조(建造) 비중이 큰 우리 조선업계에게 달갑지 않은 전망이기도 하다.

이 책에서 가스의 지정학을 얘기한 예긴은 여러 차례 '무례한 환경운동가'에 대한 불만을 드러냈다. 그가 책에서 이렇게 불쾌함을 드러낸 건 처음이다. 석유기업에 대한 투자 철회 압박, 그레타 툰베리Greta Thunberg* 방식의 여론전, 석유의 죄악화 등에 대해 얘기할 때는 이 나이 든 신사도 혈압이 오르는 모양이다.

이 책이 유독 명쾌한 느낌이 없는 건 예긴이 기후변화를 부정하지 않아서다. 모호한 표현은 쓰지만 그는 '2050년까지 지구 온도 상승 1.5도 제한'이란 목표를 비판하진 않는다. 매우 어려울 것이고, 화석연료는 없앨 수 없다고 변호하는 선에 그친다. 아마도 평생을 화석연료에 바쳤고, 지금도 화석연료 컨설팅을 하는 그의 한계일 것이다.

확실히 한 시대는 저물고 있다. 탄소중립으로 가는 길의 '과도기'를 책임질 운명인 가스는, 질풍노도의 시간을 견뎌내야만 한다. 이른바 '가스의 시간'이다. 검은 황금이 그저 탄소덩어리 취급으로 추락하는 게 겨우 한 세대에 일어났다는 사실이 놀라울 따름이다. 탄소의 시대가 저무는 시점에 많은 기회가 열리고 있다.

<뉴 맵>
The New Map _ 원제
대니얼 예긴(Daniel Yergin) 지음 / 우진하 옮김
리더스북 / 2021년 5월 17일

---

* 스웨덴의 청소년 환경운동가로, 2018년 8월경 등교를 거부하고 국회의사당 앞에서 기후위기를 경고하는 1인 시위가 전 세계 수백만 청소년이 참여하는 환경 캠페인 '미래를 위한 금요일'을 촉발했다. 2019년 9월 23일 미국 뉴욕에서 열린 UN 기후행동 정상회의 참석을 위해 태양광 요트를 타고 대서양을 건너는 등 다양한 환경 이벤트로 주목받고 있다.

사진 속 보잘 것 없던 청년의 발밑에서 거대한 돈줄기가 분출하자 순간 모든 게 바뀌었다(영화 〈자이언트〉 중에서). 20세기 초 돈벼락은 단연 석유였다. 심지어 겨우 10년 전만 해도 화석연료는 세계 경제를 쥐고 흔들었다. 물론 화석연료는 여전히 중요하지만 석유에서 뿜어져 나오던 아우라는 하루가 다르게 힘을 잃고 있다. 이 검은 황금이 그저 탄소덩어리 취급으로 추락하는 게 겨우 한 세대에 일어났다는 사실이 놀라울 따름이다.

물론 화석연료가
짧은 기간에 사라지진 않을 것이다.
15세기에 콜럼버스가 신대륙을 발견하고,
바스코 다 가마가 인도에 간 후에도
지중해 무역은 융성했다.
하지만 천천히 쇠락했고, 결국은 멸망했다.
확실히 한 시대는 저물고 있다.
탄소중립으로 가는 길의
'과도기'를 책임질 운명인 가스는,
질풍노도의 시간을 견뎌내야만 한다.
이른바 '가스의 시간'이다.

Too Big To Avoid

**기후와 탄소, 미래 에너지에 관한
빌 게이츠의 생각**

1경(京) 원을 굴리는 회사 회장님이나 세계 최고 갑부가 그렇다고 하면, 설령 아니어도, 그렇게 되는 게 세상사다. 몇 년 전 세계 최대 자산운용사 블랙록의 최고경영자 래리 핑크^{Laurence Douglas Fink}가 지속가능성, 이른바 ESG를 투자지표로 삼겠다고 선언했을 때 뒷골이 싸했다. 돈 한 푼 못 버는 재생에너지 회사가 석유 메이저의 시가총액을 넘는 일이 그 당시 벌어진 것이다.

한국 사람은 대체로 기후변화 이슈에 무관심하다. 기사 조회 수만 봐도 '플라스틱'이나 '폐기물'은 반응이 뜨겁지만, '기후'란 말이 들어가면 시큰둥하다. 연교차가 60도가 넘는 날씨에 살다보니 기후가 변하는 것에 감흥이 없는 듯하다. 하지만 필자 같은 장삼이사(張三李四)가 느끼든 말든 이미 수조 달러가 움직이고 있다.

뒤처지지 않으려고 읽은 책

빌 게이츠Bill Gates가 써서 화제를 모은 〈기후재앙을 피하는 법〉은 뒤처지지 않으려고 읽기 시작했다. 이 원대한 계획의 반의 반절만 실현된다 해도, 우리가 아는 모든 산업과 라이프스타일이 바뀐다. 전 세계가 우르르 몰려가고 있으니 촌티 내기 싫으면 일단 뭔지는 알아야 한다. 선생님들이 '이해를 못하면 외워라'라고 하지 않던가.

이 책을 읽으며 가장 놀랐던 건 우리가 그렇게 옥신각신한 전력 발전이 전체 탄소배출량의 4분의 1밖에 안 된다는 사실이다. 가장 많은 탄소를 내뿜는 건 철강·시멘트·플라스틱 등을 만드는 일이다. 철강과 시멘트는 생산량의 거의 1대1 비율로 탄소를 배출한다. 당장 탄소중립을 위해 제철소와 시멘트 공장 문을 닫아야 할까? 하지만 철강과 시멘트 없이 문명은 없다. 탄소중립? 쉽게 떠들 일이 아니란 걸 직감했다.

포스코는 수소환원제철*을 하겠다고 선언했다. 찾아보니 '초기 연구 단계'라고 한다. 회사에서 발표한 보도자료에서 이런 말을 쓰면 아주 먼 미래에나 가능한 일이라고 이해하는 게 좋다. 그나마 대안이 '탄소 포집 기술'**이라고 하는데, 이렇게 만든 철강의 제조원가는 기존 철강보다 30% 정도 비싸진다. 시멘트는 아예 '꿈의 기술'마저 없어서 탄소 포집뿐이지만 이 또한 추가 비

---

* 화석연료 대신 수소를 사용해 철을 생산하는 공법. 기존 제철 방식인 화석연료는 철광석과의 화학반응으로 이산화탄소가 발생하지만, 수소는 물이 발생하기 때문에 탄소 배출이 없다. 다만, 아직 100% 수소만 사용해 철을 생산하는 환원로가 상용화되지 않은 탓에 지금으로서는 화석연료에서 발생하는 수소를 일부 활용하는 수준에 머물러 있다.

** 화석연료 사용으로 발생한 이산화탄소를 한데 모아 주로 지하에 매장하는 기술.

용이 많이 발생한다.

농업에서의 사육과 재배도 문제다. 무려 19%, 97억 톤의 탄소를 배출한다. 여긴 대책이 더 없다. 농업에서의 문제는 비료다. 화학비료 없이는 전 세계 인류가 먹고 살 식량을 기대할 수 없다. 그런데 화학비료는 적지 않은 탄소를 내뿜는다. 심지어 소의 트림과 방귀도 전체 탄소 배출량의 3%를 차지한다. 일부 환경주의자는 나무를 심자고 하지만, 탄소를 모두 없애려면 전 지구 대륙의 절반을 나무로 영원히 덮어야 한단다.

이동수단(16%, 82억 톤)과 냉·난방(7%, 36억 톤)도 만만치 않지만 그나마 모두(선박·비행기 제외) '전기화'하는 대안이 있다. 가능한 모든 수단을 전기화하고, 전기를 탄소 발생 없이 '클린'하게 만들면 된다. 문제는 현재 기술로는 전기를 완벽히 깨끗하게 만드는 게 어렵다는 점이다. 이 대목에서 재생에너지가 등장한다.

그런데 빌 게이츠는 재생에너지를 마냥 좋게만 보지 않는다. 태양광은 같은 발전량의 화력·원자력 발전보다 200배 이상 땅을 차지한다. 탄소를 내뿜는 철강·시멘트 사용량도 15배 이상이다. 특정 지역에만 생산량이 몰려있고, 낮밤에 따라 발전량이 달라진다.

결국 재생에너지는 엄청난 양의 배터리가 필요하다. 이 정도 배터리를 갖추려면 전력 비용이 수십 배 비싸진다. 보관 기술도 개발되고 있고 그나마 수소 저장이 유망하지만 이 역시 걸음마 단계라고 한다. 미국처럼 드넓은 나라도 면적 걱정을 하는데, 한국은 어쩌나 싶다.

빌 게이츠는 화력발전소의 탄소 포집을 정색을 하며 비판한다. 최근 나온 IEA(국제에너지기구)의 자료를 봐도 (가스)화력발전은 잠깐 역할을 하고 사라질 존재일 뿐 타당한 선택지가 아니다. 그는 결국 대안이 원자력뿐이라고 말한다. 국토가 축복 받은 땅덩이가 아닌 한 원자력 확대는 피할 수 없어 보인다. 물론 빌 게이츠가 원자력 기업 '테라 파워' 창업자라는 점은 고려하고 그의 주장을 이해해야 한다.

한국에는 암담한 얘기다. 국토는 좁고, 산업 구조는 탄소를 뿜어내는 중후장대 제조업 중심이다. 그럼에도 불구하고 전국 243개 지방자치단체가 2050년 탄소중립 선언을 했다. 포항시장은 포스코가 뿜어내는 탄소의 양을 알고 그런 선언을 한 걸까. 수소환원제철은 당장 상용화가 어렵다 해도, 철을 생산하는 고로를 용광로 대신 전기로로 모두 대체하면 제조원가가 크게 상승한다는 사실을 진정 모르는 걸까.

수조 달러의 비용이 필요하고, 우리의 거의 모든 삶을 바꿔야 한다는 걸 알고 나면 '탄소중립, 이게 과연 가능할까'하는 생각마저 든다. 하지만 되고 말고를 떠나 앞으로 모든 산업을 송두리째 흔들 '메가 트렌드'인 것만은 틀림없다. 이른바 '혁명'이라고 야단법석을 떤 전기차 보급은 이 큰 그림 안에서는 애피타이저 수준의 작은 문제로 쪼그라든다.

가스보일러를 만드는 회사는 기울어갈 것이고, 전기식 열펌프를 만드는 회사는 성장할 것이다. 이런 변화가 모든 국가, 모든 산업에서 일어날 것 같다. 그런데 이 와중에 한국전력은 인도네시아에 가서 석탄 사업을 하겠다고 하고, 심지어 화력발전소를 짓겠다는 철강회사를 보면 걱정이 앞선다.

삶의 방식과 산업 구조를 바꾸려면 인센티브 시스템을 바꿔야 한다. 세금을 물려야 한다는 얘기다. 탈탄소 기술보다 저렴한 기존 제품이나 탄소 배출 기업에 높은 '탄소세'를 부과해야 구조를 바꾸는데 속도를 낼 수 있다. 유럽이나 미국에선 예상되는 탄소세의 파급력이 너무 커서 심지어 탄소세 인플레이션을 우려할 정도다. 그런데 탈탄소 드라이브가 본격화해도 여론은 동의할까. 중요한 포인트다.

탈탄소는 또 다른 패권 경쟁이 될 수도 있다. 중국은 태양광에서 압도적인 선두 국가다. 이미 풍력은 화력발전보다 저렴해졌고 태양광도 시간문제다. 전 세계가 태양광 패널을 깔려면 중국으로 가야할 처지다. 미국은 환경에서 다시 한 번 패권을 잡을 수 있을까. 이 판은 커도 너무 큰 판이다. 이제는 피할 수가 없다.

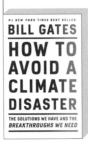

〈기후재앙을 피하는 법〉
How to Avoid a Climate Disaster _ 원제
빌 게이츠(Bill Gates) 지음 / 김민주, 이엽 옮김
김영사 / 2021년 2월 16일

철강 생산에서 나오는 탄소는 용광로에서부터 시작된다. 철광석(철을 함유한 자원광석)을 용광로에 넣고 녹여 철강을 만들기 위해서는 뜨거운 열원(熱源)이 필요한데, 이 때 열원 역할을 하는 것이 석탄을 가공한 코크스(cokes)다. 코크스는 철강뿐 아니라 증기기관을 탄생시켜 산업혁명을 이룬 핵심 자원이었다. 하지만 이산화탄소를 대거 내뿜어 오늘날엔 지구온난화의 주범이 되었다. 그림은 산업혁명이 한창이던 1839년에 영국을 대표하는 화가 윌리엄 터너(Joseph Mallord William Turner)가 그린 〈전함 테메레르〉다. 당시 전함 테메레르를 끌고 가는 증기선이 내뿜는 붉은 연기에는 경제 번영을 향한 흥분감이 충만했을 뿐 그 어디에도 위기감은 없었다. 이 그림은 20파운드짜리 지폐를 장식할 만큼 영국인에게는 역사적 의미가 남다르지만, 탈탄소 시대에서는 한때의 영광일 뿐이다.

틀려도 맞는 예측

인간의 창의성을 놓친 기후종말론

'셰일가스의 아버지' 조지 미첼George P. Mitchell*이 석유도 아닌 셰일가스에 인생을 건 계기는, 그가 1972년에 읽은 〈성장의 한계(The Limits to Growth)〉라는 보고서였다. '로마클럽(Club of Rome)'이라는 환경단체가 쓴 보고서인데, 요지는 인류의 수가 감당 못할 만큼 늘 것이고 천연자원은 고갈될 거란 경고였다. 석유가 고갈되기 시작했다는 '오일 피크' 공포는 전 세계를 떨게 했다. 이런 전망에 따르면 고유가는 필연이었다. 조지 미첼은 1970년대에는 경제성이 낮았던 셰일가스도 향후에는 개발할 가치가 있다고 생각했다.

---

* 미국의 에너지 채굴업자로, 그가 고안한 '수압파쇄법'으로 셰일(shale)층에서 가스와 원유를 생산하는 데 성공하면서 '셰일혁명'의 공로자로 평가받는다. 수압파쇄는 물과 혼합물을 고압으로 분사하여 셰일 암석에 균열을 내 원유를 뽑아내는 공법이다. 셰일층은 지하에 수평으로 넓게 퍼져있어 수직으로 시추한 다음 반대 방향으로 셰일층을 따라 수평으로 굴착해야 한다. 2001년 조지 미첼의 회사를 합병한 데본 에너지는 수평시추 기술에 수압파쇄법을 접목하여 셰일층에서 원유 추출에 성공한다. 2018년에 미국이 사우디아라비아를 제치고 세계 최대 산유국이 된 것은 셰일혁명에서 비롯했다고 본다.

다만 현재로서는, 이 보고서는 틀렸다. 석유 매장량은 파도 파도 늘고 있고 지금은 수요 피크 가능성이 훨씬 높다. 아메드 자키 야마니[Ahmed Zaki Yamani] 전 사우디아라비아 석유장관이 2000년에 예언한 대로 석유가 떨어져서 우리가 다른 자원을 쓸리는 없다. 결국 대체할 더 좋은 에너지원을 찾아낼 것이다. 로마클럽 보고서는 문명의 원천은 땅이 아니라 인간의 창의성이란 걸 놓쳤다.

뒤늦게 로마클럽의 빗나간 예언을 꼬집으려는 건 아니다. 이 에피소드가 흥미로운 건 세계 석유 산업의 패권 구도를 뒤집은 셰일혁명이 틀린 전망에서 시작됐다는 점이다. '석유는 끝났다'는 착각에 빠진 텍사스 아저씨, 조지 미첼은 기어코 미국을 세계 최대 에너지 부국으로 만들었다.

요즘도 기후위기를 의심하는 이들이 있다. 기후변화 부정론자들이다. 비록 과학자의 거의 모두가 기후변화가 인간에 의한 결과라는 점에 동의하더

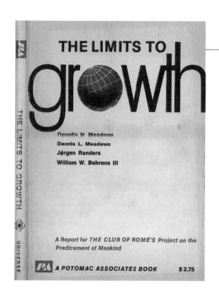

"연못에 수련(水蓮)이 자라고 있다. 수련이 하루에 갑절로 늘어나는데 29일째 되는 날 연못의 반이 수련으로 덮였다. 아직 반이 남았다고 태연할 것인가? 연못이 완전히 수련에게 점령되는 날은 바로 다음날이다."

1972년 로마클럽이 발간해 베스트셀러가 된 〈성장의 한계〉(사진)에는 연못과 수련의 사례를 통해 인구 증가로 인한 천연자원의 고갈과 오일 피크 공포를 경고했다.

라도, 부정론자들은 며칠 뒤 날씨도 알기 힘든 인간이 한 세대 후의 기후를 '예측'하는 건 터무니없다고 주장한다.

부정론자들이 만에 하나 먼 미래에 옳았다는 게 드러나도, 변하지 않는 게 있다. 전 세계는 이미 '지구는 뜨거워질 것이다'라는 예측에 따라 흐르고 있다는 사실이다. 전 세계는 파리기후협정이라는 게임의 룰에 합의했다. 도장 찍고 나선 다른 소리해 봐야 소용없다. 탈탄소를 향한 레이스의 총성은 이미 울렸다. 이젠 '틀려도 맞는' 예측이다.

Apocalypse 혹은 호들갑

한편 〈지구를 위한 착각〉(원제 : Apocalypse Never)을 쓴 마이클 셸런버거Michael Shellenberger는 기후변화와 이에 맞선 대응이라는 거스르기 힘든 미래에 대해 다소 '삐딱한' 이야기를 한다. 그는 기후변화 부정론자는 아니다. 기후변화가 인간에 의해 초래된 재앙이라는 점에는 동의한다.

다만 2050년까지 지구의 평균 기온 상승이 1.5도를 넘지 않도록 한다는 '2050년 1.5도' 목표가 호들갑이라고 반박한다. 환경 전문가는 논쟁할 일이지만 기업과 국가는 일단 시작한 게임에 집중해야 한다. 탄소경제 의존도가 높은 중국도 무슨 자신감에서인지 탈탄소 카드를 받았기 때문에 한국도 (2050 탄소중립에) 딴지를 걸긴 어렵다.

사실 '탈탄소-인플레이션'에 얽힌 변화는 아직 제대로 시작도 하지 않았다고 생각한다. 과거 버크셔 해서웨이 주주총회에서 어떤 주주가 워런 버핏

Warren Buffett에게 "석유회사가 옛 담배회사처럼 죄악주가 될 가능성을 어떻게 보는가?"라고 물었던 적이 있는데, 당시 질문을 받은 버핏은 불편한 내색을 하며 동의하지 않았다. 그럼에도 이런 당돌한 질문이 당당히 제기될 만큼 환경은 변하고 있다.

이 책에서 저자의 주장은 여러 부분 경청할 만하다. 많은 사람이 코에 플라스틱 빨대가 꽂힌 거북이의 영상을 보면서 종이 빨대를 쓰기 시작했다. 하지만 저자는 거북이를 구한 게 다름 아닌 플라스틱이라고 말한다. 산업화 시대에 거북이 등껍질을 가공해서 만들던 생활용품을 대체한 게 플라스틱이었기 때문이다. 이 덕분에 거북이는 등껍질을 노린 인간으로부터 해방됐다.

이른바 '천연 재료'에 대해서도 곱씹을 점이 있다. 많은 가정에서는 인조 가죽 소파를 사용한다. 석유화학 제품이기 때문에 환경에 좋지 않을 것 같다. 하지만 저자는 묻는다. 만약 그 소파를 진짜 가죽으로 만들었다면 어땠을까. 수많은 야생동물이 목숨을 잃었을 것이다. 19세기 즈음에 포경으로 멸종될 뻔한 고래가 숨을 돌리게 된 것도 석유의 등장 덕분이었다. 더 이상 등유로 쓸 고래기름이 필요해지지 않았기 때문이다.

이렇게 한 번쯤 다시 생각해볼만한 문제를 짚어주는 점이 이 책의 장점이다. 하지만 작은 정책적 디테일이라면 몰라도, 이를 근거로 탈탄소 드라이브에 미적거리는 건 위험하다. 디테일과 전략은 다르게 봐야 한다. 재밌는 책이지만, 조심할 부분도 있다.

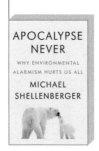

<지구를 위한다는 착각>
Apocalypse Never _ 원제
마이클 셸런버거(Michael Shellenberger) 지음 / 노정태 옮김
부키 / 2021년 4월 27일

KILLER TEXT

기후변화 부정론자들은 며칠 뒤 날씨도 알기 힘든 인간이 한 세대 후의 기후를 '예측' 하는 건 터무니없다고 주장한다. 하지만 그들이 만에 하나 먼 미래에 옳았다는 게 드러나도, 변하지 않는 게 있다. 전 세계는 이미 '지구는 뜨거워질 것이다'라는 예측에 따라 흐른다는 사실이다. 전 세계는 파리기후협정이라는 게임의 룰에 합의했다. 도장 찍고 나선 다른 소리 해봐야 소용없다. 이젠 '틀려도 맞는' 예측이다.

미국의 진짜 문제는 '미국'이다

이상한 중국을 바라보는 서구의 불안

경제에서부터 지정학과 에너지 문제에 이르기까지 중국은 가장 많은 생각거리를 던져주는 나라 중 하나다. 코로나19 발원지로 주목받았고 정치 체제는 노골적인 1인 독재로 접어들었다. '굴뚝 산업의 메카'이면서도 '탈탄소'의 열쇠인 태양광과 배터리 산업을 주도한다. 탈탄소는 세계의 문제를 이야기할 때, 이제는 빼놓을 수 없는 이슈가 되었다. 부상과 침몰, 중국은 극단적인 전망의 한 가운데에 서 있다.

사실상 중국 경제에 연동돼 과실(果實)을 나눠온 한국과 달리 서구의 중국에 대한 경계심은 훨씬 크다. 한국에게 중국은 정치 · 사회적으로는 불편한 사건이 많았지만, 경제적으로는 2000년대 초 빠른 성장의 동력이었다. 서구권의 분위기는 다소 차이가 있다. 2008년 글로벌 금융위기를 맞고나서 정신을 차려 보니 중국이 훌쩍 커버린 아찔한 경험을 했다. 이제는 빈틈을 보이지 않겠다고 다짐했는데, 글로벌 금융위기에 버금가는 팬데믹 이후 중국이 다시 한 번 '세계의 공장'으로서의 존재감을 드러냈다.

민주주의 없이도 경제 성장은 할 수 있다

'코끼리 곡선(Elephant Curve)'*으로 유명한 브랑코 밀라노비치Branko Milanovic 교수가 집필한 〈홀로 선 자본주의〉에서도 경쟁자 중국을 바라보는 경계심이 느껴진다. 책은 전 세계를 제패한 듯 했던 자본주의가 다시 분화돼 이제는 '미국식 자유자본주의'와 '중국식 국가자본주의'의 경쟁 구도가 됐다고 설명한다.

필자는 비록 경제학계의 흐름에는 문외한이지만, 이전까지 많은 서구 경제학자의 중국 경제에 대한 서술을 읽으며 느낀 뉘앙스는 달랐다. 서구식 자본주의 발전 도상에 있는 중국의 '일탈'인 독재 체제가 언제쯤 끝날지, 왜 끝나야 하는 지에 대한 얘기가 많았다. 공산당 1당 독재 하에서의 자본주의 발전을 일종의 과도기로 보는 시각이다.

---

* 코끼리가 코를 높이 들어올리는 모양 같다고 해서 붙여진 곡선으로, '세계화'가 가장 활발히 진행됐던 1988년부터 2011년까지 전 세계 국가 국민들을 소득 수준에 따라 1~100개의 분위(가로, X축)로 구분할 경우 실질소득증가율(세로, Y축)을 도출한다. 곡선의 높낮음에 따라 소득 수준을 평가하는 지표가 된다. 2017년 국내에 번역·출간된 브랑코 밀라노비치의 〈왜 우리는 불평등해졌는가〉에서 인용.

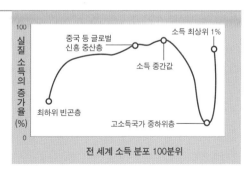

그러니 중국을 세계무역기구(WTO)에 가입시켜주고 쑥쑥 크게 만들어줬을 것이다. 소련을 무너뜨리고 자신감이 넘쳤던 90년대 말 미국의 눈에 미국식 자본주의는 유일한 길이었고, 자본주의와 민주주의는 당연히 같이 가는 체제라고 봤기 때문이다. 경제 발전은 곧 '1당 독재 종식'이라는 낙관론이 팽배했다. 민주주의 없이는 경제 성장은 할 수 없다고 본 게 정확할 것이다.

근데 돌아가는 게 뭔가 좀 이상하다. 중국 경제성장률은 떨어지고 있지만, 성장은 여전하고 '물건 팔아 달러 벌어먹고 사는 나라'인 줄 알고 무역전쟁을 치르고 있지만, 수출 규모는 꺾이지 않는다. 정권 불안정이 커질 거라고 봤지만 기대와 달리 코로나19 이후 중국의 독재 권력은 더욱 강해졌다. 여러 문제에도 불구하고 민족주의적 열광에 힘입은 정권 지지 여론도 굳건하다.

밀라노비치가 '홀로 선 자본주의'라는 명제를 꺼낸 건 이런 이유가 아닐까 싶다. 저자는 가톨릭이 그랬던 것처럼 한 세계를 통일한 체제는 분화하게 되고 그들끼리 경쟁한다고 말한다. 자본주의도 이제 두 개로 갈라져서 경쟁이 시작됐다고 주장한다. 중국 경제 체제를 서구식 자본주의의 지각생 정도로 보던 시각에서 크게 변한 것이다.

미국과 중국이 대표하는 두 종류로 분화한 자본주의는 각자의 문제를 갖고 있다. '성과주의적 자본주의'라고 이름 붙인 미국식 자본주의에 대해서는 '동질혼(同質婚)'*과 '일하는 고소득 엘리트'의 등장으로 불평등이 커지고 있다고 지적한다. 과거의 부자는 넓은 땅이나 큰 기업을 소유하고 편하게 요트나 타고 다니며 여생을 보냈다. 요즘 부자는 일을 한다. 그것도 아주 열심히.

---

* 인종 · 학력 · 재력 · 직업 등이 유사한 사람 간의 결혼.

21세기에 서구 자본주의를 얘기할 때 빼놓을 수 없는 것이 바로 '복지'다. 복지를 이루려면 구성원끼리 신뢰할 수 있는 '동질성'이 유지돼야 한다. 그런데 세계화가 진행될수록 '손님'이 많아진다. 문을 열어두면 경쟁력이 떨어지는 손님들만 많이 온다는 것이다. 진짜 능력 있는 손님은 불평등이 큰 나라를 선택하기 때문이다. 세계화 시대에 유럽식 복지국가는 한계에 부딪힌다. 서구 유럽인들이 그토록 자랑해온 복지국가의 딜레마다. 이미지는 이탈리아 해안에서 구조를 기다리는 아프리카 난민들.

팀 쿡Tim Cook 애플 CEO가 대표적인 사례다. 연간 수천만 달러를 버는 그는 여전히 열심히 일한다. 이렇게 근면한 엘리트 탓에 불평등은 줄어들지 않는다. 유능하고 성실한 그들을 도덕적으로 비난할 수 없고, 불평등 축소를 이유로 과세를 하기도 어렵다. '열심히 일해서 번 돈'이라는 명분이 있기 때문이다. 근면한 노동과 비슷한 이들끼리의 결혼, 이 두 가지는 규제하기 힘든 일이다. 따라서 요즘의 불평등은 이전보다 규제로 해결하기가 더 어렵다.

저자는 서구의 자랑인 '복지국가'의 딜레마도 지적한다. 복지를 이루려면 구성원끼리 신뢰할 수 있는 '동질성'이 유지돼야 한다. 같은 민족의식, 애국심 같은 공통의 정서를 공유해야 공동체를 믿고 납세와 복지 체제를 유지할 수 있다. 그런데 세계화가 진행될수록 '손님'이 많아진다. 복지국가의 문제는 문을 열어두면 경쟁력이 떨어지는 손님이 많이 온다는 점이다. 능력 있는 손님은 차라리 불평등이 큰 나라를 선택한다. 세금이 적고 성공할 기회가 있는 나라가 유리하기 때문이다. 반면 열심히 일할 의욕이나 능력이 없는 이주자는 복지가 좋은 나라를 고른다. 전자는 미국, 후자는 유럽의 복지국가다. 유능한 이들은 미국으로, 무임승차자는 유럽을 선호하는 문제가 점점 재정 부담을 더한다.

세계에 문을 활짝 열어 놓는 세계화 시대에 유럽식 복지국가는 한계에 부딪힌다. 복지도 확대하고 이민에 대해서도 포용적인 유럽 진보 진영은 이 딜레마에 빠져 지지를 잃고 있다.

이 책의 진짜 주인공은 중국식 자본주의다. 뛰어난 관료 선발과 그들의 큰 재량권, 효율적인 전략 수립에 따른 고성장을 중국식 자본주의의 요소로 꼽는다. 부패는 그 대가다. 저자는 부패를 근절하는 건 불가능하다고 못 박는다. 재량권이 있는 곳에 부패가 있다. 부패를 없앤다는 건 중국식 자본주의의 핵심인 재량권을 없앤다는 의미다. 모순이다.

저자는 공산당 간부의 집을 털어서 나온 비자금을 세다 현금계산기가 과열돼 타버린 일화를 얘기하며, 중국의 상상을 초월하는 부패 규모를 소개한다. 그러면서도 이런 부패를 일소할 수는 없고, 때때로 몇몇 운 없는 '범털'('호랑이 털'이라는 의미로 잡범과 대비되는 고위직 범죄자를 뜻한다)을 때려잡는 이벤트를 벌여 민심을 달랜다고 말한다.

이런 부패에도 중국식 자본주의가 지지받는 이유는 뭘까? 눈부신 경제 성장을 약속하기 때문이다. 서구에서는 이 계약이 신기해 보일지 몰라도 동아시아 끝에 있는 반도에 사는 사람들에게는 퍽 익숙한 얘기다. '독재할 테니 잘 먹고 살게는 해 주겠다'는 약속, 우리는 개발독재 때 이미 경험했고, 옆 나라 중국도 그러고 있을 뿐이다.

흥미로운 건 그럼 왜 이런 독특한 중국식 체제가 중국에서만 작동하는지에 대한 설명이다. 저자는 상인이 권력을 쥐는 전통이 없었던 중국 역사에서 원인을 찾는다. 산업혁명 이전 가장 강한 경제력을 자랑했다는 송나라 때도 '상인들'은 존재했어도, 조직화해 권력을 휘두르는 '상인계급'은 없었다는 것이다. 중국은 너무 오래전부터 정치권력이 확립돼 정치가 경제를 통제했기 때문이다.

미국식 자본만능주의를 향한 진부한 경고

책은 미국식 자본주의라는 하나의 렌즈만으로 중국을 평가하는 이들에게 다른 모델을 소개하고 있다. 강한 정치권력이 경제를 좌우하고 부패가 만연한 중국을 이해하기 힘든 이들을 향한 설명이다. 개발독재를 겪었고 중국을 옆에서 지켜 본 한국인들에게는 익숙한 내용이 많다.

중국식 자본주의에 대한 설명보다 흥미로운 건 행간에서 드러나는 서구의 경계심 혹은 위기감이다. 저자는 결국 장기적으로 동아시아와 서구 세계의 1인당 국민소득은 비슷한 수준으로 수렴할 거라고 담담하게 예상한다. 각자의 모델을 따라 다른 경로로 발전하더라도 비슷한 수준에서 만날 거라는 전망이다.

아울러 저자는 어떤 체제가 미래에 우위를 점할 지 명확하게 언급하진 않는다. 대신 서구 세계에 '정신차려야 한다'고 다그친다. 중국이라는 도전자에 대한 이해를 제공하면서 동시에 서구 세계에 분발을 요구하고 있다. 지금처럼 불평등을 방관하면 중국과의 경쟁에서 뒤처지는 정도가 아니라 미국식 자본주의가 중국식 체제로 뒤집어 질 수 있다고 경고한다.

'그들이 알던' 미국식 체제가 전복될 수 있는 징후로 저자는 트럼프^{Donald} ^{Trump} 전 대통령을 언급한다. 이렇게 먹고 살기 팍팍해지면 차라리 권리를 어느 정도 포기하고 높은 경제 성장을 약속하는 체제를 선택하지 말란 법이 없다는 것이다. 이제는 서구 지식인이 중국에 따라 잡힐지 모른다는 생각을 넘어 체제 경쟁에서 질 수도 있다는 불안감을 갖게 된 게 아닌가 싶다. '트럼프 현상'은 이런 걱정이 단순한 노파심이 아니라는 걸 입증했다.

교수라는 저자의 직업 탓일까? 책은 학구적인 스타일이라 다소 지루하다. 그럼에도 서구권에서 중국의 부상을 어떤 관점으로 보는 지 이해하는데 좋은 책이다. 전작 〈왜 우리는 불평등해졌는가〉에서 보여줬듯 탄탄한 데이터에 기반한 설명도 여전히 뛰어나다.

다만 서구 세계에 경고를 주려는 목적으로 집필해서인지 중국식 자본주의 문제에 대해선 비판 수위가 상대적으로 낮다. 고령화와 지방 정부 부채, 국영 기업의 비효율 등 중국의 앞날은 첩첩산중이다. 그럼에도 이런 문제를 드러내 놓고 토론하고 머리를 맞대 해결하는 정치적 자유는 사라지고 있다.

<홀로 선 자본주의>
Capitalism, Alone _ 원제
브랑코 밀라노비치(Branko Milanovic) 지음 / 정승욱 옮김 / 김기정 감수
세종서적 / 2020년 9월 25일

뛰어난 관료 선발과 고위직 관료들의 큰 재량권. 효율적인 전략 수립에 따른 고성장은 중국식 자본주의의 핵심 요소로 꼽힌다. 반면, 부패는 그 대가다. 재량권이 있는 곳엔 부패가 있다. '권력필부(權力必腐)'다. 부패를 없앤다는 건 중국식 자본주의의 핵심인 재량권을 없앤다는 의미다. 불가능한 일이다. 이런 부패에도 중국식 자본주의가 지지받는 이유는 뭘까? 눈부신 경제 성장을 약속하기 때문이다. 서구에서는 이 계약이 신기해 보일지 몰라도 동아시아 끝에 있는 반도에 사는 사람들에게는 꽤 익숙한 얘기다. '독재할 테니 잘 먹고 살게는 해 주겠다'는 약속, 우리는 개발독재 때 이미 경험했다.

중국의 머리엔 뿔이 없다

중국을 '보통의 나라'로 바라보는 법

중국이란 나라는 파악하기가 정말 어렵다. 공간도 넓고 역사도 길지만 체제의 특성상 구할 수 있는 정보는 적다. 국내 주요 언론사들은 미국에 워싱턴과 뉴욕 특파원 두 명을 보내는 경우가 많지만, 중국에는 한 명을 보내거나 심지어 아예 보내지 않는다. 그런 까닭에 국내의 국제 기사 대부분은 미국 언론이 전하는 미국과 유럽 기사다. 반면 중국발 기사는 주로 충격적인 해프닝을 전하는 수준에 그치는 경우가 많다.

그래서 각자 갖고 있는 이미지로 중국을 판단한다. 우리 국민 중 다수가 중국을 좋아하지 않기 때문에 부정적인 면을 보려 한다. 미국에 치우친 정보원도 그런 중국의 비호감 이미지를 강화한다. 중국의 고압적 태도는 그들의 부상이 꺾이길 바라는 소망을 갖게 한다. 동시에 중국의 성장을 긍정하는 이들은 '중국 필승론' 같은 장밋빛 희망을 품고 있다.

중국에 대한 '사실' 혹은 '거짓'

〈127가지 질문으로 알아보는 중국 경제〉는 중국을 '미친 나라'로 보거나 '미국을 꺾을 미래의 초강대국'으로 간주하는 책들과 다르다. 저자인 아서 크뢰버Arthur R. Kroeber가 글로벌 경제 분석업체 창업자여서 가능한 일이다. 튀어나온 부분을 사포질하듯 과장된 낙관과 비관을 따박따박 반박한다.

저자는 중국 정치를 분석한 첫 장에서부터 상식을 깬다. 보통 중국공산당은 경직성이 매우 강하다고 생각한다. 하지만 소련 붕괴에 대한 중국공산당의 분석을 보면 놀랍다. ① 충분히 시장경제 메커니즘을 사용하지 않았고, ② 선전과 정보 체제가 너무 폐쇄적이라 관료들이 내·외부 상황을 파악하지 못했다고 본다. 반면교사의 포인트로 짚은 게 충분히 자유롭지 못한 언론과 시장이었던 것이다.

중국의 미디어 환경에 대한 언급도 흥미롭다. 국영 언론 중심 구조이지만 의외로 지방 언론의 자유는 꽤 허용한다. 지방에서 일어나는 부패나 문제를 중앙이 파악하기 위해서다. 말초 신경이 살아 있어야 다친 걸 알 수 있듯, 그 역할은 보호하고 있다는 얘기다. 이걸 보면 중국의 언론 통제는 단순히 독재 국가의 흔한 '무조건 통제'보다 영리하다.

중국 경제가 환율·금리 조작과 보조금 지급으로 성장했다는 시각도 반박한다. 일단 1998년부터 2004년까지 위안화-달러 환율은 큰 변동없이 일정했다. 이 시기는 경제가 굴기(倔起)하던 때다. 환율이 하락(위안화 가치 상승)한 2010년부터 3년 동안도 글로벌 수출 시장에서 점유율을 1%p씩 늘렸다. 환율 조작 덕분에 성공한 경제라는 주장과 어긋난다.

미국의 대표적인 언론 〈월스트리트 저널〉은 중국 기업들의 해적행위(지식재산권 침해)에 대해 '묻지 마'식으로 중국 기업 편을 들어주는 중국 법원이 중국의 신무기(New Weapon)가 되고 있다며, 강하게 비판한다. 반면 이 책의 저자 아서 크뢰버는, 18세기에는 예수교 선교사가 중국 도자기 기술을 베꼈고, 19세기에는 미국이 유럽의 기술을 훔쳤으며, 20세기에는 일본이 서구의 기술을 역공학으로 도용했다며, 경제성장기에는 어디든 그랬다며 일갈한다.

지식재산권을 훔쳐서 거대한 부당이득을 취해왔다는 주장에 대해서는 '모든 나라가 그런 방식으로 발전해왔다'고 지적한다. 18세기에는 예수교 선교사가 중국 도자기 기술을 훔쳤고, 19세기에는 미국이 유럽의 기술을 훔쳤다. 20세기에는 일본이 서구의 기술을 역공학으로 훔쳤다. 물론 기술탈취는 분명한 범죄이고 반칙이다. 저자는 이를 옹호하려는 게 아니라 경제성장기의 나라는 어디든 그랬다는 점을 설명하고 있는 것이다.

때마다 돌아오는 '그림자 금융위기설'도 반박한다. 일단 규모가 미국보다 훨씬 작다. 국제기구인 금융안정위원회(FSB)에 따르면, 중국의 비은행 자산 규모는 GDP의 9%다. 미국은 무려 60%다. 은행 중심 경제인 중국이 오히려 제도권 안에서 관리되는 자산 비중이 높다. '선진 경제'와 달리 자산구조화 증권이나 신용부도스와프 같은 파생상품이나 구조화 금융기구의 규모도 미미하다.

중국 은행에 대한 일반적인 이미지는 '국영 기업의 호주머니 노릇을 하는 곳'이다. 하지만 90년대 거의 0%였던 민간 대출 비중은 2014년 기준 40%를 넘었다. 증가 속도도 빠르다. 또한 중국 은행들의 대출 특성상 예금과 대출이 사실상 일대일로 매칭된 수준으로 타이트하게 관리되고 있어 갑작스런 부채 위기 가능성도 낮다고 진단한다. '빚더미 중국' 이미지와 다르다.

이밖에도 저자는 중국의 인구 구조나 국영 기업의 비효율 등 여러 문제에 대한 오해를 데이터로 하나하나 반박한다. 여기까지만 보면, '뭐야, 중국 낙관론자가 쓴 책이네' 할 수 있는데, 전체 분량의 절반 이상은 중국의 한계를 짚는데 할애한다.

중국은 롤모델인 동아시아 발전국가(한국, 일본, 싱가포르, 대만 등)보다 불평

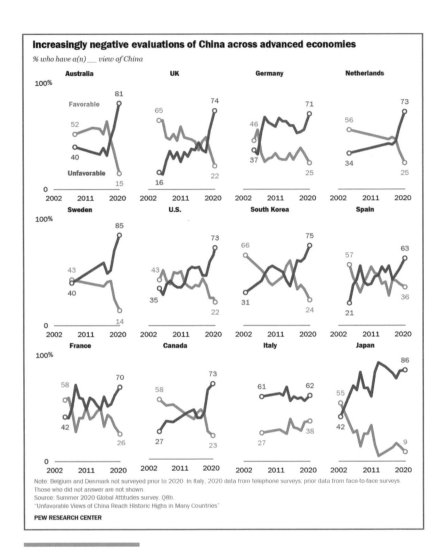

Increasingly negative evaluations of China across advanced economies

% who have a(n) ___ view of China

Australia / UK / Germany / Netherlands / Sweden / U.S. / South Korea / Spain / France / Canada / Italy / Japan

Note: Belgium and Denmark not surveyed prior to 2020. In Italy, 2020 data from telephone surveys; prior data from face-to-face surveys. Those who did not answer are not shown.
Source: Summer 2020 Global Attitudes survey. Q8b.
"Unfavorable Views of China Reach Historic Highs in Many Countries"

PEW RESEARCH CENTER

한국을 포함한 많은 나라에서 중국에 대한 이미지는 좋지 않다. 중국을 향한 지구촌 곳곳의 비호감도에 기름을 부은 건 코로나19였다. 위 그래프는 팬데믹이 한창이던 2020년경 미국의 퓨리서치센터가 전 세계 14개 주요 국가에서 진행한 중국에 대한 호감도 조사 결과다. 당시 코로나19가 중국 우한에서 비롯했다는 보도가 쏟아지면서 그렇잖아도 부정적이던 중국에 대한 시각이 급속도로 악화했다.

등 문제는 훨씬 심각하고 개선 가능성도 낮다. 미국 등 서구권 국가에서 다수를 차지하는 중산층이 중국에선 20% 내외에 그친다. 그만큼 '20 대 80'* 사회 특성이 공고하다. 중국공산당 핵심 기반인 이 소수의 집단에게 유리한 구조가 유지된다.

한국·일본과 달리 미국의 기술을 마음껏 들여올 수 없었기 때문에 외국 기업 중심으로 키운 경제도 약점이다. 여전히 수출의 대부분이 외국 기업이 들어와서 만든 상품에서 나온다. 이름만 대면 알 수 있는 중국 기업이 얼마나 있는지 곱씹어보면 중국의 현실이 드러난다.

한편, 이 부분을 읽으면서 '화웨이랑 융기실리콘(세계적인 태양광 자재 생산 업체) 같은 기업은?'이라고 생각했다. 그런데 책장을 넘기자 곧바로 "이와 달리 중국 기업들은 복잡성이 덜한 기술집약적 산업에서는 큰 우위를 보여준다. 특히 고객이 소비자가 아닌 기업일 때 더욱 강한 면모를 보인다. 자동차 부품, 발전 설비, 통신 네트워크 장비 등이 대표적이다"라는 내용이 나왔다.

저자는 서구의 '중국 필패론(必敗論)'에는 반대하지만, 정보 교환이 제한된 정치 구조는 결국 발목을 잡을 것이라며 부정적 전망을 내놓는다. 수 억명에 이르는 농민들의 도시이주 문제도 빼놓을 수 없는데, 특히 도시와 토지 소유권이 없는 농촌의 빈부 격차 문제는 해결이 어렵다.

127가지 질문에 대해 저자가 내놓은 답을 읽고 나면, 책의 메시지는 이렇게 다가온다. '중국은 세계 1등 경제가 될 수도 있다, 그런데, 그래서 어쩌라고?' 그래봐야 미국인 소득의 4분의 1에 불과한 저소득 국가라고 지적한다.

---

* 전체 인구 가운데 20%가 전체 부의 80%를 차지하고 있다는 뜻으로, 이탈리아 출신 경제학자 파레토(Vilfredo Pareto)가 19세기경 영국의 부와 소득 유형을 연구하는 과정에서 발견한 부의 불균형 현상을 가리킨다.

'경제 규모 1등'을 했다는 건 그저 중국이 인구가 많다는 뜻일 뿐이라는 얘기다. 더군다나 전 세계 누구도 중국을 존경도, 좋아하지도 않는다. 중국의 문화적 영향력은 미미하며 자국 문화조차 서구 문화, 심지어 K팝에도 침식당하고 있다.

중국은 온순하게 글로벌 경제 질서를 따르며 '상인'의 멘털리티로 성장했다. 많은 동맹국과 국제기구, 국제법으로 쌓아둔 국제 질서를 고려하면 미국과 중국의 일대일 규모 비교는 의미가 없다. 오히려 중국이 일원으로서 할 일을 하면 국제 사회에는 좋은 일이다. "중국은 제1차 세계 대전 직전 카이저 빌헬름 치하의 독일이 아니며 소비에트 연방의 환생도 아니"라고 저자는 말한다.

유럽과 미국, 동아시아 국가처럼 치열하게 경제 성장을 했고 또 문제도 많은 나라, 이렇게 중국을 '보통 국가'로 보는 게 가장 좋은 자세다. 중국을 향한 지나친 비판도 상찬도 경계해야 한다는 얘기다. 그런 측면에서 이 책은 중국에 대한 호들갑을 정중히 거둔다.

<127가지 질문으로 알아보는 중국 경제>
China's Economy : What Everyone Needs to Know _ 원제
아서 크뢰버(Arthur R. Kroeber) 지음 / 도지영 옮김
시그마북스 / 2017년 5월 1일

KILLER TEXT

중국은 세계 1등 경제가 될 수도 있다. 그런데, 그래서 어쩌라고? 그래봐야 미국인 소득의 4분의 1에 불과한 저소득 국가다. 1등을 했다는 건 그저 중국이 인구가 많다는 뜻일 뿐이다. 전 세계 어느 누구도 중국을 좋아하지 않는다. 중국의 문화적 영향력은 전무하며 심지어 자국 문화는 한국 문화에 침식당하고 있다. 중국은 카이저 빌헬름 치하의 독일이 아니며 소비에트 연방의 환생도 아니다.

케이팝은 어떻게
팬데믹이 되었나?

슈퍼전파자의 정체를 탐문하다

얼마 전 중국의 한 대형 쇼핑몰에 수백 명이 모여 한국의 걸그룹 에스파의
〈Next Level〉에 따라 춤추는 영상을 봤다. 당시 중국은 코로나19로 오갈 길
도 막히고 유튜브도 닫혔지만 청년들이 '광야'*로 몰려가는 건 막지 못했
다. 애국주의를 조장하고 외국 가수 팬덤을 아니꼽게 보고 있는 중국 정부로
서는 한숨이 나오는 광경이다. 이 영상의 한 댓글에 적힌 것처럼, 케이팝은
마치 전염병처럼 번지고 있다.

전염병은 케이팝의 성공을 설명하는데 유용한 모델이다. 케이팝의 '대확
산'을 Korean 'Wave'로 부르는 건 의미심장하다. 케이팝을 몇 번 오가다 말

---

* SM엔터테인먼트 뮤지션들의 음악 세계를 가리키는 가상의 세계관 속 공간.

유행으로 보는 시각도 있었다. 나누자면 2000년대 〈겨울연가〉를 타고 일본에서 1차 유행이 있었고, 2013년 무렵에 2차 유행이 퍼졌다. 잠잠하다가 가끔 확진자 수가 치솟는 코로나19 그래프가 떠오른다. 그러다 완전히 전 세계로 퍼진 팬데믹이 됐다. 그럴 조건을 갖췄기 때문이다.

전 세계는 케이팝 바이러스에 감염되었다

전염병 확산의 조건은 다음 세 가지로 모아진다.

조건 1. 대규모 집단(시장)의 존재

전 세계로 퍼진 전염병 중 상당수는 아시아에서 기원한다. 인구밀도가 높기 때문이다. 특히 중국 남부와 인도는 전염병의 요람 역할을 했다. 많은 수의 숙주는 대 확산의 필수 요소다. 케이팝은 세계 2위 규모의 일본 시장을 바로 옆에 두고 탄생했다. 일본 시장은 세계 최대인 미국 시장의 절반 크기다. 문화적 거리가 가까운데다 규모도 큰 일본 시장은 유력한 전파 대상이었다.

가까이 큰 시장을 둔 행운도 있었지만, 한 세대 만에 1인당 국민소득이 3배 증가한 한국의 빠른 성장도 축복이었다. 케이팝이 태동한 1990년대 중반 1인당 국민소득 1만 달러를 달성한 한국은 약 30년 만에 3만 달러로 뛰어올랐다. 1만 달러는 중남미와 동남아시아 상당수 국가가 탈출하지 못하는 마의 구간이다. 이런 함정에 걸리지 않고 고속 성장한 내수 시장은 끝없이 케이팝에 영양을 공급했다.

트위터에서 케이팝 대화량 확산 세계 지도 (출처 : 트위터)

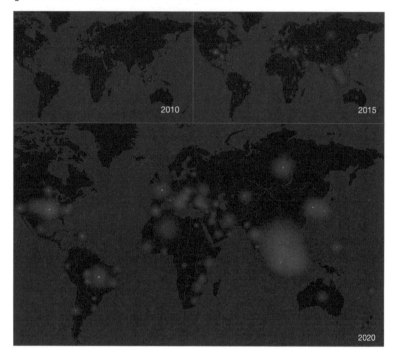

조건 2. 교통(유통 채널)의 발달

감염병 전문가들은 2000년대 들어 잦아진 대규모 전염병의 확산을 경고했다. 교통의 발달 때문이다. 경제 성장으로 전 세계를 오가는 항공기가 빠르게 늘고 있다. 눈부신 경제 성장으로 중국인이 항공기를 타기 시작한 게 결정적이었다. 예언은 현실이 됐다. 2000년대 이후 대규모 전염병이 번지는 주기는 짧아지고 있다.

음악계에도 비슷한 시기에 혁명이 일어났다. 1999년 냅스터(세계 최초의 온라인 음원 유통 서비스)를 시작으로 디지털 파일로 음악을 듣는 문화가 퍼지기 시작했다. CD나 테이프에 묶여 있던 음악이 돈 한 푼 안들이고 전 세계로 퍼질 수단을 찾은 것이다. 한국은 세계에서 인터넷 보급이 가장 빠른 나라였다. 어느 순간 모두가 인터넷에서 공짜로 음악을 듣기 시작했다.

고통스러운 변화였지만 창작자들은 빠르게 적응했다. CD 시장의 약 90%가 증발한 상황에서 선택지는 없었다. 오히려 기회를 발견했다. '듣는 음악'에 집착하지 않고 '보는 음악'에서 답을 찾았다. 일본 시장을 십수 년간 두드리며 쌓은 퍼포먼스 역량이 마침내 제대로 된 탈 것을 만나자 전 세계로 퍼졌다. 유튜브와 소셜 미디어다. 디지털에 일찍이 적응할 준비를 해온 끝에 결실을 맺은 것이다.

조건 3. 활발한 변이(혼종)

수많은 바이러스 가운데 인류의 역사에 이름을 남긴 것들의 공통점은 동물에게서 와 사람에게로 퍼진 '인수(人獸) 공통 바이러스'라는 사실이다. 널리 알려졌듯이 코로나19는 박쥐에서 시작해 천산갑을 거쳐 인간에게 번진 것으로 추정된다. 사스와 조류독감, 결핵, 에이즈 등도 모두 야생동물에게서 왔다.

하지만 대부분의 바이러스는 동물에서 사람에게로 퍼지지 못한다. 서로 다른 시스템을 갖고 있어 바이러스가 넘어와서 퍼지기 어렵기 때문이다. 그러다 우연히 인간에게 적응해 퍼지면 엄청난 전파력을 보인다. 인간이 한 번도 겪어보지 못한 낯선 바이러스이기 때문이다. 바이러스가 인간의 면역 체계에 맞는 열쇠를 찾긴 어렵지만, 일단 열리면 속수무책이다.

큰 시장 규모와 유통 채널의 변화는 왜 유독 케이팝만 그 수혜를 입었는지는 설명하지 못한다. 케이팝의 핵심은 미국식 팝의 보편성과 한국 특유의 색

깔이 묘하게 섞인 '혼종성'이다. 케이팝은 독특한 특성을 지니고도 '보편성'의 문을 열 많은 열쇠도 품고 있다. 한 때는 콤플렉스였던 '정체불명'이 이젠 아이덴티티가 된 것이다. 케이팝 한 곡 안에 힙합부터 록, EDM에서 라틴음악까지 모두 섞여있다.

케이팝은 미국의 흑인음악과 제이팝의 영향을 받았고 그 특성을 모두 품었다. 케이팝의 시초로 보는 서태지는 당시로선 낯선 흑인음악의 코드를 들여왔다. 우리가 익숙한 아이돌 시스템은 일본에서 원형을 찾을 수 있다. 아이돌 시스템을 수출한 일본은 '일본스러움'에 갇혀 내수용에 머물렀지만, 케이팝은 아이돌 시스템에 보편성을 갖춘 음악을 실어 혼종 그 자체인 문화를 만들었다.

아시아의 특수성과 미국이 대표하는 주류 시장의 특징이 만나 결합할 경우 나오는 폭발력은 홍콩 문화가 보여줬다. 90년대 아시아에서 강한 영향력을 보인 홍콩 문화는 중국 문화와 자유로운 홍콩의 세련된 특성이 묘하게 결합돼 탄생했다. 중국과 영국이 닿는 경계에서 변이가 일어난 사례다.

케이팝 확산의 '숙주'를 찾아서

2000년대 이미 세계 수준에서 뒤처지지 않는 실력을 갖춘 케이팝의 확산을 앞당긴 건 '슈퍼전파자'의 존재였다.

유튜브에 뉴진스의 〈Hype Boy〉를 검색하면 공식 뮤직비디오가 아닌 한 유튜버가 올린 교차편집 영상이 나온다. 더 아래에는 다른 유튜버가 만든 플레이리스트와 댓글모음 영상이 있다. 소속 가수의 영상을 편집한 콘텐츠가 퍼져도 회사는 초상권이나 저작권을 문제 삼지 않는다. 이들의 재가공이 확산의 핵심이기 때문이다.

유튜브와 소셜 미디어 시대에는 무작위적인 '폭발'이 잦아졌다. 공식 뮤직비디오나 방송사 무대 영상이 아닌 재가공 영상이 그런 기제가 되는 일도 늘었다. 알고리즘을 타고 재가공 영상이 인기를 끌면서 지구 반대편의 팬이 '왜 이게 내 피드에 뜨지? 그런데 왜 이렇게 좋지?' 하는 반응이 나오는 식이다.

'역주행'은 슈퍼전파의 대표적 사례다. 무명의 걸그룹이었던 EXID는 '홈마'(아이돌의 영상, 사진을 전문적으로 찍는 팬)가 찍은 영상으로 단번에 스타가 됐다. 해체를 눈앞에 둔 브레이브걸스를 뜨게 만든 건 댓글모음 영상이다. 모두 기획사가 만든 게 아니라 팬들이 자발적으로 만든 콘텐츠다. 두 사례는 국내에서 생긴 일이지만, 한국인도 모르는 사이에 해외에서 케이팝의 슈퍼 전파

뉴진스

는 시시각각 일어나고 있다.

한국 유튜브 생태계에 넘치는 '능력자'는 모두 잠재적 슈퍼전파자다. 여기에 팬들이 남긴 센스 있는 댓글은 다시 콘텐츠가 돼 전파된다. 케이팝은 따로 자막을 만들어 올리지 않아도 팬들이 나서서 각국 언어로 된 자막을 단다. 팬은 일방향으로 움직이지 않는다. 아이돌에서 콘텐츠가 뻗어나올 뿐 아니라 거꾸로 재가공 콘텐츠가 아이돌의 매력을 더하는 전파가 일어난다.

'변이'를 기획하는 기획사

기획사는 이런 전파자를 더 활용하기 위한 요소를 알고 있다. 바로 '떡밥'이다. 보통 케이팝 덕질을 시작하면 유튜브에서 검색해서 나오는 영상은 모두 보고, 소셜 미디어에서 한 말 한마디까지 꼼꼼하게 살핀 후 팬덤 커뮤니티에 모여 재조합하는 과정을 거친다. 스타는 여러 채널을 통해 많은 떡밥을 뿌린다. 아예 데뷔 전부터 콘텐츠를 찍어 소셜 미디어에 뿌리며 떡밥을 만든다. 라이브나 비하인드 콘텐츠도 이런 역할에 충실하다.

이런 과정은 바이러스가 활발하게 '변이'하는 과정과 닮아 있다. 케이팝 기획사는 이런 변이 가능성을 높일 여러 장치를 만든다. 한 그룹을 여러 조합으로 쪼개 다양한 콘셉트를 소화하게 만드는 유닛(unit) 활동이 대표적이다. 멤버가 거의 20명에 가까운 그룹을 만드는 건 애초에 그 안에서 수많은 조합을 만들어내려는 의도다. 그 안에서 알파, 베타, 델타…… 끝없이 새로운 조합을 만들고 실험해 전파 가능성을 높인다.

여러 성공을 거듭하며 다양한 덕질 콘텐츠를 만드는 시스템도 자리를 잡고 있다. 신곡 하나가 나오면 우선 티저(teaser)부터 여러 개를 제작해 발표한다. 그러다 공식 뮤직비디오가 나오지만 이건 시작일 뿐이다. 퍼포먼스 버전, 세로버전, 직캠버전, 무대 뒤 영상, 각 멤버별 영상, 무대 전체 영상이 쏟아진다. 여기에 '광야' 같은 독특한 코드를 넣어서 세계관을 구축하며, 또 한 번 콘텐츠를 만든다.

케이팝의 부상에서 기획에만 초점을 맞추면 반쪽짜리 정답이 나온다. 기획사는 성공을 기획하지 않는다. 애초에 한국의 작은 기업이 할 수 있는 일이 아니다. 대신 대중에게 폭발적인 반응을 일으킬 포인트를 찾고 배치한다. 언어 걸리는 것도 실력이라고 하지 않는가. 케이팝 그룹이 갑자기 '빵'하고 뜨면 대체 무슨 일인가 싶지만, 그 또한 기획이 행운을 만나 터진 결과다.

변이를 거치며 케이팝은 강해지고 있다. 2010년대 벌어진 불공정 계약 논란은 진통 끝에 표준계약서 문화를 낳았다. 변이 가능성을 강화하기 위해 적극적으로 도입한 외국인 멤버 구성은 국가주의(애국심 논란) 리스크를 키웠다. 이런 문제에 여러 번 부딪히면서 기획사들은 다국적 그룹의 경우 철저하게 정치적 이슈를 피해가게 만들었다. 아예 가상의 세계관을 만드는 기획도 이런 리스크를 줄이기 위한 작업이 아닌가 싶기도 하다.

거부할 이유를 주지 않는 케이팝

한국 사회의 높은 윤리적 기대감은 외국인들이 낯선 음악에 '마스크'를 쓰지 않게 하는데 일조했다. 외국보다 연예인에게 높은 도덕성을 요구하는 한국의 분위기가 있기 때문이다. 일부 외신에서 몇몇 '공장식 육성'을 문제 삼기도 했지만, 대체로 한국의 아이돌은 외국인들이 거부감을 일으킬만한 문제를 일으키지 않는다. 케이팝은 주로 사랑, 공감, 연대 같은 긍정적 내러티브를 노래한다. 자유와 민주주의를 호소하는 국가에서 울려 퍼질 만큼 선한 메시지를 선택한 것이다.

스타 개인도 높은 기대에 부응하는 훈련을 받는다. 한국의 격렬한 '고나리질'* 문화는 스타 개개인에게 엄청난 압박을 주지만, 한 편으로는 스타 개개인이 강한 자기관리를 하도록 만들었다. 기획사 시스템은 '연애 금지' 같은 비인간적인 관리까지 동원해 한국의 스타를 거부할 명분을 주지 않게 만들고 있다.

케이팝의 약진에 약이 오른 중국에서도 오디션 프로그램이 우후죽순 생기고 있다. 한국에서 했다면 못할 게 뭐가 있냐는 분위기다. 작은 부분까지 개입하며 엄격하게 교육하는 '타이거 맘' 같은 기획사와 치열한 경쟁과 투자까지 한국을 본받고 있다.

하지만 케이팝의 핵심은 기획이 아닌 '변이'다. 기획의 역할은 슈퍼전파자 사이에서 자유로운 재가공이 일어날 역량을 갖게 하는 것까지다. 더 중요한 건 자유로운 문화에서 전 세계를 인터넷으로 넘나드는 전파자의 존재와 변이 가능성이다. 변이와 혼종의 장이었던 홍콩도 두고 보지 못한 나라에서 저런 창발이 일어날 수 있을까?

치명률은 낮게, 전파력은 강하게

수많은 변이를 거쳐 강력한 전파자를 확보한 케이팝은 마침내 일본을 넘어 '팬데믹'**에 성공했다. 이런 관점에서 보면 향후 어떻게 변할지도 어느 정도

---

* '관리'라는 단어를 잘못 입력할 때 종종 발생하는 오타에 접미사 '질'을 붙인 신종어로, 무언가를 책임지고 관리하지 않으면서 간섭하거나 훈계하는 등 비판을 늘어놓는 행위를 가리킨다.
** '모두'의 Pan과 '인간'을 뜻하는 Demic의 합성어.

케이팝은 한국의 문화적 자산을 새로운 코드로 삼아 변하고 있다. 국악에 기반을 둔 밴드 '잠비나이'(사진)는 한국보다 해외에서 더 인기다. 이미 미국의 라디오 공영방송인 NPR에 진출했다.

예상해볼 수 있다.

바이러스는 시간이 지나면서 점차 치명률은 낮아지고 전파력은 강해지는 방향으로 진화한다. 너무 치명적이면 숙주가 버티지 못한다. 대신 거부감을 죽이는 방향으로 변화하며 전파 범위를 넓힌다. 그렇게 시간이 지나면 한 군집 안에서 공존해도 될 만큼 친숙한 존재로 변한다.

싸이의 〈강남스타일〉은 한국을 배경으로 한국어로 만들어진, 한국의 '뽕끼' 가득한 음악이다. 〈강남스타일〉이 전 세계를 휩쓴 후 나온 음악은 싸이의 느낌은 남아있으면서도 점차 미국의 음악에 가까워져 갔다. 가사는 영어로 바뀌고, 미국인의 귀에 더 익숙한 느낌이 강했다. 케이팝의 '매운 맛'은 낮추면서 미국인의 귀에 더 친숙하게 녹아드는 전략으로 튼 것이다.

하지만 여전히 케이팝은 한국의 문화적 자산을 새로운 코드로 삼아 변하고 있다. 국악에 기반을 둔 밴드 '잠비나이'는 한국보다 해외에서 더 인기다. 이미 미국의 라디오 공영방송인 NPR(National Public Radio)에 진출했는데, 그보다 먼저 간 밴드 '씽씽'은 국악이 접목된 케이팝의 서태지 같은 존재다. 'Ahn Ye Eun'은 베트남 차트에서 1위에 오른 한국 음악인이지만, 정작 한국인 사이에서는 많이 알려지지 않았다. 케이팝은 '정점'이 있는 유행이 아니다.

케이팝은 점차 전 세계에서 토착화하고 있다. 이제는 외국인이 외국어로 불렀지만 들으면 묘하게 '이거 케이팝이네?'하는 생각이 드는 콘텐츠도 올라온다. BTS가 정상에 오른 후 '독특한 취향'에서 '익숙한 문화'로 거듭난 케이팝은 거꾸로 미국에 영향을 주기도 한다. 시간이 더 지나면 케이팝은 하나의 코드가 돼 다른 나라의 문화에 녹아들 가능성이 높다. 어느 나라의 거리를 걷다가 처음 듣는 외국 가수의 노래를 듣고 멈춰 '어, 이거 케이팝인가?'하는 날이 언젠가 오지 않을까.

<케이팝의 작은 역사>
김성민 지음 / 글항아리 / 2018년 12월 14일

KILLER TEXT

한국 유튜브 생태계에 넘치는 '능력자'는
모두 잠재적 슈퍼전파자다.
여기에 팬들이 남긴 센스 있는 댓글은
다시 콘텐츠가 돼 전파된다.
케이팝은 따로 자막을 만들어 올리지 않아도
팬들이 나서서 각국 언어로 된 자막을 단다.
팬은 일방향으로 움직이지 않는다.
아이돌에서 콘텐츠가 뻗어나올 뿐 아니라
거꾸로 재가공 콘텐츠가 아이돌의 매력을 더하는
전파가 일어난다. 그렇게 다양한 변이를 거치며
케이팝은 더욱 강해지고 있다.
케이팝의 핵심은 '기획'이 아닌 '변이'다.

우린 아직도
논을 매고 있다

벼농사 체제로 본 동아시아의 진화사

오늘의 대한민국 사회를 '벼농사'의 프레임으로 들여다본 독특한 책이 있다. 〈쌀 재난 국가〉라는, 다소 건조한 제호의 책이다.

벼농사 프레임이라······ 줌(Zoom)으로 회의하고 슬랙(Slack)으로 일하는 세상에 무슨 소리냐 싶지만 본질을 꿰뚫어보면 우리는 여전히 벼농사 체제에 살고 있다고 저자는 말한다. 수천 년의 세월이 지나도 사회의 본질은 변하지 않았다는 의미다.

벼농사의 특징은 '공동생산-개별소유'다. 함께 농사를 짓지만 산출물은 각자 나눠 갖는다. 내 집, 내 밭에 씨 뿌리고 유유자적 사는 삶을 버리고 이런 집단노동에 투신한 까닭은 쌀이 매력적이기 때문이다. 면적당 생산 열량을 비교하면 밀의 2배가 넘는다. 열량이 높을 뿐 아니라 육류와 함께 먹어야 하는 밀이나, 콩이 필요한 옥수수와 달리 쌀은 완전식품이다. 이런 쌀의 매력에 빠진 선조들은 압록강을 넘어 건조한 기후의 만주에 가서도 불가능해보였던 쌀농사를 기어이 해냈다.

'쌀, 재난, 국가권력'의 삼각 프레임으로 들여다본 한국 사회

벼농사는 두 가지 유산을 남겼다. 하나는 '질투'다. 모내기를 하는 농촌은 밀농사 사회인 서구와 달리 한데 모여 산다. 김씨네 논을 박씨가 매고, 박씨네 논은 최씨가 돕는다. 자연스럽게 각자의 사정을 속속들이 알게 된다. '이 집은 논 상태가 영 아니네', '저 집은 모가 잘 심어졌네' 등등 새참 먹으며 오가는 취재가 제법 살벌하다.

하지만 결과물은 각자 소유다. 이때 김씨네가 우리 집보다 열 가마니 더 거둔 걸 받아들이기 어렵다. 똑같이 생긴 논에서, 그것도 내 손으로 함께 농사를 지었는데, 어떻게 이럴 수가 있나? 띄엄띄엄 떨어진 농가에서 알아서 씨를 뿌리고 거둔 밀농사 사회랑 분명 다르다. 결국 '당신의 산출물은 오로지 당신 덕이 아니다'라는 마음이 질투를 낳는다.

다른 유산은 '상향평준화'다. (필자는 이를 '불필요하게 과한 행동'을 일컫는 '뇌절'이란 신조어에 비유하고 싶다.) 모내기할 땐 눈치도 손도 빨라야 한다. 불가능한 얘기지만, 모두가 '평균'은 해야 일을 빨리 끝내고 밥이라도 먹을 수 있다. 뒤처지면 온갖 핀잔을 듣고, 이를 두고 동네에서 속닥거린다. 급기야 평균 이하의 노동력을 가진 이에게는 '애미 애비 없는 놈'이란 비난이 쏟아지기 일쑤다. '애미 애비 없는 놈'이란 '기본이 안 된 자'라는 동아시아적 욕설이다. '부모

없다'는 말이 욕설이 된다는 자체가 '뇌절'이 아닐 수 없다. 이렇게 농경기술은 부모에서 자식으로 수직 전수되고, 동시에 또래들끼리 경쟁하며 업그레이드 된다. '평준화'와 '표준화'가 일어나는 것이다.

'질투'와 '뇌절', 한국 사회의 멘털리티를 가장 잘 나타내는 두 키워드가 논에서 뽑혀 나온 셈이다.

오늘날의 한국 사회가 과연 모내기하는 논과 다를까? 중후장대형 제조업은 벼농사와 매우 닮았다. 많은 인력이 투입돼 함께 조율하며, 대규모 산출물을 뽑아낸다. 불량률은 생산성 낮은 직원이 얼마나 있는 지에서 갈린다. 저자는 쌀 문화권 국가, 대표적으로 한·중·일 및 대만이 철강, 조선, 반도체 같은 사업에 앞서갈 씨앗이 이미 벼농사 체제에 있었다고 분석한다.

책의 또 다른 키워드는 '재난'이다. 벼농사는 쉽게 말해 분산투자 없는 '몰빵'이란 특성이 있다. 'high risk, high return'인 쌀에 모든 마을주민이 명운을 건다. 변수는 물이다. 홍수가 나서 쓸려가거나 가뭄이 와서 말라죽으면 끝이다. 한 번의 재난으로 마을 혹은 국가의 운명이 기울 수 있다. 밀이 없으면 그 대안으로 가축을 잡아먹는 서구 사회와는 차원이 다른 위험이다.

저자는 '국가' 자체가 벼농사 체제인 동양의 발명품이라고 주장한다. 태풍이 오면 인력을 동원해 제방을 쌓고 안전한 곳으로 볏단을 옮기는 작업을 이끌 지도자를 호출한다. 동양의 지도자는 순종적인 백성을 거느린 절대군주 같지만, 결국 재난 대비용 사령관인 셈이다. 이걸 제대로 못하면 왕일지라도 목이 잘리는 게 예사다.

저자는 신라 왕조 천 년 동안 모든 왕의 재위 기간 및 재위 1년당 재난 횟수를 비교 분석했다. 그 결과 재난의 빈도와 재위 기간이 반비례하는 사실을

벼농사는 예나 지금이나 홍수, 가뭄 등 물로 인한 재난에 취약하다. 특히 과거에는 홍수, 가뭄으로 굶어죽는 백성이 속출하면 제아무리 절대왕권 체제라 해도 민심의 눈치를 살폈다. '재난은 곧 나라님의 부덕'이라는 생각이 백성들 사이에 뿌리 깊었기 때문이다. 조선 태종 16년(1415년)에 가뭄이 극심하자 유교국가로서는 달갑지 않지만 왕실에서 기우제를 지냈다는 기록이 이를 방증한다. 심지어 세종은 재위 32년 동안 무려 199건의 기우제를 지냈다. 아울러 세종은 1441년경 세계 최초로 측우기를 제작하기도 했는데, 재난에 대비해 무속과 과학을 가리지 않았다. 이미지는 1837년(헌종 3년)에 만든 것으로 알려진 금영측우기(국보 제329호. 기상청 소장).

밝혔다. 수백 년의 역사 속에 축적된 데이터로 입증되는 고대 왕들의 '성과주의'를 보면 무섭다는 생각마저 든다.

재난 대비 사령관인 동아시아의 지도자는 역설적으로 여기저기 끼어들 여지가 적다. 백성의 기대는 '재난 대비'에 한정돼 있고, 평시에는 조용히 지내길 바란다. 근대적 개념으로는 '야경국가'에 닿는다.

서구식 복지국가를 추구하지 않는 동아시아가 위기 시에는 국가에 방대하고 강한 권한을 몰아주는 건 특이 행동이 아니라 유서 깊은 전통이다. 동아시아 지도자가 서구의 총리보다 대체로 권위적이지만, 불행한 최후를 맞는 확률이 훨씬 높은 이유다. '강한 지도자와 순종적인 국민'이라는 나이브한 분석 이면에는 이런 맥락이 있다.

부침이 있었지만, 이러한 역사적 전통은 한국이 세계 최고 수준의 제조업 강국이 된 배경을 설명한다. 이전까지는 동아시아의 발흥을 '경공업 → 중공업 → 서비스업'으로 가는 서구식 자본주의의 지체된 형태에 불과하다고 봤지만, 벼농사 체제의 프레임으로 보면 동아시아는 자체적 모델로 발전하고 있는 것이다.

동아시아와 서구는 생각보다 이질적이고 다른 길 위에 서있는지도 모른다. 동아시아에 대한 서구권 평론은 이러한 맥락을 놓치고 그들의 시각으로 바라보는 경우가 많다. 그래서 자주 빗나간다. 그들도 동아시아 입장에서는 '로컬'일 뿐이다. 우리의 문제를 분석할 우리의 렌즈도 필요하다.

짐 로저스Jim Rogers라는 미국의 유명 투자전문가가 '공무원이 꿈인 사회는 미래가 없다'라고 했지만, 그 나라가 왜 최고의 성과를 내고 있을까, 반문하고 싶다. 한국인이 미국에 가서 '그토록 시험공부도 안하는 나라에 미래는 없다'라고 말하면 미국인들은 박수를 칠까.

〈쌀 재난 국가〉는 우리가 잊고 있던 역사의 맥락을 발굴해 여러 현상을 설명한다. 한국인도 잊고 있던 과거를 보면서 무릎을 치거나 고개를 끄덕이게 한다. 저자는 말한다. 오늘날의 한국인은 여전히 논매는 농군이고, 우린 아직도 벼농사 마을에 살고 있다고.

〈쌀 재난 국가〉
이철승 지음 / 문학과지성사 / 2021년 1월 25일

단원 김홍도(檀園 金弘道)의 그림 〈벼 타작〉에는 제목 그대로 수확 과정에서 벼 타작에 여념 없는 농부들이 등장한다. 화가는 농부들의 표정을 대체로 밝게 묘사했지만, 공동경작 안에는 위계와 경쟁질서에 기생하는 내밀한 불편함이 존재한다. 이 책을 읽고 난 뒤 그림을 보면, 단원의 해학(諧謔)이 '페이크의 미학'으로 느껴지는 이유다. 그림 속 심드렁하게 누워있는 마름(지주를 대신해 소작권을 관리하는 사람)의 모습도 놓칠 수 없다. 벼농사 체제가 지주와 소작농이라는 불평등한 신분 사회를 투영하는 대표적인 프레임임은 움직일 수 없는 사실이다. 소작농-지주 시스템은 '공동생산-개인독점소유'라는 한국식 자본주의의 지독한 폐해로 연결된다.

없어야 하는 곳에
있는 존재가 사는 법

잡초가 알려주는 지적(知的) 체조법

소설을 읽는 일은 '지적 낮잠'이다. 여행이라기엔 더 한가하고, 한잠 쉬는 느낌이랄까? 필자가 서가에서 가끔씩 꺼내드는 과학 책은 '지적 체조'다. 필자의 주식(主食)인 사회과학 책은 모든 게 불투명하고, 불확실하다. 반면 과학책을 읽다보면 번잡한 집을 정리하는 것 같다.

그 중에서도 〈전략가, 잡초〉는 먼지 낀 필자의 뇌를 번쩍 깨운다. 이 책은 독특하다. 잡초학자를 자처하는 일본인 학자가 잡초에 대해 썼다. 잡초가 뭔지에 대해서부터 막힌다. 잡초가 뭐지? 답이 오묘하다. '인간이 바라지 않는데서 나는 풀'이라고 말한다. 허술한데 그럴싸하다. 잡초는 이렇게 인간이 규정하는, 인간과 엮인 풀이다.

잡초는 왜 그렇게 없애도 없어지지 않을까? 인간이 뽑아서다. 황당한 얘기인데, 잡초는 식물 중 특출난 게 없는 약자다. '잡초 → 큰 풀 → 나무 → 숲'으로 환경이 번성(천이*)해가면 키 작고 뿌리 약한 잡초는 사라진다. 그런데 1년마다 인간이 '리셋'을 해주니, 그 틈으로 자라는 게 잡초라는 얘기다.

잡초의 가장 중요한 전략은 '인내심'이다. 영국에서 한 조사에 따르면, 1제곱미터 밭에 잡초의 씨앗이 대략 7만 5000개가 있다고 한다. 그런데 그 중 싹을 틔우는 건 극소수뿐이다. 대부분은 버틴다. 그러면서 고개를 드는 시점을 묵묵히 기다린다.

그러면 언제 고개를 들까? 우선 빛이 열쇠다. 식물의 잎은 빨강, 파랑을 흡수하기 때문에 초록색으로 보인다. 키 작은 잡초 씨앗에 빨강과 파랑 두 가지 빛이 닿지 않는다면? 머리 위에 큰 풀이 있다는 신호다. 그래서 잡초는 초록빛을 감지할 때까지 몇 년이고 버틴다. 광센서가 달린 잡초라니.

잡초는 빛이 있다고 바로 고개를 들지 않는다. 온도도 중요한데, 일정 온도가 넘는다고 바로 싹을 틔우지 않는다. 한겨울인데, 잠깐 찾아온 이상기온일 수도 있으니까. 그래서 따뜻해져도 며칠을 두고 본 후 진짜 봄이라는 게 확실해지면 싹을 틔운다. 사람보다 낫다. 계좌에 예수금만 있으면 뭐든 매수하고, 차트가 조금만 올라간다 치면 '지금이야!' 하면서 베팅하는 우리네 삶과 비교해보면 말이다.

또 다른 핵심 전략은 다양성이다. 유럽 전역에서 토끼풀이 자란다. 그런데 북유럽 토끼풀은 독성이 없고, 남유럽에는 있다. 남유럽에는 토끼풀을 먹는 달팽이가 있어서다. 이 달팽이 때문에 독성이 있는 토끼풀만 살아남고, 나머

---

* 시간에 따라 생물 군집이 변화하는 현상. 생물 군집은 기후나 지질 등 외부적 요인 및 군집 내 생물의 활동 등 내부적 요인에 따라 천이(遷移)를 겪는다.

잡초의 가장 중요한 전략은 인내심이다.
1제곱미터 밭에 잡초의 씨앗이
대략 7만5000개가 있다고 한다.
그런데 이 중 싹을 틔우는 건 극소수뿐이다.
대부분은 버틴다.
그러면서 고개를 드는 시점을
묵묵히 기다린다.

지는 사라졌다.

　만약 토끼풀이 독성이 없는 종만 있었다면 북유럽에만 살았을 것이다. 유전적 다양성을 무기로 로컬라이징(localizing)한 존재가 살아남는다. 골프장의 천적인 새포아풀은 페어웨이와 그린에서 자라는 개체가 다르다. 그린이 더 잔디를 낮게 깎으니, 여기에 맞게 키 작은 개체가 자란다.

1등 엘리트 벼를 꿈꾸는 잡초들의 나라

잡초는 주식 시장에서 많은 주식을 한 데 모아둔 인덱스 펀드 같은 존재다. 인간이 개입하지 않으니 유전적 다양성이 극대화하고, 여기서 살아남는 잡초가 대대로 이어진다. 그 대척점에 선 게 인간이 키우는 '작물'이다. 인간이 거르고 거른 엘리트 식물인 이들은, 강하지만 다양성이 적다. 당장 아웃풋이 뛰어나지만, 재앙이 오면 그걸로 '끝'일 수도 있다.

대체로 잡초는 '루저'이지만, 자기가 자리 잡은 곳에선 승자다. 보도블럭 틈새 사이 같은 니치 마켓에서 경쟁하지 않고 독점하는 것을 보면 알 수 있다. 작아보여도 거기서 최선을 다하는 스타트업을 보는 것 같다. "경쟁하지 말고 독점하라"고 하는 피터 틸Peter Thiel(팰런티어 테크놀로지 회장)의 전략을 가장 잘 실천하고 있는 게 잡초다. 때로는 독점도 미덕이 될 수 있음을 몸소 실천하는 존재다.

다양성을 지키고, 경쟁하기보다 각자의 영역을 나눠 살면서 누구나에게 서로의 시간을 허락하는 것. 잡초 뿐 아니라 생물계를 다룬 책을 읽으면 항상 도달하는 결론이다. 의외로 진화는 전쟁보다 적당한 하모니와 피드백의 연속이다.

한국 사회를 돌아보면 여긴 모두가 1등 벼가 되는 길 밖에 없다. 니치가 없다. 하지만 개체의 대부분은 잡초다. 태어날 때부터 엘리트 벼가 아니란 얘기다. 우리는 작물이 아니다. 개인도 스타트업도 투자자도 잡초에 배울 게 많지만, 그보다 사회가 먼저 배워야 할 게 많다.

<전략가, 잡초>
雜草はなぜそこに生えているのか _ 원제
이나가키 히데히로(稻垣 榮洋) 지음 / 김소영 옮김 / 김진옥 감수
더숲 / 2021년 3월 26일

모네의 정원이 아름다운 건 잘 가꿔진 수선화 몇 송이 같은 작물들 때문이 아니다. 정원 안에는 작물들의 수천 배, 수만 배에 이르는 이름 모를 잡초들로 무성하다. 모네는 붓끝을 날카롭게 벼려 정원 속 잡초를 그렸다. 잡초가 없는 모네의 정원은 상상할 수 없다. 잡초는 그런 존재다. 그림은 모네(Claude Monet)가 1899년에 그린 〈수선화와 일본풍 다리〉.

KILLER TEXT

대체로 잡초는 '루저'이지만,
자기가 자리 잡은 곳에선 승자다.
보도블럭 틈새 사이 같은 니치 마켓에서
경쟁하지 않고 독점하는 것을 보면 알 수 있다.
작아보여도 거기서 최선을 다하는
스타트업을 보는 것 같다.
"경쟁하지 말고 독점하라"고 하는
피터 틸의 전략을
가장 잘 실천하고 있는 게 잡초다.
그렇게 잡초는 독점도 때로는
미덕이 될 수 있음을 몸소 실천한다.

내마음속CCTV

자연스럽게 선(善)에 이르는 힘

왜 법가가 아닌 유가가 이겼을까?

고대 중국사를 읽으면서 항상 들었던 의문이다. 어느 모로 보나 효율적이고 체계적인 법가는 왜 통일제국 시대를 열고도 한 세대 만에 유교에 역사의 무대를 내줬는가, 하는 호기심이다. 이론적으로 더 냉철하고 합리적으로 보이는 법가가 두루뭉술하고 '좋은 게 좋은 것' 같아 보이는 유가에 자리를 내줬으니 말이다.

조금씩 사회생활을 경험하며 찾은 이유는 시스템의 유지·관리 비용이다. 법가는 골목마다 경비병을 세우고 잦은 형 집행을 동원한다. 규칙과 집행 체계를 만드는데 품이 많이 든다. 요즘으로 치면 골목마다 CCTV를 세우는 꼴인데, 옛날에는 이게 훨씬 힘들고 비용도 많이 들었을 것이다. 이렇게 해도 결국은 CCTV 없는 곳에서 문제가 생기기 마련이다.

반면, 유교는 모두의 마음속에 CCTV를 달았다. 끊임없는 교육과 가치 전파, 장엄한 의식 등을 통해서다. 교육을 통한 전파는 '덕(德)'이고 마음을 감화하는 의식은 '예(禮)'이다. 유교는 모두가 성인이 될 수 있다고 말한다. 그러니 수양을 하라고 한다. 이런 체계를 세우는 순간 자기 인생의 불행은 스스로의 책임이 된다. '자유가 있건만, 내가 부족해 이렇다'고 자책하게 된다.

불행한 이 나라에 어떤 혜안을 줄 것인가?

공자(孔子)는 이렇게 말했다.

> "백성을 법령으로 인도하고 형벌(刑罰)로 다스리면, 백성들이 형벌을 면하려고만 하고 부끄러워함이 없다. 백성을 덕(德)으로 인도하고 예(禮)로 규제하면, 백성들이 부끄러워할 줄도 알고 자연히 선(善)에 이를 것이다."
>
> _ 〈논어〉 위정편

이 짧은 문장으로 고대 시대의 과도한 법 집행의 부작용을 지적하고 대안을 제시했음을 알 수 있다.

인류 문명화에 대한 가설 중 하나가 '자기 가축화'다. '가축'이라 하면 비하하는 의미 같지만, 야생말이 사회성을 발달시킨 끝에 인류의 곁에 머무는 유순한 종이 된 과정과 비슷한 길을 인간도 거쳐 왔다는 의미다. 우리는 사회생활을 하며 '눈치'를 보고 스스로를 돌아보며 야생에서 문명의 길로 걸어 들어왔다.

유교의 통치는 모두가 자신의 마음속에 달아놓은 CCTV의 통제를 스스로 받는 저비용 통치 구조다. 불행은 개인 탓이요, 모두가 성공은 할 수 있다. 다만 처지가 딱한 건 수양이 부족해서다. 이 얼마나 성군의 치세인가. 작은 법 위반에도 팔다리를 자르고 사사건건 개입하는 '나쁜 나라님'이 다스리는 법가의 통치보다 비용이 적게 든다. 그래서 장기적으로 결국 이기지 않았을까.

이런 피통치자의 마음속에 CCTV를 다는 일을 아주 넓게 우리는 '문화'라고 부른다. 적어도 수천 년의 동아시아 역사에서 위력을 검증한 통치 수단이다. '충(忠)'과 '효(孝)'를 실천한 미담을 발굴하고 이런 원리를 담은 철학을 바탕으로 관리를 선발해 많은 이들이 자나 깨나 읊고 외우게 만들었다. 피통치자가 자발적으로 유순하고 체제에 순응하는 신민(臣民)이 되는 시스템의 기반을 소프트웨어에서 찾은 것이다.

'조선은 왜 망했는가?'는 일제 강점의 역사가 있는 한국에서 중요한 질문이다. 하지만 그렇게 문제가 많은 나라가 500여 년이나 유지된 이유도 고민해봐야 균형이 맞지 않을까. 전 근대 역사에서 한 왕조가 100년을 가는 것도 쉽지 않았다는 점을 고려하면 말이다. 비록 500여 년의 끄트머리는 처참하고 굴욕적인 결말로 귀결됐지만, 그 앞의 긴 역사를 이끈 원동력은 생각해볼 점이 있다.

굴욕의 역사를 겪은 한국 사람들은 철두철미한 하드웨어의 힘에 천착해 전진해왔다. 그 결과 명실상부한 선진국이자 'G8'을 논하는 데까지 왔다. 동시에 하나의 성적표를 더 받았다. 삶에 대한 만족도는 세계 꼴찌(42.3%)이고 사회가 불공정하다고 생각하는 건 1등이며 자녀가 기쁨보다는 부담이라는 생각도 세계 1등을 차지했다.* 세계에서 가장 우울하고 불행하고 자녀까지 부담스러운 자칭 'G8'이 한국의 성적표다.

전통적인 유교의 가치를 되살리자거나 논어의 가르침을 받들자는 의미가 아니다. 필자는 유교에 대해 잘 알지 못한다. 다만 지금 한국 사회가 마주한 문제가 단순히 경제와 같은 '하드웨어'만으로 해결하기 힘들다고 생각한다. 오천만 명이 모인 이 공동체가 하나의 국가와 사회를 이루고 함께 살아가는 데 필요한 '소프트웨어'의 엔진이 꺼졌다는 점을 받아들여야 하지 않을까.

수천 년의 역사를 지배해온 '마음속의 CCTV'를 우리는 이제 어떻게 활용해야 할까. '문화'라는 소프트웨어는 이 불행한 나라에 어떤 답을 찾아줄 수 있을까.

<논어>
동양고전연구회 역주
민음사 / 2016년 8월 26일

* 서울대 아시아연구소 · 한국리서치 세계 15개 주요 대도시 대상 조사(302쪽 각주 참조).

'조선은 왜 망했는가?'는 일제 강점의 역사를 겪은 한국에서 중요한 질문이다. 하지만 그렇게 문제가 많은 나라가 500여 년이나 유지된 이유도 함께 고민해봐야 균형이 맞지 않을까. 전 근대 역사에서 한 왕조가 100년을 가는 것도 쉽지 않았다는 점을 고려하면 말이다. 비록 500여 년의 끄트머리는 처참하고 굴욕적인 결말로 귀결됐지만, 그 앞의 긴 역사를 이끈 원동력은 다시 생각해볼 점이 있다. 이미지는 〈경국대전 제1권〉(국립민속박물관 소장)

KILLER TEXT

유가는 어떻게 법가를 이겼을까?
유교의 통치는 모두가 자신의 마음속에 달아놓은
CCTV의 통제를 스스로 받는 저비용 통치 구조다.
불행은 개인 탓이요, 모두가 성공은 할 수 있다.
다만 처지가 딱한 건 수양이 부족해서다.
이 얼마나 성군의 치세인가.
작은 법 위반에도 팔다리를 자르고
사사건건 개입하는 '나쁜 나라님'이 다스리는
법가의 통치보다 비용이 낮다.
그래서 장기적으로 결국 이기지 않았을까.

chapter 2
MARKET

그래도
쇼는 계속돼야 한다

위대한 쇼맨에 관한 추억

연주가 절정을 향할 때, 극장 구석에 불이 난 걸 눈치 챈 지휘자는 어떻게 해야 할까. 극장을 빼곡히 채운 수천 명의 관객은 음악에 취해 있는 상황이다. 당장 지휘봉을 던지고 모두 나가라고 외쳐야 할까. 그러면 극장은 불이 번지기도 전에 아수라장이 될 게 빤하다. 아마도 베테랑 지휘자라면 청중을 고조시킨 연주를 조금씩 잦아들게 한 뒤 차분한 목소리로 주변을 진정시키며 질서정연한 퇴장을 유도할 것이다.

〈위기의 징조들〉은 그 일을 해낸 능숙한 지휘자 셋이 어떻게 세계 최대의 파산 사태를 극복했는지를 담은 책이다. 만약 세계 최대 보험사 AIG가 무너졌다면? 미국 의회가 결국 구제금융안을 부결했다면? 등 벌어질 수 있는 최악의 상황을 생각하면 그들은 가히 지구를 구했다고 할만하다.

지난 금융위기를 모두 '2008년 금융위기'나 '리먼 브라더스 사태'라고 부른다. 한 금융회사나 특정 시점에 사건을 못 박는 것이다. CDO, MBS, ABS, CDS, 서브프라임, 트렌치 등등 들어도 모를 단어로 가득한 사건이다 보니 그 때쯤 큰 회사가 무너져서 생긴 일로 기억하는 정도에서 그치는 것이다. 하지만 이 책은 시계를 90년대까지 돌려 최초 발화점에서 이야기를 시작한다. 막대한 무역 흑자를 쌓은 중국에서 밀려들어온 값싼 달러와 감독망에서 벗어나 있던 비은행권이 만든 버블은 '집값 불패' 신화와 맞물려 위기를 키웠다.

금융위기를 돌아보기 위해 필요한 단 한 권의 책

2008년 금융위기 당시 활약한 벤 버냉키Ben S. Bernanke 연방준비제도이사회 의장, 티머시 가이트너Timothy F. Geithner 뉴욕연방준비은행 총재, 헨리 폴슨Henry M. Paulson Jr. 재무부 장관은 서브 프라임 붕괴로 시장이 뒤집어질 때도 음악을 멈추지 않으려고 노력했다. 이 책은 그 분투를 담고 있다.

그들은 연준과 의회를 닥달해 '실탄'을 채웠지만, 구제금융을 주면서 은행에 굴욕을 강요하지 않았다. '구제금융 받은 은행'이라는 낙인이 시장에 미칠 악영향을 고민한 것이다. 시장에 사이렌이 울려대지 않게 하려는 소방수 3인의 노력이 눈물겹다. 그들은 갖가지 묘안을 동원해 '돈을 받고도 받지 않은 상태', 즉 '체면은 살리면서 돈은 주는 길'을 찾았다.

결국 돈을 받아도 굴욕을 겪지 않는다는 게 알려지자 번호표를 뽑고 파산을 기다리던 은행들이 찾아와 구제금융을 타갔다. 반면, 대서양 건너 유럽은 달랐다. 위기에 처한 은행을 국유화하거나 징벌적인 조건을 내걸고 돈을 내줬다. 구제금융 창구 위에 '무료 급식소'라는 팻말을 붙인 셈이다. 하지만 세상에서 빌어먹고 남루한 사람에게 돈을 맡기는 예금자는 없다. 당시 유럽에서 구제금융 집행률이 떨어지고, 뱅크런이 계속됐던 이유다.

저자들은 일시적인 공매도 금지를 요청했던 때를 회상하며 '절대 하고 싶지 않았던 일'이라고 했다. 이 역시 시장참여자에게 나쁜 신호를 줄 것을 걱정해서다. 시장이 무너질 일촉즉발의 위기에도 음악, 즉 시장의 흐름은 계속 이어져야 한다는 믿음이 그들에게 있었던 것이다.

구제금융은 인기가 없다. 어느 국민도 레버리지로 투자하다 말아먹은 월가에 돈을 맡기고 싶지 않다. 구제금융이 없으면 1조 달러로 막을 일에 10조 달러를 써야 하는 상황에서 어떻게 설득했을까? 구제금융을 주지만, 채권자 입장에서 환상적인 조건의 우선주나 담보를 받았다. 실제로 구제금융은 재무부 금고에 수백억 달러의 수익을 남겼다. 시장의 원리를 여기서도 활용한 셈이다.

물론 책에는 청산과 엄벌보다 구제를 택한 3인방의 자기변호가 녹아 있다. 월가에 관대했던 건 비판 받을 수 있다. 다만, 평소에 아이를 엄하게 키우더라도 벼랑 끝에 있을 때 밀면 안 된다는 저자들의 생각에는 변함이 없다. 그들은 의회에 가서 읍소하고, 언론으로부터 욕을 먹어가며 위기를 수습했다. 그럼에도 매를 꺼낼 때가 아니라는 걸 바로 알아챌 만큼 그들은 현명했다.

책을 읽는 내내 한국 정부가 왕왕 꺼내드는 '기습공격 카드'가 떠올랐다. 찬바람이 부는 연말쯤에야 닫던 은행의 대출 창구를 갑자기 연초에 닫아버리는 카드 말이다. 계획을 세우고 이사를 준비하던 이들은 날벼락을 맞곤 한다. 새로 취임한 금융 관료는 마치 '대출자와의 전쟁'을 하러 온 전사 같이 굴

2007년 9월 경 영국에서는 150년 만에 뱅크런이 일어났다. '노던록(Northern Rock)'이라는 은행이었다. 노던록의 경영진은 미국 부동산 붐에 맞춰 모기지 채권을 사면 막대한 수익을 거둘 수 있다고 판단했고, 돈을 빌려 미국의 서브 프라임 모기지를 대량으로 매수했다. 그러나 기대와 달리 미국 모기지 시장이 침체에 빠지면서 모기지 채권 가격이 크게 떨어졌다. 노던록은 영국 중앙은행에 긴급자금을 요청해야만 했다. 이 사실을 안 예금자들은 너나 할 것 없이 은행 창구로 달려갔다. 노던록은 주주들이 돈을 한 푼도 못 받고 지분 90%를 정부에 내주며 국유화되었다. 이미지는 2007년 9월 당시 영국 노던록의 한 지점 앞에 길게 늘어선 예금인출자들.

기도 한다. 이미 받은 대출도 만기 연장을 해줄지 말지 가타부타 얘기도 없다. 지휘자가 지휘봉을 부러뜨리고 윽박지르니, 관객은 '혹시 어디 불이라도 났나'하고 불안해질 수밖에 없다.

300페이지도 안 되는 책에 금융위기의 시작과 진행, 수습까지 자본 시장에 어두운 이들도 이해하기 쉽게 담을 수 있는 이코노미스트는 많지 않다. 무엇보다도 전 세계를 뒤흔든 거대한 사건과 어려운 경제적 흐름을 이해할 수 있게 해주는 건 도표다. 매력적인 차트가 독자들이 길을 잃지 않고 경제적 재난의 한복판을 지날 수 있게 돕는다. 왜 미국이 시시각각 망하는 길로 접어들고 있었는지 도표 3~4개로 정리해 보여준다. 지면 가득한 활자보다 인포그래픽 하나가 훨씬 이해력을 높이는 순간이다. 도표만 따로 떼어 만든 50쪽짜리 부록은 덤이다. '금융위기를 돌아보기 위해 필요한 단 한 권의 책'이라는 워런 버핏Warren Buffett의 찬사는 결코 공치사가 아니다.

<위기의 징조들>
Firefighting _원제
벤 버냉키(Ben S. Bernanke), 티머시 가이트너(Timothy F. Geithner)
헨리 폴슨 주니어(Henry M. Paulson Jr.) 지음 / 마경환 옮김
이레미디어 / 2021년 3월 8일

KILLER TEXT

연주가 절정을 향할 때,
극장 구석에 불이 난 걸 눈치 챈 지휘자는
어떻게 해야 할까.
극장을 빼곡히 채운 수천 명의 관객은
음악에 취해 있는 상황이다.
당장 지휘봉을 던지고 모두 나가라고 외쳐야 할까.
그러면 극장은 불이 번지기도 전에 아수라장이 될 게 뻔하다.
아마도 베테랑 지휘자라면 청중을
고조시킨 연주를 조금씩 잦아들게 한 뒤
차분한 목소리로 주변을 진정시키며
질서정연한 퇴장을 유도할 것이다.
시장도 다르지 않다. 일촉즉발의 위기에도
음악, 즉 시장의 흐름은 계속 이어져야 한다.

엿보기와 베끼기의
고수들

자본 없이 자본시장 잠식하기

몇 년 전 'K-콘텐츠'의 쾌거라고 난리 난 〈머드맥스〉 영상은 한편으론 콘텐츠 만들어 먹고 사는 게 얼마나 힘든지 보여 준다. 이 영상은 한 유튜버가 갯벌 뉴스 영상에 영화 〈매드맥스〉를 가미해 만든 일종의 패러디다. 유튜버도 KBS의 뉴스 영상에다 영화에서 모티브를 가져와 가공했으니 저작권을 주장할 수는 없다.

〈범 내려온다〉란 노래로 홈런을 친 이날치가 만약 상장회사였다면, 한국관광공사의 〈강강술래〉 같은 영상이 공개 됐을 때 주가가 올랐을까, 내렸을까? 〈범 내려온다〉가 풍겼던 신선함은 겨우 1년여 사이에 더 세련된 모습으로 다른 회사가 만든 콘텐츠에 등장했다. 콘텐츠를 그저 즐겁게 보는 대중과 짧은 기간에 독보적 아우라를 잃은 창작자의 입장은 분명 다를 것이다. 이렇듯 '콘텐츠' 같은 무형자산은 누구든 쉽게 배우고, 그걸 바탕으로 경쟁작을 만들기 쉽다. 소비자에겐 좋은 일이지만, 비즈니스를 하는 이들은 치열한 경쟁을 버텨야만 하는 구조다.

후발주자를 주저앉히는 것들

〈자본 없는 자본주의〉는 갈수록 좋은 게 흔해지는 사회에서 왜 사는 건 더 팍팍해지는가를 설명한다. 왜 값비싼 집에 사는 성공한 연예인이 넘쳐나는데도 누군가 연예인이 되려하면 '먹고 살기 힘든 직업'이라며 말리는 사람이 많을까? 그 업계에 얼마의 돈이 돌든 0.01%의 슈퍼스타가 독식하기 때문이다. 문제는 평범하게 살던 90%의 사람들도 점점 이 '슈퍼스타 경제'로 빨려 들어가고 있다는 점이다.

이 책이 '사라졌다'고 말하는 자본은 유형자산이다. 공장이나 건물, 기계 같은 것이다. 삼성전자나 포스코, 이마트 재무제표를 보면 자산의 30~40%가 유형자산이다. 전통적으로는 이게 상식이지만, 카카오는 이 비율이 3%다. 미국의 빅테크 대표 기업인 구글, 애플, 페이스북, 아마존은 더 적다.

무형자산은 소프트웨어나 IP, 노하우 등을 뜻한다. UN이 국민회계규정에 소프트웨어를 자산 분류에 추가한 게 90년대다. 자본주의 역사를 놓고 보면 '신생아'인 셈인데, 선진국에서는 이미 유형자산보다 무형자산의 비중이 더 크다. 지난해 구글, 애플, 페이스북, 아마존 4개 기업이 일본 전체 주식 시장의 시가총액을 뛰어넘은 게 말도 안 되는 버블이라고 하는 사람도 있지만, 무형자산의 특징을 알면 이 추세가 쉽게 꺾이지 않겠다는 생각도 든다.

무형자산의 특징은 4가지, 이른바 '4S'로 모아진다.

확장성과 시너지는 쉽게 머리에 그려진다. 백종원 씨가 볶음밥 레시피를 개발하면 이는 곧바로 전국 체인점에서 활용할 수 있다. 레시피는 많은 사람이 나눠써도 닳지 않는다. 경제학의 용어를 빌려 고상하게 말하면 '경합성 (contentionality)'*이 없다. 또 다른 무형자산인 구독자 500만여 명의 백종원 채널과 만나면 수백만 자취생에게 퍼진다. 바로 시너지 효과다.

그러면 이렇게 좋은 걸 나누기 쉬운 사회인데 '왜 여전히 먹고 살기 힘들까?'라고 다시 반문해 본다. 이 책에서 주의 깊게 다루는 문제가 선진국의 투자 감소와 경기 침체다. 인구의 고령화를 유력한 용의자로 언급하지만, 이런 주장에 어긋나는 기업 이익의 지속적인 성장과 상위 기업의 약진을 근거로 저자는 다른 범인을 찾는다. 바로 무형자산의 스필오버다.

스필오버는 라디오 시대에서 전파가 국경을 넘는 걸 뜻했다. 비즈니스로 오

---

* 소비자들끼리 경합하는 특징이나 상태로, 소비자가 늘어나면 기존 소비자의 소비량은 줄어드는 속성.

면서 '베끼기'란 의미로 넓어졌다. 앞서 언급한 〈범 내려온다〉의 딜레마다. 한국관광공사의 새 영상을 보면 기시감이 들지만 분명 표절은 아니다. 좋게 말하면 보고 배운 것이고, 나쁘게는 베꼈다고 할 스필오버의 한 사례에 해당한다.

요즘 필자의 홈페이지에 쓴 글에는 썸네일을 붙인다. 평생 포토샵 한 번 켜보지 않았지만, 웹에 있는 편집 프로그램과 유명 유튜버 썸네일을 곁눈질로 1시간 정도 배웠더니 이제 5분이면 만들 수 있다. 적어도 유명 유튜버와 필자 사이에 '썸네일 기술'은 스필오버로 사라진 셈이다.

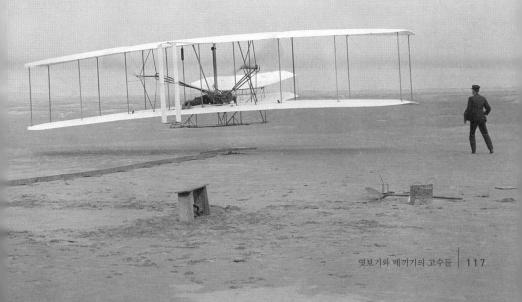

책에 따르면, 라이트 형제는 첫 비행을 마친 뒤 더 나은 기술 개발에 힘써야 할 시간을 자신들의 특허를 침해한 것으로 의심되는 이들과의 싸움으로 소진해야만 했다. 무형자산의 스필오버가 이미 오래 전부터 일어났던 것이다. 이미지는 1903년 12월 17일 노스캐롤라이나 키티호크에서 있었던 플라이어 1호의 시험 비행 장면.

물론 엿보는 건 공평하다. 당신도 네이버를 엿볼 수 있다. 하지만 네이버가 당신의 아이디어를 엿보는 게 가능하면 누가 손해일까? 선두기업은 '벤치마킹'이란 그럴 듯한 이름으로 자신의 무형자산에 얹어서 확장성과 시너지를 동시에 기대할 수 있다. 후발주자는 투자를 포기한다. 저자는 무형자산 시대의 고질병인 투자 부진의 한 이유를 여기서 찾는다.

'매몰성'도 후발주자를 주저하게 한다. 오늘부터 사진 공부를 한다고 치자. 카메라를 사는 건 큰마음 먹을 필요가 없다. 당근마켓에서 사서 몇 번 쓰고 아니다 싶으면 되팔면 그만이다. 하지만 사진 강의는 다르다. 중고로 팔거나 환불도 못한다. 이렇게 무형자산 투자는 투자한 돈을 회수하기 어렵다. 수백억 원을 들여 광고를 했지만 망한 브랜드의 가치는 0원이다. 이런 불확실성은 후발주자를 주눅 들게 한다.

'엿보기 시대'에는 투자도 골치 아프다. 재무제표는 평등했다. 심지어 필자도 워런 버핏Warren Buffett도 똑같은 걸 봤다. 무형자산의 시대에는 그걸 꿰뚫어 보는 사람만 안다. 책에 따르면 90년대 전까진 최고의 펀드매니저 자리는 자주 교체됐다. 하지만 무형자산을 다루는 벤처투자자 세계의 서열은 공고하다. 영국계 자산운용사 베일리 기포드(Baillie Gifford)*의 '기술을 보는 눈'이 각광받는 '현인의 시대'인 것이다.

다행인 건 장삼이사(張三李四)에게도 해법은 있다. 엿보기가 문제라면 서로 엿볼 수 있는 모든 기업을 다 사면 된다. 인덱스 펀드다. 아니면 좀 더 직접적

---

* 테슬라 주가가 7달러 수준에 불과하던 2013년부터 테슬라에 투자를 시작해 주요 주주가 되면서 화제를 모은 투자회사로, 1908년에 설립됐다. 성장에 초점을 맞춰 혁신 기업을 발굴하여 장기 투자를 지향한다.

인 훔쳐보기가 가능한 산업군별로 사는 대안도 있다. 허무한 결론 같지만 틀린 얘기는 아니다.

'1등 도시' 집값이 무섭게 오르는 건 세계적 현상이다. 스필오버의 시대에는 옆집에 사는 창의력 넘치는 힙스터와 길 건너 있는 세련된 카페가 인프라다. 과거에는 큰 공장이 도시의 부를 유지했지만, 이젠 도시의 브레인이 더 가치 있다. 스필오버가 집값에도 반영된다.

무형자산의 부상은 점진적으로 일어났다. 우리도 모르는 사이에 세상을 잠식했다. 정부도 아직 유형자산 시대의 눈으로 규제를 만들고 있어 허둥거린다. 재산권에서 저작권으로, 담보대출에서 투자의 시대로 흘러간다. 모두가 원하지 않던 '슈퍼스타 경제'로 던져진 시대, 참 골치 아프다.

<자본 없는 자본주의>
Capitalism without Capital _원제
조너선 해스컬(Jonathan Haskel), 스티언 웨스틀레이크(Stian Westlake) 지음
조미현 옮김 / 김민주 감수
에코리브르 / 2018년 6월 25일

Radical and Retro

독점 타짜들의 손목은 순순히 접수될 것인가

바이든Joe Biden이 한 수를 뒀다. 그는 2021년 1월 취임하고 얼마 지나지 않아 팀 우Tim Wu라는 법학자를 국가경제위원회 기술·경쟁정책 보좌관에 임명했다. 백악관은 임명에 맞춰 연 브리핑에서 빅테크의 권력남용에 맞서겠다고 했다. 며칠 후에는 연방거래위원회 위원장으로 아마존 독점 문제로 박사 학위를 받은 리나 칸Lina Khan*을 임명했다. 바이든은 빅테크와의 전쟁을 위한 포석을 깐 것이다.

미국 정부가 정말 빅테크를 쪼갤까? 〈빅니스〉는 '칼잡이'로 등판한 팀 우의 출사표다. 소책자 정도의 짧은 분량이지만 법학자의 결기가 느껴진다. 읽어보면 바이든 행정부는 코로나19 문제가 정리되는 대로 빅테크를 상대로 본격적으로 카드를 꺼낼 것 같았다.

---

* 그는 예일대 로스쿨 재학시절 발표해 화제를 모았던 논문 〈아마존 반독점의 역설(Amazon's Antitrust Paradox)〉에서 아마존을 비롯한 빅테크들의 독점행위를 낱낱이 파헤치면서 '아마존 저격수'라는 닉네임을 얻었다.

'반독점법'의 수호전사

단어의 빈도는 생각을 드러낸다. 빅테크에 대해 이야기한 〈빅니스〉에서 작가
는 '독점(monopoly)'이란 말을 327번 사용했다. 반면 일반적으로 빅테크를 부
르는 '플랫폼(platform)'은 겨우 5번 밖에 쓰지 않았다. 팀 우의 생각은 확실하
다. '빅테크는 독점기업이다, 독점은 매우 나쁘다.'

팀 우는 IT 산업에 한 획을 그은 전력이 있다. 2000년대 초 '망 중립성'** 개
념을 제시한 게 바로 그다. 인터넷 공간의 대원칙을 세운 것이다. 아이러니한
건 그가 지금 정조준한 빅테크가 바로 망 중립성의 수혜를 받은 기업이라는
사실이다. 팀 우는 기술기업이 문제라는 게 아니라 '모든 독점이 해롭다'는
원칙론자다.

이 책의 첫 장은 17세기 영국 의회로 거슬러 올라간다. 측근에게 이런저런
독점권을 쥐어주며 자신의 권력을 키운 왕에 맞서 의회가 '독점 금지 법령'
을 만든 이야기로 시작한다. '모든 독점은 완전히 무효'라고 깔끔하게 못 박
은 이 법령이 오늘날 모든 반독점법(미국에서는 'Sherman Act', 한국에서는 '독점
규제 및 공정거래에 관한 법률')의 뿌리라고 설명한다.

보통 기업의 독점 이야기를 하게 되면 오늘날의 시장경쟁 문제를 먼저 꺼
내기 마련이다. 하지만 팀 우는 17세기 영국에서 시작해 나치 독일, 소련 전
체주의 및 일본 제국주의 얘기를 길게 하며 독점의 뿌리를 여기서 찾는다. 독

** 통신사 등 인터넷서비스사업자(ISP)가 특정 콘텐츠나 인터넷 기업을 차별하거나 차단하는 것을 금지하는 정책
으로, 오히려 구글, 페이스북, 아마존, 넷플릭스 등을 빅테크로 성장시키는 단초가 됐다는 지적을 받았다. 빅테
크들은 통신사업자가 구축한 네트워크를 기반으로 엄청난 트래픽을 유발하며 성장했지만 '망 중립성' 정책에
따라 접속료 이외에 추가비용은 내지 않아도 됐다.

점을 단순한 경제 문제가 아니라 '압제 권력'과 동일시하는 접근이다.

여기서 다시 떠올릴 게 그가 경제학자가 아니라 법학자라는 점이다. 그는 독점에 맞서는 싸움을 민주주의를 지키는 일로 규정한다. 그러면서 빅테크가 유례를 찾기 어려울 만큼 강한 사적(私的) 권력이라고 말한다. 그의 관점에 따르면 빅테크는 전제 군주나 전체주의 국가와 같은 반열에 오른 셈이다.

경제적으로도 반독점이 바람직하다는 주장을 펼친다. 그가 꼽은 '미국 경제에 미친 영향 측면에서 가장 성공적인 사건'은 1970년대 'AT&T 해체'다. 당시 AT&T는 우리로 치면 3대 통신사에 네이버와 카카오를 합친 회사다. 팀 우는 연못 속 고래였던 AT&T 해체가 인터넷 경제 탄생의 시작이었다고까지 치켜세운다.

법학자답게 책은 스스로 예상 반론을 제기하고, 재반박하는 법정 공방처럼 전개된다. 그가 꼽은 유력한 반론은 '국가대표 기업론'이다. 요즘 빅테크에 대한 압박이 다소 완화된 배경에는 미·중 간 기술경쟁이 있다. '중국 기업이 저렇게 웅비하는데, 우리 기업을 쪼개서야 되겠냐'는 얘기다. 전쟁 중에 주력함(主力艦)을 해체할 수는 없으니까 말이다.

팀 우(사진)는 IT 산업에 한 획을 그은 전력이 있다. 2000년대 초 '망 중립성' 개념을 제시한 게 바로 그다. 인터넷 공간의 대원칙을 세운 것이다. 아이러니한 건 그가 지금 정조준한 빅테크가 바로 망 중립성의 수혜를 받은 기업이라는 사실이다. 팀 우는 기술기업이 문제라는 게 아니라 '모든 독점이 해롭다'는 원칙론자다. 한편 그의 태도는 급진적이면서도 동시에 전통적이다. 그럴싸한 말로 견제를 피해가는 IT기업에 현혹되지 말고 '미국의 정신'(American Spirit)으로 돌아가자고 한다.

팀 우는 이 책에서 1945년 군·산 복합기업 '알코아'(Alcoa)의 해체 시도 사례를 소환한다. 전쟁이 한창인 와중에도, 아무리 전투기와 탱크를 만드는 기업이라도 해체한 게 바로 '미국의 정신'이라고 말한다. 진짜 전쟁 중에 군수 물자를 만드는 기업도 해체했는데, (제아무리 국가대표급 빅테크라도) 앓는 소리 그만하라고 꾸짖는다.

'국가대표 기업 전략'은 장기적으로 좋지 않다고 짚는다. 1970년대 일본이 치고 올라올 때 미국의 불안은 컸다. 글로벌 증시에서 시가총액 순위를 싹쓸이한 일본 전자기업이 세계를 제패할 것 같았다. 이 와중에 미국 법무부는 '빅 블루'(Big Blue. 1970년대 이후 컴퓨터 산업에서 압도적 우위를 자랑했던 IBM의 별칭) IBM에 반독점 소송을 걸었다. 하드웨어에 소프트웨어를 끼워 판 게 문제였다.

회사가 해체까지 가진 않았지만 소송은 레드라인이 됐다. 이후 IBM은 소프트웨어 진출을 미뤘다. 시중에서는 MS 인수 기회를 포기한 IBM에 혀를 차지만 나름 이유가 있었다. 독점 우려 때문이다. 그 결과 수많은 독립적인 소프트웨어 기업이 탄생했다. 오늘날 수조 달러 규모로 성장한 빅테크 산업은 미국의 먹거리가 됐다.

IBM의 후퇴로 난립한 신생 업체가 온갖 시도를 하는 와중에 일본은 달랐다. 엘리트 관료와 한 때 전 세계 시가총액 1위에 올랐던 일본전신전화(NTT)가 뭉쳐 미래를 결정했다. 바로 슈퍼컴퓨터다. 하지만 그 미래는 책상 위의 컴퓨터, PC가 가져갔다. 팀 우는 하나의 미래에 올인하는 국가대표 전략이 결코 미국적이지도, 효율적이지도 않다고 말한다.

그의 대안은 두 가지다. 첫 번째, 기업을 쪼개는 기준을 (단기적) '소비자 후생'이 아니라 '경쟁 가능한 생태계'로 바꾸자는 것. 1970년대 이후 독점 문제를 가르는 기준은 독점으로 가격이 올랐는지 여부다. 이런 식이면 아마존 같이 계속 이익 창출을 미루며 저가 경쟁을 이어가 후발주자를 말려 죽이면 독점을 막을 수 없다. 당장 소비자 후생이 느는 것처럼 보여도 신산업은 태어나지도 못하고 죽는다.

다음은 좀 더 현실적인 대안인데, 빅테크의 기업 합병을 어렵게 하는 것이다. 빅테크의 '기업 쇼핑'을 막아서 IBM이 MS를 놓아준 것 같은 환경을 만들자는 주장이다. 이건 있는 기업을 쪼개는 것만큼 거칠지 않으면서 파급력이 강할 것이다.

팀 우의 태도는 급진적이다. 그러면서도 전통적이다. 그럴싸한 말로 견제를 피해가는 IT기업에 현혹되지 말고 '미국의 정신'(American Spirit)으로 돌아가자고 한다. 'Retro'하기로는 빠지지 않는 1942년생 바이든과 민주당의 'Radical'한 진보 의원들이 손을 잡으면 빅테크도 손 볼 수 있을까.

<빅니스>
The Curse of Bigness _ 원제
팀 우(Tim Wu) 지음 / 조은경 옮김
소소의책 / 2020년 12월 22일

KILLER TEXT

저자는 17세기 영국 의회가 제정한 '독점 금지 법령'의 배경에서 시작해 나치 독일, 소련 전체 주의 및 일본 제국주의 얘기를 길게 하며 독점의 뿌리를 여기서 찾는다. 독점을 단순한 경제 문제가 아니라 '압제 권력'과 동일시하는 접근이다. 이 법학자는 반독점을 민주주의를 지키는 일로 규정한다. 그러면서 빅테크가 유례를 찾기 어려울 만큼 강한 사적 권력이라고 말한다. 그의 관점에 따르면, 빅테크는 전제 군주나 전체주의 국가와 같은 반열에 오른 셈이다.

타다의 '신뢰'와
택시의 '면허'

공유경제를 완성하는 마지막 퍼즐

좋은 논제를 설정하지 못하면 좋은 토론을 기대하기 어렵다. 2019년에 뜨거운 이슈로 불거졌던 '타다' 문제가 그랬다. 택시를 타본 사람은 누구나 타다 문제에 대해 말을 보태지만 논의는 접점을 찾지 못하고 헛돌았다. '승차 거부'로 시작한 문제는 택시기사가 친절한지 아닌지로 갔다가 '근로기준법' 문제로 튀었다가 '택시 면허 값'으로 오락가락 했다. '택시기사가 밉다'와 '타다는 꼼수 영업이다'가 중간정리 결과다.

타다 문제의 본질은 면허였다. 운전기사를 알고리즘으로 쥐어짜든 꼼수를 썼든 타다가 택시에 비해 친절하고 서비스가 좋은 건 부정할 수 없다. 그 반대편에 불친절한 택시가 남아있는데, 이들이 존속하는 이유는 면허 때문이다. 다른 시장이었으면 퇴출될 서비스가 그대로 남아 있는 상황의 밑바닥에 면허가 똬리를 틀고 있는 것이다.

그럼, 면허란 무엇인가? 신뢰다. 길에서 남이 모는 차를 믿고 몸을 실을 수 있도록 하는 보증이다. '이걸 믿고 타라'는 의미로 국가의 권위로 내준 보증이다. 면허의 가치는 결국 국가가 독점하는 신뢰가 어느 정도의 가치를 지니는지 나타낸다.

수년 전에는 이 기능을 국가만 할 수 있었다. 면허시험을 보고 교육을 이수하면 국가가 신뢰를 부여했다. 이제 기술이 그 자리를 차지했다. '타다가 한 게 대체 뭐냐?'라고 묻는다면 사람들이 국가의 보증보다 신뢰할 만한 '플랫폼'을 만들었다는 것이다.

플랫폼은 신뢰를 충분히 흡수했는가

이 책 〈신뢰이동〉에는 공유경제의 3단계 과정을 '아이디어-플랫폼-신뢰 형성'으로 나눈다. '겨우 앱으로 차와 사람을 이어주는 게 무슨 혁신?'이라는 비판은 플랫폼만 갖춘 기업에 적용된다. 타다는 그 위에서 신뢰까지 성공적으로 만들어냈다.

'부르면 제때 올까?', '불친절하진 않을까?', '불쾌한 일을 당할 때 책임져줄까?' 이 3가지는 신뢰의 문제다. 원래는 국가의 보증(=면허)이 해야 하지만 잘 해결하지 못했다. 타다는 알고리즘과 적극적인 차량 투자로 이 3가지 신뢰 문제를 해결했다. 별점은 정보비대칭 문제를 해소했다. 이 별점을 믿는 것도 타다를 믿기 때문이다. 타다는 신뢰를 면허에서 플랫폼으로 빨아들였다. 모빌리티 시장의 신뢰가 국가에서 플랫폼으로 이동한 것이다.

돌이켜보건대 국토교통부가 타다와 같은 모빌리티 기업에 면허를 온전한 값을 주고 사라는 건 강매였다. 면허는 종이가 아니라 그 안에 있는 신뢰가 본질이다. 타다는 이미 기술 투자로 신뢰를 만들어냈는데, 이 값을 또 치르라는 건 과하다. 이미 시장이 흡수한 재화의 가격을 국가가 강제하면 부당한 지대(地代)가 된다.

하지만 또 다른 역할이 있기 때문에 면허를 완전히 부정할 순 없다. 면허는 공급의 통제 수단이다. 이를테면 길에 너무 많은 차량이 나오면 혼잡이 커진다. 오염도 비용이다. 우버를 허용한 미국 주요 대도시가 차량 대수를 규제하기 시작했다. 택시 문제가 복잡한 이유다.

공유 차량 플랫폼과 기존 택시 단체와의 충돌이 한국에서만 있었던 건 아니다. 택시 '블랙캡'으로 유명한 런던에서도 '우버'와의 갈등이 있었다(사진). 하지만 영국에서는 택시 단체의 이기주의를 비난하는 여론은 많지 않았다. 영국에서는 주로 우버가 승객 안전을 담보할 수 있는지에 관심이 쏠렸다. 현재 런던에서 우버의 요금이 블랙캡에 비해 20% 이상 저렴하지만, 런던너들의 블랙캡에 대한 신뢰는 견고하다. 오랜 세월 블랙캡이 축적해온 양질의 서비스는 오히려 신문명과의 상생을 주도한다.

가격통제도 있다. 정부는 면허를 내는 대신 택시 요금을 낮게 묶어 둔다. 면허가 수천만 원의 가치를 가진 건 부당함을 감수한 기사에게 보상을 주기 위한 점도 있다. 가격을 묶어놓는 대신 경쟁자 수를 제한해 주겠다는 약속이다. 정리하면 다음과 같다.

면허 = ①신뢰 + ②공급통제 + ③가격통제

신뢰를 이미 확보한 타다한테 면허값을 모두 치르게 하는 것도 횡포이고, 통제의 대가로 값을 낸 기사의 면허 가치를 휴지 조각으로 만드는 것도 권리 침해다. 국가가 보증한 것에 대해 국가는 당연히 책임을 져야 한다.

시장의 비효율을 해소하려면,

① 신뢰의 가치를 잃은 면허는 구입해서 거둬들이고

③ 가격통제는 풀면서

② 공급통제를 위한 다른 면허를 관리해야 한다.

마치 돈처럼 신뢰가 오간다고 생각하면 지금 벌어지는 아리송한 '공유경제' 논란이 정리된다. 플랫폼이 신뢰를 충분히 흡수했는지가 본질이다.

<신뢰이동>
Who Can You Trust? _ 원제
레이첼 보츠먼(Rachel Botsman) 지음 / 문희경 옮김
흐름출판 / 2019년 3월 29일

KILLER TEXT

돌이켜보건대
국토교통부가 타다와 같은 모빌리티 기업에
면허를 온전한 값을 주고 사라는 건 강매였다.
면허는 종이가 아니라 그 안에 있는 신뢰가 본질이다.
타다는 이미 기술 투자로 신뢰를 만들었는데,
이 값을 또 치르라는 건 과하다.
이미 시장이 흡수한 재화의 가격을
국가가 강제하면 지대가 된다.

슈퍼스타에게
도장은 필요 없다

신뢰자산은 어떻게 유니콘을 만들었나

타다 문제가 개운치 않게 봉합되어버린 뒤 플랫폼 논쟁은 여기저기서 불거져 나왔다. 법률서비스 플랫폼 '로톡'과 대한변호사협회(이하 '변협')와의 신경전도 그중 하나다. 로톡과 신경전을 벌이던 변협이 기어코 플랫폼 소속 변호사 징계 카드를 꺼내들었다. 이런 갈등은 어디에나 있지만 변협이나 택시 단체처럼 힘 센 단체가 뛰어들면 판이 커진다. '혁신 vs 질서' 프레임으로 맞붙는 플랫폼 갈등은 앞으로 더 자주 볼 일이다.

타다 때도 마찬가지였지만 이런 논쟁이 벌어지면 기존 세력은 현행법을 근거로 들고, 플랫폼은 법의 틈새일 뿐이라고 반박한다. 준법 여부는 본질적 문제가 아니다. 핵심은 어떤 시스템이 더 많은 부가가치를 효율적으로 만드는지에 있다. 더 좋은 제도가 우선이고, 법은 여기에 맞춰 바뀌는 게 합리적이다.

법이 자꾸 플랫폼과 충돌하는 이유는 뭘까? 법은 일종의 보증서다. 택시

해외여행을 가서 모르는 현지인의 집에서 자는 건 목숨을 건 도박이다. 이런 위험한 행동을 할 수 있게 만든 에어비앤비는 100조 가치의 유니콘 기업이 됐다.

한편, 에어비앤비는 글로벌 금융위기가 터졌던 창업 초기 월 매출이 고작 4000달러였다. 공동 창업자들이 신발끈을 동여매며(bootscrap) 버텨내는 동안 엄청난 일이 벌어졌다. 그들의 플랫폼을 향한 전 세계 여행자들의 신뢰가 가파르게 쌓여갔고, 신뢰는 곧 화폐가 되었다. 사진은 에어비앤비의 로고 조형물과 공동 창업자들.

면허가 존재하는 건 길에서 아무 택시나 믿고 타도 험한 꼴을 당하지 않을 거라는 믿음을 국가가 심어주기 위해서다. 택시 위에 얹고 다니는 캡은 국가가 찍어준 보증도장인 셈이다. 정보기술이 발달하기 전에는 사람들이 믿을 건 국가의 보증 밖에 없었다.

그러다 플랫폼이 등장했다. 이젠 길에서 아무 차를 잡을 필요가 없다. 스마트폰을 켜면 기업이 계약한 운전자가 뜨고 그의 정보도 플랫폼에 나온다. 가장 큰 편리함의 원천은 다른 승객이 남긴 별점이다. 앱에 뜬 별점과 기사 평가, 앱 자체가 신뢰를 준다. 택시 위에 캡을 씌워주던 국가의 역할이 기술기업의 손으로 넘어간 것이다.

도장 대신 '앱'으로 만든 신뢰

해외여행을 가서 모르는 현지인의 집에서 자는 건 목숨을 건 도박이다. 이런 위험한 행동을 할 수 있게 만든 에어비앤비는 100조 가치의 기업이 됐다. '메리어트'라는 고급 호텔 브랜드가 하던 일을 이젠 앱이 훨씬 수월하게 해내기 때문이다. 여행으로 비운 집에 청소부와 펫시터를 불러 문을 열어줄 수 있게 한 기업 역시 큰 가치를 만들고 있다.

이 신뢰에는 다양한 걱정에 대한 약속이 포함돼 있다.

① 기대하는 서비스를 공급 받을 수 있을지(공급량),

② 피해를 입진 않을지(품질),

③ 피해를 입었을 때 보상을 받을 수 있을지(피해 보상) 등이다.

이 미션을 모두 해결하면 막대한 신뢰자산이 그 앱으로 이동해 유니콘(기업 가치가 10억 달러 이상인 스타트업)이 된다. 반면 위워크처럼 이미 기존 체제에서 원활하게 '신뢰'가 유통되던 시장에서는 플랫폼이 기를 펴지 못할 수밖에 없는 것이다.

'브랜드'와 '면허'라는 고색창연한 도장이 하던 역할이 플랫폼으로 넘어가고 있다. 더구나 플랫폼은 공중으로 흩뿌려지던 '평판'을 '별점'이란 형태로 붙잡아 생산자의 자산으로 만드는 또 다른 가치를 창출한다. 소비자에게는 '불신'이란 비용을 줄여줘 편리한 서비스를 제공하고, 생산자에게는 그의 성실함을 신뢰 자산으로 바꿔주는 것이다.

플랫폼을 바라보는 기존 노동자들의 눈에는 두려움이 서려있다. 플랫폼은 '슈퍼스타'를 낳는다. 정보비대칭은 그저 지리적 인접성이나 인맥에 기대어

그럭저럭 먹고 살 수 있게 해준다. 별점이 없던 시대에 뜨내기를 상대하던 관광지 식당이 그랬다. 하지만 정보가 공개되면 1등 공급자는 2등보다 몇 배의 수익을 거둔다. 2등도 마찬가지다. 불평등하지만 실력으로 일군 결과다.

다시 법률서비스 시장으로 돌아가면, 소비자들의 신뢰는 '로톡'이라는 플랫폼으로 옮겨가고 있다. '서울대 출신'이라는 모호한 레퍼런스는 세세한 리뷰와 별점으로 대체됐다. 화려한 홍보 문구는 똑떨어지는 승소율 앞에 무력하다. 플랫폼의 등장으로 업계 내 양극화는 더 심해질 것이다. 동시에 대단한 레퍼런스는 없지만, 꾸준히 쌓은 평가를 기반으로 앞서가는 슈퍼스타도 쏟아진다.

앞으로 로톡과 같은 플랫폼은 계속 기존 체제에 도전할 것이다. 면허 사업일수록 도전자는 먹을 게 많을 것이고, 파괴도 격렬할 수밖에 없다. 기득권은 법이나 권위로 맞설 것이고, 타다처럼 패배하는 경우도 나올 것이다. 그래도 기억할 건 하나다. '소비자의 신뢰는 어디로 가고 있는가?'에 대한 대답이다.

〈신뢰이동〉
Who Can You Trust? _ 원제
레이첼 보츠먼(Rachel Botsman) 지음 / 문희경 옮김
흐름출판 / 2019년 3월 29일

KILLER TEXT

'브랜드'와 '면허'라는
고색창연한 도장이 하던 역할이
플랫폼으로 넘어가고 있다.
플랫폼은 공중으로 흩뿌려지던 '평판'을
'별점'으로 붙잡아 생산자의 자산으로 만드는
또 다른 가치를 창출한다.
소비자에게는 '불신'이란 비용을 줄여줘
편리한 서비스를 제공하고, 생산자에게는
그의 성실함을 신뢰 자산으로 바꿔주는 것이다.

신뢰가 곧 화폐다

**당근마켓의 브랜드 가치가
중고나라보다 30배 비싼 이유**

중고마켓 플랫폼 '당근마켓'은 신뢰 전문가* 레이첼 보츠먼Rachel Botsman의 〈신뢰이동〉을 읽으며 들었던 생각을 좀 더 이어가게 한다. 당근마켓은 2020년 큰 투자를 유치하면서 기업가치를 3조 원으로 평가받았다. 신세계(약 1.8조 원)나 현대백화점(약 1.2조 원)보다 크다. 출시된 지 6년만에, 오프라인 매장 하나 없는 '앱'으로 부동산 부자인 유통 공룡을 앞선 것이다. 당근마켓은 국내 온라인 유통업계에서는 쿠팡·카카오·네이버 말고는 경쟁자가 보이지 않을 정도로 눈부시게 성장했다.

너무 잘 되는 집을 보면 은근슬쩍 딴지 한 번 걸어볼 심산에, 요즘 중고 시

---

* '신뢰 전문가'라는 말은 우리에겐 다소 생소하지만, 레이첼 보츠먼의 신뢰에 대한 시장가치적 연구는 글로벌 유수의 대학과 기업은 물론 대중들로부터 높은 평가를 받아왔다. 그는 옥스퍼드 대학교에서 '공유경제'에 관한 MBA 과정과 '디지털 시대의 신뢰'에 관한 수업을 진행했고, 그가 신뢰를 주제로 진행한 세 편의 TED 강연은 400만 회 이상, 29개 언어로 번역·재생되었다.

장이 뜨니까 덩달아 높은 평가를 받았나 싶기도 하다. 하지만 원래 이 시장을 지배하던 '중고나라'를 보면 그렇지도 않다. 중고나라는 비슷한 시기에 롯데 컨소시엄에 겨우 1200억 원에 팔렸다. 당근마켓의 월 사용자수는 1500만 명, 중고나라는 1200만 명. 회원 규모는 비슷한데 기업가치는 약 30배 차이가 난다. 어디서 이런 차이가 생긴 걸까?

플랫폼은 신뢰 은행이다

두 회사의 차이를 만든 건 플랫폼 위에 존재하는 '신뢰'의 질과 양이다. 필자의 경험을 조금 보태면 이렇다. 중고나라를 이용한지가 10년이 넘었지만, 지금도 거래하려면 온갖 의심을 다 받는다. 불안한 건 필자도 마찬가지. 뭔가를 구매할 때 항상 불안한 마음이 가시질 않는다.

반면, 당근마켓은 서너 번 거래하고 나니 점점 거래가 수월해진다. 사용자의 신뢰도를 나타내는 '매너온도' 덕분이다. 좋은 평가를 받으려고 노력하다 보니 필자의 매너온도가 어느새 40도가 넘었다. 당근마켓은 '무료 나눔'도 활발하고 또 거래 상대에게 '덤'을 주는 일도 잦다. 이런 활동이 매너온도를 쌓는데 도움이 되는 일종의 인센티브로 작용한다.

모든 당근마켓 이용자는 매너온도를 높게 유지하고 싶어 한다. 중고나라가 '회원수'라는 하나의 요소로 산술급수를 활용해 가치를 늘려왔다면, 당근마켓은 '가치 = 회원수 × 신뢰도' 공식으로 기하급수적 성장을 이뤄낸 것이다. 필자는 여기에 '당근공식'이라고 이름을 붙이고 싶다.

이제 중고 시장에서 좀 더 시야를 넓혀 오픈마켓 전체를 살펴보자. 왜 수천만 명의 회원을 확보한 오픈마켓은 쿠팡의 수십 분의 1의 가치평가를 받을까?

오픈마켓에서 마음 놓고 물건을 사긴 참 어렵다. 별점도 충분치 않은 판매자가 플랫폼 내에 가득하다. 심지어 환불과 반품이 될지도 불안하다. 반면, 쿠팡은 블랙 컨슈머를 감수하고 '무조건 반품'을 시행하며, 직매입을 늘려 신뢰에 투자했다. 쿠팡의 자산은 물류센터가 아니라 '오늘 시키면 내일 올거야'라는 고객의 신뢰인 것이다. 이런 투자가 지금의 쿠팡을 만들었다.

오늘날 플랫폼은 '신뢰'라는 재화를 만드는 은행이다. 동네에 식당을 열어 별점 5점을 만들면 권리금이 1억 원이라고 가정해보자. '배달의민족' 앱에서 이런 식당이 100개가 탄생하면, 100억 원의 가치가 창출된 셈이다. 이 100억 원은 어디서 온 가치일까? 신뢰에 부여하는 가치다. 배달의민족은 이 가치를 만드는 플랫폼인 것이다.

이렇게 말할 수 있겠다. 배달의민족에서의 5점은 '요기요'의 5점보다 가치 있다. (조금 비유의 폭을 넓혀서) 달러가 신흥국 통화보다 가치 있는 것처럼 말이다. 플랫폼이 가짜 리뷰를 형사 고발하는 건 이런 이유 때문이다. 별점을 화폐로 보면 가짜 리뷰는 위조지폐 유통인 셈이다. 위조 자체는 중범죄이다. 이걸 방치하면 플랫폼 전체의 신뢰가 무너진다.

플랫폼이 신뢰를 찍어내는 은행이라면, 중국공산당이 텐센트와 알리바바의 데이터 수집을 분쇄하려는 게 납득이 간다. 중국 정부는 전 국민의 신용도를 점수화한 국가 신용 체계를 운영하고 있다. 민주주의 국가에서는 신뢰 창출을 민간에 맡기고 자유롭게 경쟁하게 하지만, 중국은 그 역할을 국가가 독점하려 한다. 중국공산당은 신뢰가 오늘날의 화폐라는 걸 알아챘다. 텐센트나 알리바바가 그 역할을 하는 걸 보고만 있지 않는 이유다.

 2010년대에 쏟아져 나온 자칭 '공유경제 플랫폼'의 희비가 갈린 이유도 여기 있다. 위워크는 사무실 공유를 표방했지만, 여기선 별다른 신뢰가 창출되지 않는다. 에어비앤비는 별점으로 남의 집에서 잠자는 위험한 일을 가능하게 했다. 반면 사무실 임대는 애초에 큰 리스크가 없다. 이를테면 필자가 지구 반대편 브라질 상파울루에 가서 사무실을 구한다 해도 크게 위험하지 않

중국 정부는 전 국민의 신용도를 점수화한 국가 신용 체계를 운영하고 있다. 민주주의 국가에서는 신뢰 창출을 시장에 맡기지만, 중국은 그 역할을 국가가 독점한다. 신뢰가 화폐라는 걸 알아챈 것이다. 텐센트나 알리바바가 그 역할을 하는 걸 보고만 있지 않는 이유다. 이미지는 독일의 싱크탱크 메르카토르 중국학연구소(MERICS)에서 중국 정부가 운영하는 신용 체계를 구현한 인포그래픽.

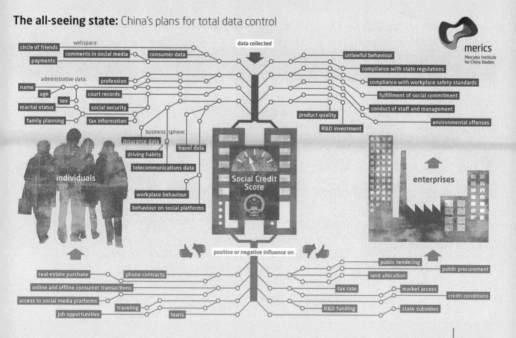

다. 이렇게 신뢰가 이미 형성된 시장이다 보니 위워크는 사실상 부동산 임대 업자가 되는 것에 그친 셈이다.

신뢰가 본질이란 걸 꿰뚫은 게 마윈(馬雲)의 알리바바다. 사람들은 그저 빨리 인터넷 쇼핑몰을 열어서 대륙을 석권한 줄 알지만, 마윈은 '과연 입금했을 때 물건을 받을 수 있을까?'하는 걱정을 해결했다.

'넓고 넓은 대륙에서 주문한 물건을 받을 수 있을까?' 중국인들의 걱정은 너무나 당연했다. 마윈은 결제한 돈을 알리바바가 맡아두고 구매자가 확인하면 판매자에게 지급하는 시스템을 도입했다. '에스크로(escrow) 시스템'*으로, 오늘날 알리페이의 출발이다.

글로벌 PR기업인 에델만의 신뢰지표 조사에 따르면, 사람들은 정부 관계자보다 페이스북 친구를 두 배 이상 믿는다고 한다. 사람들의 믿음이 점차 자기랑 비슷한 사람에게 옮겨가 플랫폼으로 모이는 것이다.

국가나 대기업 브랜드와 마찬가지의 역할을 해온 매스 미디어의 고민도 여기서 나온다. 과거에는 매스 미디어가 전문성과 사실에 대한 '도장'을 찍어 줬다. 신문에 나와야 전문가이고 팩트였다. 지금은? 소셜 미디어에서 인정받고, 유튜브 채널에서 구독자를 모으며 영향력이 쌓인다. 여전히 레거시 미디어의 영향력은 크지만 고민도 커지는 지점이다.

앞으로 유니콘은 훨씬 더 많아질 전망이다. 반면, 그들이 평가받는 가치만큼 국가와 대기업의 기득권은 줄어들 것이다. 17세기에 스코틀랜드 금세공

---

* 법률용어에서 비롯한 말로 '조건부 양도증서'를 뜻하며, 전자상거래에서 '결제대금 예치'란 의미로 쓰인다. 구매자와 판매자 간 신용관계가 불확실할 때 알리바바와 같은 제3자가 상거래가 원활히 이루어질 수 있도록 중개하는 것이다.

업자들은 금 보관증을 화폐로 만들어 왕실의 시뇨리지(seigniorage, 주조차익)를 잠식해갔다. 왕이 도장을 찍어야 인정받던 화폐를 금 보관증이 대신한 것이다. 훗날 정부가 이걸 깨닫고 규제하려 했지만 너무 늦었다.

꼭 플랫폼이 아니더라도 이러한 흐름을 알아채고 신뢰를 쌓은 '신뢰 부자'도 더욱 많아질 것이다. 개업한 별점 5점짜리 맛집이 100년 노포를 이기는 게 현실이다. 1인 유튜버가 기자가 수백 명인 전문 매체보다 더 큰 영향력을 발휘하기도 한다. 소셜 미디어에서의 평판이나 계정의 신뢰성은 그 사람의 중요한 자산이 된다.

한 가지 덧붙이자면, 신뢰 시스템은 기존 시스템보다 훨씬 냉정하다. 유명 인플루어서도 '뒷광고' 한 번에 무너지곤 한다. 광고비를 받고 신뢰를 팔았기 때문이다.

<신뢰이동>
Who Can You Trust? _ 원제
레이첼 보츠먼(Rachel Botsman) 지음 / 문희경 옮김
흐름출판 / 2019년 3월 29일

착한 독점,
라이언의 불가능한 미션

시장 지배력과 수익 최소화는 어떻게 비례하는가?

플랫폼 기업의 생애는 1부와 2부로 나뉜다. 먼저 1부는 생산자와 소비자를 모두 고객으로 삼아 몸집을 불리며 '독점'으로 가는 단계다. 소비자만 지향하는 일반 기업은 규모를 키울수록 비용도 커지고 경쟁자도 등장해 독점이 어렵다. 반면 플랫폼은 규모가 커질수록 생산자가 몰리고, 또 소비자가 많아지는 네트워크 효과를 강하게 누린다.

플랫폼은 구조적으로 독점으로 갈 수 밖에 없고, 그게 소비자 후생에도 좋다. 넷플릭스와 디즈니플러스, 쿠팡플레이가 모두 한 곳에 있으면 소비자는 훨씬 편하다. '독점은 나쁘다'는 교과서의 가르침과 다른 지점이다.

독점적 지위를 차지하는 것도 힘들지만, 더 어려운 건 그 이후다. 플랫폼 기업의 독점은 기업이 악독해서 저지르는 횡포가 아니라 규모가 커질수록 소비자 편익이 커지기에 생긴 결과다. 그래도 사람들은 너무 커진 기업의 존재가 불편하기 마련이다.

더군다나 소비자와 생산자 양쪽을 모두 고객으로 상대하며 중간에서 수수료를 받는 플랫폼은 이해관계자가 많다. 카카오모빌리티의 가격 인상은 소비자보다도 생산자인 택시 기사의 역린(逆鱗)을 건드렸다.

'수익 최소화'라는 희한한 지향점

이제 플랫폼 기업의 미션은 '착한 독점'이다. 모순이고 실현 불가능한 목표다. 〈플랫폼의 생각법 2.0〉은 수익과 분리된 '지향하는 가치'를 만들어야 한다고 말한다. 플랫폼 기업 생애의 2부에 해당한다. 사람들이 독점을 용인하게 할 구호가 필요하다. 페이스북은 '사람을 연결하는 기업', 아마존은 '고객 최우선을 추구한다'고 주장한다.

그래서 모든 플랫폼 기업은 미디어가 되어야 한다. 마음속에는 수익, 주가가 있어도 겉으로는 계속 좋은 모습을 보여야 한다. 지향점을 만들고 끝없이 메시지를 발신하는 미디어가 되어가는 것이다. 일에 미친 개발자에서 능숙한 로비스트로 변해야 하는 순간이다.

그러다가 도달한 희한한 지점이 '수익 최소화'다. 이윤이 목표인 기업이 수익을 줄이는 역설이다. 아마존은 규모에 비하면 턱없이 이익이 적다. 막대한 투자를 통해 소비자 편익으로 돌려준다. 검색 시장을 독점하는 구글은 점차 콘텐츠 제작자에 주는 광고료 배분을 높인다. 지난 2021년경 배달의민족은

5.8%의 수수료를 물리려다가 포기했다. 플랫폼 기업은 커질수록 수익화는 어려워지는 역설을 겪는다.

정리하면 3가지 선택지 중 2가지 특성만 고를 수 있는 트릴레마(trillemma)*를 겪는다. ① 영리기업 ② 독점 ③ 지속가능성. ① 영리를 추구하는 기업의 정체성을 유지하면서 ② 독점을 하면 여론과 당국의 압박을 버틸 수 없다. ① 기업으로서 ③ 영속하려면 독점을 포기하고 그저 그런 회사가 되어야 한다. 마지막 선택지는 ② 독점을 ③ 오래 유지하지만, 점차 '수익 추구'라는 기업의 정체성을 잃어가는 것이다.

플랫폼 기업은 엄청난 '사회적 책임'을 요구 받는다. 네이버와 카카오는 비슷한 규모의 기업보다 정치권이나 언론으로부터 훨씬 큰 압박을 받는다. 네이버나 페이스북은 외부에 '독립 위원회'를 꾸려서 편집권에 대한 가이드라

플랫폼 기업은 엄청난 '사회적 책임'을 요구 받는다. 그런 이유로 플랫폼 기업의 경영진은 (다른 업종에 비해) 국가기관에 불려가 소명을 해야 하는 경우가 잦은 편이다. 이미지는 2018년 4월경 미 의회에 출석해 의원들과 언쟁 중인 마크 저커버그.

인을 맡긴다. 자신들의 권력을 일부 내려놓는 조치다. 빌 게이츠^{Bill Gates}나 마크 저커버그^{Mark Zuckerberg}는 전 재산을 기부한다고 약속했고, 온갖 기금에 돈을 낸다. 그들이 세운 회사는 점점 사회기관에 가까워지는 모양새다.

플랫폼 기업과 사회의 공존은 가보지 않은 길이다. 그래도 먼저 간 사례를 보면 방향은 명확하다. 아이폰 이후 시작된 플랫폼 기업 1부는 어느 정도 정리됐고, 2부가 본격적으로 시작됐다.

시장을 지배하고도 수익을 내지 못한 이유

2부에 비해 쉽다고 했지만, 1부 즉 시장 독점에 성공하는 것도 결코 쉬운 일은 아니다. 대표적인 사례가 업계 1위 배달 플랫폼 배달의민족이다. 배달의민족이 지난 2022년 봄에 공시한 전년도(2021년) 연간 사업보고서는 플랫폼 기업 앞에 놓인 장애물을 보여준다.

배달의민족의 2021년 연간 매출은 그 전년 1조 원에서 무려 2배 뛰었다. 음식 배달이 폭증한 덕이다. 배달의민족의 주 수입원은 음식주문에서 나온 수수료다. 그런데 같은 기간 영업손실은 100억 원 대에서 700억 원 이상으로 늘었다.

배달의민족은 국내 음식주문 시장을 절반 이상 점유한 플레이어다. 그런데 영업이익은 내지 못했다. '음식 하나 시키니 절반은 배달의민족 수수료로 나

---

* 3가지 목표 중 2가지는 달성할 수 있지만, 3가지를 모두 이룰 수는 없는 상태.

갔다'는 푸념이 쏟아지는 걸 생각하면 의아한 부분이다.

플랫폼은 독점을 달성한 이후 수익화에 나서는 게 일반적이다. 그러려고 독점하는 거니까. 물론 일부의 우려처럼 값을 서너 배 올리면서 폭리를 취하는 건 현실적으로 쉽지 않다. 앞서 설명했듯이 플랫폼은 가늘고 길게 '착한 독점'을 해야 하는 숙명을 갖고 있다. 그럼 배달의민족은 왜 시장을 지배하고도 수익을 내지 못했을까?

그건 배달의민족이 시장을 '실질적'으로 지배하지 못하고 있기 때문이다. '쿠팡이츠'나 '요기요' 때문만은 아니다. 음식주문 시장점유율만 놓고 볼 때, 배달의민족은 압도적 1위다. 중요한 건 '시장의 범위'를 어디까지로 보느냐다. 배달의민족은 음식점과 소비자의 접점은 잡고 있지만, 음식주문의 범위를 '음식+배달'로 이뤄진 상품으로 보면 전혀 다른 상황이 펼쳐진다.

보통 플랫폼은 소비자와 생산자 양쪽을 통제하는 양면 시장을 운영한다. 하지만 배달의민족이 뛰는 음식주문 시장은, '소비자-라이더-라이더플랫폼-음식점'으로 이어지는 복합적인 시장이다. 사이에 라이더만 있어도 독점해야 할 범위가 넓은데, 이 사이에 또 라이더플랫폼이란 플레이어가 존재한다.

배달의민족은 라이더플랫폼인 매쉬코리아와 제휴를 맺고 있다. 다른 플랫폼이나 라이더도 활용할 수 있지만, 가치사슬에서 매우 중요한 라이더를 지배하지 못하고 있다. 한 백화점 업체가 시장을 100% 점유해도, 그 사이에 에르메스와 루이비통, 샤넬 같은 핵심 재화를 공급하는 플레이어가 따로 있으면 '독점해도 독점이 아닌' 셈이다.

이런 문제는 숫자로 나타난다. 배달의민족 사업보고서를 보면 2021년 연간기준 외주용역비가 7863억 원으로 전년도보다 4569억 원 늘었다. 대체로 배달의민족은 왜 시장을 독점하고도 수익을 내지 못했을까? 그건 배달의민족이 시장을 '사실상' 지배하지 못했기 때문이다. 배달 시장은 음식점과 라이더까지 모두 장악해야 하지만, 배달의민족은 라이더의 가치사슬에서 헤게모니를 가져오지 못했다. 미국 배달 시장 절반 이상을 차지하던 '그럽허브'가 2~3년 만에 '도어대시'한테 밀린 것도 라이더 확보 경쟁에서 졌기 때문이다. 이미지는 도어대시의 로고가 붙은 백팩을 맨 라이더의 일러스트.

라이더에 가는 돈이다. 전체 매출의 39%가 이렇게 나갔다. 7.3%p 늘어난 수치다. 배달의민족은, 비록 음식점은 독과점하고 있지만, 배달의 지배자는 아니라는 얘기다.

우버나 카카오T처럼 차량호출 서비스는 독점 사례가 많다. 배달 시장은 그렇지 못한 게 이런 특성 때문이다. 음식점과 라이더를 모두 독점해야만 한다. 미국의 배달 시장 절반 이상을 차지하던 '그럽허브'는 2~3년 만에 '도어대시'한테 밀렸다. 라이더 확보 경쟁에서 졌기 때문이다.

여기에 라이더는 수요보다 공급이 매우 적다. 메이커가 많아야 플랫폼이 성립한다. 음식점이라도 독점해야 숨을 돌릴 텐데, 이를 공정거래위원회가 배달의민족과 요기요의 합병을 제지하면서 무산됐다. 여기에 자영업자라는 영세 계층을 상대하는 사업 특성상 여론 압박도 세다.

배달료는 배달의민족에게도 비용인데, 욕은 배달의민족이 먹는다. 배달료가 비싸지면 배달의민족은 수수료를 높여야 수지가 맞다. 돈은 라이더가 벌고 욕은 배달의민족이 먹는 상황이다. 독점 기업인데, 독점을 못하는 아이러니다.

<플랫폼의 생각법 2.0> (개정판)
이승훈 지음 / 한스미디어 / 2020년 9월 28일

KILLER TEXT

플랫폼들이 독점을 통해 도달한
희한한 지점이 '수익 최소화'다.
이윤이 목표인 기업이 수익을 줄이는 역설이다.
아마존은 규모에 비하면 이익이 턱없이 적다.
검색 시장을 독점하는 구글은
점차 콘텐츠 제작자에 주는 광고료 배분을 높인다.
배달의민족이 수수료 인상에
심각한 어려움을 토로하는 것도 같은 맥락이다.
플랫폼 기업은 시장 지배력이 커질수록
수익화가 어려워지는 역설을 겪는다.

갱스터
버핏에 관하여

워런 버핏 명언의 그림자

2022년 6월 즈음이었다. 기술주 폭락과 함께 버크셔 해서웨이 주가가 시장을 이기면서 수년간 치욕을 겪어온 워런 버핏^{Warren Buffett}의 지지자가 기를 폈던 적이 있다. 유튜버들도 태세를 바꿔 그의 '건강한' 가르침을 전파했다. 그런데 그러면서 인용했던 '워런 버핏 명언' 상당수는 틀린 얘기다.

주식 시장 시가총액을 GDP로 나눈 '버핏 지수'는 버핏이 닷컴 버블을 예측한 도구였다고 소문나면서 유명해졌다. 사람들은 2015년부터 이 지수가 100을 넘었다며 폭락이 온다고 호들갑을 떨곤 했다. 그의 이름까지 붙은 지수니 걱정할 만도 하다.

그런데 정작 버핏은 이 지수를 그다지 신경 쓰지 않았다. 2015년 주주총회 때 한 주주가 "버핏 지수가 너무 높지 않나요?"라고 물었다. 돌아온 버핏의 답은 "버핏 지수는 금리의 영향을 매우 많이 받습니다, 지금은 초저금리로 상상도 못했던 상황이 벌어지고 있고요"였다. '제로 금리 시대에 무슨 소리?' 라고 일축한 것이다. 2013년부터 버핏 지수가 사상 최고 수준이라며 '폭락장이 온다'는 소리가 언론에 도배된 걸 생각하면 어리둥절한 일이다.

버핏의 유일한 교훈, '돈 버는 데 왕도는 없다'

버핏이 기술주를 싫어한다거나 아예 관심이 없다는 얘기도 사실과 다르다. 진부하게 애플 얘기를 하려는 게 아니다. 버핏은 구글을 놓친 걸 인생의 중요한 실수로 꼽는다. 심지어 그는 버크셔 해서웨이의 보험사(가이코)가 진행한 구글 CPC(Cost Per Click, 검색광고 단가)가 얼마 인지까지 꿰고 있다. 그에게 '기술주는 사지 않는다' 같은 규칙은 없다.

"10년 간 함께 할 주식이 아니면 10분도 갖고 있지 마라"라는 장기투자를 권장하는 격언도 행동과 다른 면이 있다. 사실 버핏의 커리어 초기는 단타 인생이었다. 최근에는 마이크로소프트의 인수합병을 기대하며 액티비전 블리자드의 주식을 샀다. 그는 인수 성사를 확신하고 있는데, 참고로 버핏의 절친이 마이크로소프트의 창업자 빌 게이츠Bill Gates다.

산출물이 있는 자산에만 투자한다는 것도 오해다. 주주총회 때마다 비트코인 얘기가 나오면 그는 농장과 비교하며 투자하지 않겠다고 말한다. 과거에는 전 세계 금을 다 모아 놓아도 아무것도 생산할 수 없다며 같은 얘기를 했다. 하지만 그는 외환 시장에서도 재미를 보고, 온갖 선물거래도 취미로 즐긴다.

세금에 대해서도 양면적이다. '버핏세'로 알려진 자본과세를 주장해온 탓에 공화당의 공격을 받고 있지만, 한편으로 그는 버크셔 해서웨이 무배당 정책으로 상당한 세금을 피했다. 자사주 매입으로만 주주 환원을 한 덕에 배당 과세를 면한 것이다. 이 부분은 버핏의 부자증세 요구가 불편한 공화당의 단골 공격 소재다. 의도를 떠나 알뜰하게 절세한 건 분명하다.

또 다른 단골 주주총회 소재는 버핏의 월스트리트 저격이다. 투자은행은 투자자의 돈을 털어먹는 존재라며 악담을 퍼붓는데, 사실 그는 많은 월스트리트 금융회사의 대주주이자 그들의 친구다. 버크셔 해서웨이 포트폴리오의 4분의 1이 금융주다. 월가 상어 떼의 주인이나 마찬가지다.

90년대 LTCM 위기 당시에 버핏이 골드만삭스와 짜고 숏 스퀴즈(Short Squeeze)*를 유도해 이 펀드를 홀랑 삼키려던 작전은 유명하다. 그는 국가를 상대로 국채 시장에서 사기를 친 살로먼 브라더스의 대주주이기도 했다. 물론 그가 개입한 건 아니지만, 이 사건으로 그는 의회 청문회에도 나갔다. 버핏은 월가와 분리할 수 없는 존재라는 사실은 분명하다.

버핏은 조지 소로스George Soros처럼 어느 나라 중앙은행을 공격하거나 행동주의 헤지펀드 엘리엇처럼 기업을 떨게 하는 이야기로 알려지지 않았지만, 2008년 금융위기 때 대기업을 거의 거저먹으려고 밀고 당기는 모습을 보면 닳고 닳은 월가 큰 손의 본 모습이 드러난다.

버핏은 자산이 소박하던, 그러니까 대략 1000만 달러 정도이던 젊은 시절에는 성격도 괄괄했다. 많은 사람이 왜 버핏의 투자회사가 버크셔 해서웨이

---

* 공매도를 한 투자자가 주가가 오를 것으로 예상되면 손실을 줄이기 위해 다시 그 주식을 매수하는 것으로, 이로써 주가가 급등하게 된다.

인지 모른다. 사실 버크셔 해서웨이는 청년 시절 버핏이 기존 CEO와의 사소한 갈등 끝에 홧김에 통째로 사서 물린 섬유 회사였다. 가망 없는 이 회사를 뜯어고친 끝에 오늘날의 투자 전문 회사가 된 것이다.

정리하면 버핏의 삶은 십대 때부터 투자 판에 뛰어들어서, 잘난 놈 제치고 못난 놈 보내고 레버리지에 목숨 건 선수들 배 째드리며 80여 년을 살아남은 거친 인생이다.

버핏은 십대 시절부터 투자 판에 뛰어들어서, 잘난 놈 제치고 못난 놈 보내고 레버리지에 목숨 건 선수들 배 째드리며 80여 년을 살아남은 거친 인생이다. '현인(賢人)'이란 타이틀은 오히려 투자가이자 자본가로서 버핏의 진가를 가린다. 그것은 언론이 만든 이미지일 뿐이다.

그의 복잡한 투자 인생을 따라가다 보면 돈 버는 데 왕도는 없다는 걸 배운다. 시장의 변동성에 지쳐 '가치 투자'로 소문난 버핏에게서 안식을 찾고 싶어하는 사람들이 많지만, 역설적으로 이 사람 만큼 역동적으로 투자해온 사람도 없다. 돈 되는 일은 다 하고, 또 아흔이 넘은 나이에도 공부한다. '돈 버는 데 법칙은 없다'가 버핏이 주는 유일한 교훈이 아닐까.

버핏이 명시적으로 일반인에게 권한 투자 방법은 S&P500 인덱스 펀드 투자와 버크셔 해서웨이 주식 매수뿐이다. 버핏의 동업자인 버크셔 해서웨이 부회장 찰스 멍거Charles Munger는 인생에서 부자가 되는 데는 주식 3개면 충분하다고 했지만, 누구나 할 수 있다곤 말하지 않았다. '~만 하면 끝'이라고 할 만큼 투자가 쉬운 게 아니기 때문일 게다.

'현인(賢人)'이란 타이틀은 버핏의 진가를 가린다. 언론이 만든 이미지일 뿐이다. 그의 언변은 타의 추종을 불허한다. 주주총회에서의 발언과 주주서한을 모은 〈워런 버핏 라이브〉, 〈워런 버핏 바이블〉은 모두 600페이지가 넘는 책인데, 각각 하루 만에 다 읽었다. 낄낄거리며 읽은 투자 관련 벽돌 책은 이 책들이 유일하다.

〈워런 버핏 라이브〉
University of Berkshire Hathaway _ 원제
대니얼 피컷(Danial Pecaut), 코리 렌(Corey Wrenn) 엮음 / 이건 옮김 / 신진오 감수
에프엔미디어 / 2019년 2월 25일

KILLER TEXT

버핏의 복잡한 투자 인생을 따라가다 보면 돈 버는 데 왕도는 없다는 걸 배운다. 시장의 변동성에 지쳐 '가치 투자'로 소문난 버핏에게서 안식을 찾고 싶어하는 사람들이 많지만, 역설적으로 이 사람 만큼 역동적으로 투자해온 사람도 없다. 돈 되는 일은 다 하고, 또 그 나이에도 공부한다. '돈 버는 데 법칙은 없다'가 버핏이 주는 유일한 교훈이 아닐까

버핏의 동업자인 버크셔 해서웨이 부회장 찰스 멍거는 인생에서 부자가 되는 데는 주식 3개면 충분하다고 했지만, 누구나 할 수 있다곤 말하지 않았다.

버핏이
사지않는종목

조선주를 통해서 본 버핏의 투자 전략

버크셔 해서웨이 포트폴리오의 범위는 넓다. 산업군이 광범위해 관통하는 특징을 잡기 어렵다. 그래서 거꾸로 '버핏이라면 안 살 주식'을 찾아서 피해야 할 기업을 고르는 게 유용하다. 그가 사지 않을 주식을 하나 고르면 바로 조선주다.

[1] 수주 산업은 피해라

조선주 투자의 고통스러운 점은 수주와 실적, 주가의 관계를 예측하기 어렵다는 거다. 어떤 조선사가 카타르에서 10조 원을 수주했는데 정작 실적은 엄청난 적자를 기록하기도 한다. 그런데 실적에 실망하는 와중에 주가가 오르는 기이한 일이 빈번하다.

조선을 비롯한 방산, 건설 산업 등은 거액의 수주를 따내며 일이 시작된다. 그런데 입금은 '세월아 네월아'다. 이걸 회계의 영역으로 끌고 오면 영업이익과 현금흐름이 따로 논다. 입금의 예측성이 떨어지니 사업 관리도 어렵다. 장부에 장난치기도 좋다. 한때 대우조선해양 같은 기업이 그랬다.

버핏의 포트폴리오에서 이런 식으로 거액의 수주를 따내는 사업은 찾아보기 어렵다.

[2] 독점 기업 선호

비즈니스의 꽃은 독점이다. 버핏 포트폴리오의 상당수가 독과점 기업이다. 신용평가사 무디스, 3대 카드사(비자, 마스터카드, 아메리칸익스프레스), 애플, 철도 BNSF, 운송 UPS, 인터넷도메인 베리사인, 배터리 듀라셀, 음료 코카콜라 등은 이미 경쟁이 끝나서 후발주자가 덤빌 엄두를 낼 수 없다.

조선은 독점을 이루기 매우 어렵다. 전 세계에서 영업하는 회사는 인수합병을 할 때, 다른 나라 정부에게도 합병 승인을 받아야 한다. 조선 산업은 외국의 반대로 독점적 지위를 갖기 힘들다. 조선은 국가 안보와 밀접한 산업이기 때문이다. 많은 나라가 망해가는 자국 조선소에 보조금을 주며 연명시킨다. 군함이나 잠수함 제작 등 국방을 위한 능력을 지키기 위해서다. 그렇기 때문에 특정 회사가 독점하기 쉽지 않다.

[3] 주주 환원에 대한 의지

국내에선 주주 환원을 '좋은 대주주의 선행' 정도로 받아들이지만, 진짜 중요한 이유는 ROE(Return On Equity, 자기자본이익률) 때문이다. 영업이익을 더 올릴 방법이 있으면 주주에게 자본을 돌려주지 않아도 좋다. 그런데 돈을 써서 더 벌 방법도 없이 쌓아두면 ROE가 뚝뚝 떨어진다. 그럴 땐 차라리 주주에게 돌려줘야 하는 거다.

주주 환원을 위해서는 3가지가 필요하다. 우선 국가 제도가 주주 환원에
친화적이어야 한다. 대주주가 유보하지 않고 배당을 선택할만한 세금 제도
가 필요하다. 기업 관점에서는 산업의 예측 가능성이 높아 현금흐름이 안정
되어야 한다.

조선소는 현금흐름 예측력이 0에 가깝고, 한국의 세금 구조상 대주주는 배
당할 유인이 없다. 또한 돈을 쌓아둔다고 해서 돈을 더 벌 가능성도 매우 낮
다. 그러니 떼돈을 벌어도 쌓아둔 채 ROE만 뚝뚝 떨어지곤 한다.

[4] 무거운 산업은 피해라

'무거운 산업'의 문제는 번만큼 투자해야 한다는 점이다. 돈 버는데 돈이 많
이 들면, 다시 말해 장비가 많이 필요하면 감가상각이 크다. 10조 원짜리 반
도체 설비라면, 앉아서 매년 1조 원씩 까먹는 셈이다. 반면 코카콜라 공장은
30년이 지나도 레버만 돌리면 검은 물이 나오는 산뜻한 비즈니스다.

'무거운 산업'의 문제는 번만큼
투자해야 한다. 버핏은 자신이
좋아하는 음식을 계속 먹기 위해
목숨 1년치를 내놔야 한다면 그
렇게 하겠다는 말로 코카콜라의
가치를 상찬한다. 자신과 같은
전 세계 수많은 충성고객이 코카
콜라의 주가를 부양한다는 얘기
다. 코카콜라 공장은 30년이 지
나도 레버만 돌리면 검은 물이
나오는 산뜻한 비즈니스다.

그럼 조선소는? 더 말 보탤 것도 없다. 벌면 장비 새로 들이고 신기술 개발하면 또 장비 마련하고, 끝이 없다. 도크(dock, 부두)가 노는 순간에도 돈이 줄줄 세는 산업이다.

사실 이런 관점에서 버크셔 해서웨이가 반도체에 투자할 리가 없다는 전망이 많았다. 그런데 TSMC를 포트폴리오에 포함시킨 건 왜 일까? TSMC는 그동안 큰 투자를 했으니 과점 사업자로서 앞으로는 무리한 투자가 필요 없는 지위에 올랐다고 판단했던 걸까. 아쉽게도 2023년 초에 지정학적 리스크를 우려해 모두 팔았기 때문에 반도체 산업에 대한 그의 깊은 속내를 들어보긴 어려워졌다.

버크셔 해서웨이의 포트폴리오를 쭉 살펴보면 노조나 파업 문제가 불거질 기업이 거의 없다. 조선소는 파업하기 좋은 교과서적 사례. 컨베이어 구조라 어느 부분에서든 생산 공정을 멈춰 세우기 쉽다. 작업 공정의 한 병목이 막히면 전체가 멈추는 사업 구조다.

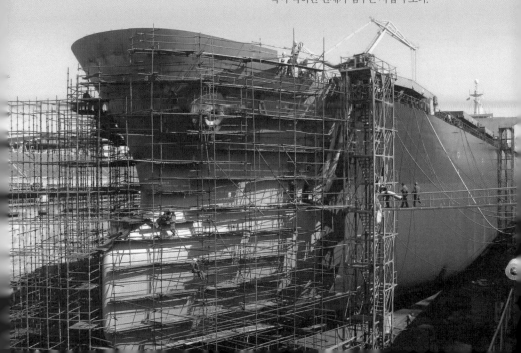

[5] 파업탄력성

버크셔 해서웨이의 포트폴리오를 쭉 살펴보면 노조나 파업 문제가 불거질 기업이 거의 없다. 파업하기 좋은 조건은 ① 작업 공정의 한 병목이 막히면 전체가 멈추는 사업 구조면서 ② 노동자의 동질성이 높고 ③ 사업의 특정 거점이 분명한 경우다.

　조선소는 파업하기 좋은 교과서적 사례다. 컨베이어 구조라 어느 부분에서든 조업을 멈춰세우기 쉽다. 조선 노동자는 대체로 비슷한 노동, 생활환경과 문화를 공유한다. 마지막으로 모든 사업의 핵심은 조선소 한 곳에 몰려 있다.

　버핏이 좋아하는 애플이나 금융주, 에너지 산업 등은 조직된 노동자의 영향력이 매우 적다. 대체로 노동이 아닌 자본으로 굴러가는 비즈니스다. 버핏은 자본가의 전형이다. 노동의 '방해'를 받지 않으며 다른 자본과 싸우지 않는다. 알토란 같은 자본이 세월의 풍파에 깎이지 않게 보듬는다.

　한국 주식의 상당수는 열거한 문제의 상당수(혹은 전부)를 안고 있다. 제도마저 대주주가 아닌 일반 주주에게 불리하다. 여러모로 투자하기 어려운 시장이다.

<워런 버핏 바이블>
Warren Buffett On Business _ 원제
리처드 J. 코너스(Richard J. Connors), 워런 버핏(Warren Buffett) 지음
이건 옮김 / 신진오 감수
에프엔미디어 / 2017년 12월 15일

KILLER TEXT

조선주 투자의 고통스러운 점은 수주와 실적, 주가의 관계를 예측하기 어렵다는 거다. 어떤 조선사가 카타르에서 10조 원을 수주했다는데 정작 실적은 엄청난 적자를 기록하기도 한다. 조선을 비롯한 방산, 건설 산업 등은 거액의 수주를 따내며 일이 시작된다. 그런데 입금은 '세월아 네월아'다. 이걸 회계의 영역으로 끌고 오면 영업이익과 현금흐름이 따로 논다. 입금의 예측성이 떨어지니 사업 관리도 어렵다. 장부에 장난치기도 좋다.

회색 길을 본
사람들

비합리성이란 틈에서 채굴한 빅머니

"세상에는 흰 영역과 검은 영역이 있는데, 그 사이에 꽤 넓은 회색지대가 있습니다. 큰돈은 이곳을 가야만 벌 수 있어요."

최근 한 대표님이 강연에서 들은 말을 전해줬다. 이 말을 한 사람은 국내 굴지의 금융회사를 세운 회장님. 발화자를 알고 나니 발언이 예사롭지 않게 느껴진다.

여기서 '회색'은 풀이하기 나름이다. 삐딱하게 보면 불법과 합법 사이의 애매한 영역으로 가라, 다른 말로는 교도소 담장 위를 아슬아슬하게 걸으라는 얘기다. 긍정적으로 보면, 이미 실현된 현실과 오지 않은 미래 사이, 딱 반걸음 앞서 길을 가라는 얘기다. 여하튼 중요한 건 '틈'이다.

대기업 직원과 스타트업에 투신한 사람을 만나 얘기하면 가장 큰 차이점이 이거다. 빳빳한 셔츠 위에 사원증을 건 분들은 '이미 좋은 건 세상에 다 나와서 할 게 없다'고 한다. 30년만 일찍 태어날 걸, 하늘은 어찌하여 나를 낳고, 삼성도 낳았는가!

반면 스타트업이 보기에 세상은 '바보들의 행진'이다. 너무 허술해서 '해결'할 게 많다. 그 이유는 사람들이 바보이거나 좋게 봐도 게으른 탓이다. 남들이 보지 못한 넓다란 회색지대를 찾았기 때문에, 이 문제를 풀기만 하면 기하급수적인 성장이 가능하다는 결론이 나온다.

레닌주의 사회학자 출신의 억만장자

이 틈에서 큰돈을 버는 걸 증명한 존재가 있다. 연봉으로 수조 원을 받아가는 부자들, 바로 헤지펀드 매니저다. 이 자본주의의 정수를 만든 이가 하필 레닌주의 단체에서 활동했던 사회학자라는 게 아이러니하다. 주인공은 1900년생 앨프레드 윈슬로우 존스Alfred Winslow Jones다.

1950년대 전후의 경제학은, 시장이 '완벽한 합리성'으로 굴러간다고 봤다. 하지만 외교관 신분으로 간 독일에서 공산주의자 여성과 살림을 차리고, 레닌주의 활동을 하다가 귀국해 사회학자가 된 사람의 눈으로 본 시장은 어땠을까? 온통 부조리로 가득한 소굴이다.

세상에 오류가 있다는 건 '올바르게' 행동하는 자에게 먹을 게 많다는 의미다. 100원이면 적당한 물건을 다들 200원에 사고판다면, 나는 2배 먹을 기회를 포착한 것이다. 두 아이의 아빠였던 앨프레드는 생계를 고민하다 지인의 돈을 모아서 펀드를 차린다. 좋은 주식에는 걸고, 나쁜 주식에는 공매도 치는

과거 레닌주의자였던 좌파 사회학자출신의 기인(奇人)은 인간사회의 비합리성을 포착하고 여기에 돈을 걸어서 본인의 선택이 틀리지 않았음을 증명해냈다. 그렇게 월가의 양복쟁이들을 무참히 박살냈다. 헤지펀드의 창시자 앨프레드 윈슬로우 존스의 팩트풀한 무용담이다.

헤지펀드가 탄생한 것이다. 최초의 '롱숏펀드'다.

이 펀드가 작동하려면 두 가지 전제가 필요하다. 우선 시장에 비합리적인 가격이 있어야 한다. 그래야 잘못된 가격에 공매도를 쳐서 먹고(short), 또 낮은 가격에 매수해서 차익을 먹는다(long). 두 번째는 시장보다 내가 보는 눈이 좋아야 한다. 두 가지 전제 모두 '시장이 비합리적'이라는 조건이 성립해야 작동한다.

그래서 누가 맞았을까? 수익률로 보면 좌파 사회학자가 맞았다. 그의 펀드는 설립 이후 20년 동안 누적 5000%, CAGR(연평균 성장률) 약 22%의 수익을 거둔다. 자본주의의 성인 반열에 오른 워런 버핏Warren Buffett에 맞먹는 수익률 성적이다. 옛 레닌주의자는 월가의 양복쟁이들을 무참히 박살냈다.

하지만 앨프레드의 펀드는 시작일 뿐 끝이 아니었다. 급전이 필요한 대주주와 바에서 조용히 이뤄진 블록 딜(block deal, 매도자와 매수자 간 주식 대량매매)은, '시장은 모든 정보를 반영한다'는 교리를 비웃는다. 이렇게 마이클 스타인하트Michael H. Steinhardt는 블록 딜로 돈을 번다. 폴 새뮤얼슨Paul Samuelson은 원자재 시장의 비합리성, 타이거 펀드는 신흥국의 비합리성, 폴 튜더 존스Paul Tudor Jones는 '합리적 시장 가설'의 비합리성을 노려서 억만장자가 된다.

헤지펀드 매니저들이 유난히 사변적이고 인터뷰를 자주 하는 것도 이런 배경 때문인 것 같다. 이들은 인간사회의 비합리성을 포착하고 여기에 돈을 걸어서 증명해낸다. 가설을 세우고 실험을 통해 검증하는 금융 시장판 과학자 같은 존재다. 단지 그 결과를 학술지 〈네이처〉 수록이 아니라 달러로 입증할 뿐이다.

이런 호걸들의 이야기가 어디 있냐 하면, 지금은 절판된 〈헤지펀드 열전〉이란 책에 수록돼 있다. 2011년에 나온 이 책은 약 10명의 전설적인 헤지펀드 매니저의 이야기를 담고 있다. 투자자들 사이에 소문난 명저답게 역시 절판된 책이다.

이 억만장자들의 공통점은 세상을 삐딱하게 본다는 사실이다. 금융업계의 스타트업 마인드다. 아이비리그에서 재무학을 공부하고 월가에서 일한 정통파보다 골방 철학자에 가까운 기인이 많다는 점이 흥미롭다. 아무리 생각해도 스타트업은 경영학이 아닌 사회학에서 다뤄야 하는 '심리 상태'와 '세계관'이다. 자, 이제 책을 다 읽었으니 '회색'을 찾아야 할 시간이다.

<헤지펀드 열전>
More Money Than God _ 원제
세바스찬 맬러비(Sebastian Mallaby) 지음
김지욱·이선규·김규진 옮김
2011년 11월 18일 / 첨단금융출판사

지구상에서 가장 거대한 욕망이 꿈틀거리는 회색거리는 단연 월 스트리트다. 이 책의 주인공들인 앨프레드 윈슬로우 존스도, 마이클 스타인하트도, 그리고 조지 소로스도 이 거리를 걸었다. 위 사진이 흥미로운 건 회색 마천루 숲 사이로 보이는 트리니티 교회다. 유럽의 올드타운 광장에나 있을 법한 이 고즈넉한 교회는 1697에 세워질 당시만 해도 뉴욕에서 가장 높은 건물이었다. 하지만 20세기에 불어닥친 자본주의 광풍에 힘입어 여기저기 솟아오른 바벨탑 마천루들 사이에서 교회는 앙증맞은 유물이 되었다. 과거 유럽이었다면 상상할 수 없는 불경스러운 광경이다. 그렇게 돈은 신까지도 삼켜버렸다. 이 책의 원제 '신보다 많은 돈(MORE MONEY THAN GOD)'은 어쩌면 이곳을 가리키는 지도 모르겠다. 이 회색거리에서는 자신이 예수보다 위대하다고 믿는 기인들이 '틈'만 나면 기상천외한 게임을 벌인다.

KILLER TEXT

"세상에는 흰 영역과 검은 영역이 있는데.
그 사이에 꽤 넓은 회색지대가 있습니다.
큰돈은 이곳을 가야만 볼 수 있어요."

여기서 '회색'은 풀이하기 나름이다.
삐딱하게 보면 불법과 합법 사이의
애매한 영역으로 가라.
다른 말로는 교도소 담장 위를 아슬아슬하게
걸으라는 거다. 긍정적으로 보면,
이미 실현된 현실과 오지 않은 미래 사이.
딱 반걸음 앞서 길을 가라는 얘기다.
여하튼 중요한 건 '틈'이다.

좋은 회사,
나쁜 주식의 딜레마

당신이 주식 투자에 실패하는 결정적 이유

헬스장에 다년간 많은 돈을 '기부'하면서 근육은 얻지 못했지만, 하나는 배웠다. 트레이너 보는 눈이다. 기구 밑에서 뭉기적거리는 필자 같은 사람은 트레이너랑 교류할 일이 많다. 유력한 영업 대상이기 때문이다.

트레이너는 크게 두 가지다. 하나는 '회원님 열정! 열정! 열정!'을 외치면서 무조건 닭가슴살, 고구마만 먹고 두어 달 만에 우락부락한 몸을 만들 수 있다고 다짐하는 타입이다. 자신에게 수업만 받으면 순식간에 괴물 같은 몸을 만들 수 있다고 주장하곤 한다.

좋은 트레이너도 있다. 그들은 공통적으로 영양학과 신체 구조에 대해 박식하다. 운동이 어떤 근육을 자극하는지 자세히 알려주고, 그냥 '닥치고 단백질'이 아니라 어떤 영양소가 어떻게 작용하는지 논리적으로 설명하고 가르친다. 헬스장에서 이런 현자(賢者)를 만나면 혹시나 근육은 못 남겨도 평생 가져갈 건강 지식은 챙긴다.

트레이너 얘기를 구구절절이 한 이유는 이 책 〈좋은 주식 나쁜 주식〉을 읽으며 좋은 트레이너가 생각났기 때문이다.

'주주'를 '물주'로 만드는 나쁜 종목들

국내 저자가 쓴 주식 책 중 신뢰가 갔던 책은 3권 정도로 기억된다. 〈워런 버핏식 현금주의 투자 전략〉(장흥래 지음), 〈다시 쓰는 주식 투자 교과서〉(서준식 지음), 그리고 이 책이다. 저자는 각각 회계사, 채권 전문가, 재무 전문가다. 흥미로운 건 가장 믿음이 갔던 3권의 투자 책 저자들은 일반적으로 생각하는 '증권맨'과는 결이 달랐다는 점이다.

이미 30대 중반에 리서치센터장을 지낸 저자가 느지막이 자신의 첫 책을 낸 데에는 팬데믹 이후 주식 시장의 분위기가 영향을 미치지 않았을까 싶다. 국내 증시가 활황이던 당시 전 국민이 투자한다고 나섰지만 '좋은 기업'과 '좋은 주식'이 다르다는 걸 모르는 사람이 참 많았다. 나름대로 공부를 하며 좋은 기업을 찾긴 했지만, 그게 반드시 좋은 주식은 아닌 경우가 많았다. 한국에는 '나쁜 주식'이 적지 않다. 수많은 사람들이 지뢰밭인 줄도 모르고 피 같은 돈을 태우는 게 저자는 퍽 안타까웠던 모양이다.

이 책의 핵심은 '나쁜 주식'이다. '좋은 기업'은 대체로 많은 사람들이 알고 있다. 한국을 넘어 세계의 주식을 살 수 있게 된 요즘은 좋은 기업을 만나기가 더 쉬워졌다. 미국 주식 시장에 즐비한 초우량 기업들이다. 그럼 나쁜 주식이 뭔지 알아야 한다.

가장 나쁜 주식은 주주의 돈을 내다 버리는 기업이다. 뜬금없이 시가보다 싸게 제3자 배정 유상증자를 하는 기업은 주주의 돈을 도둑질 한 것과 마찬가지다. 생각건대 시가총액의 거의 5%를 주고 회장님의 취미생활인 프로 야구단을 사는 회사에 돈을 맡기는 사람은 '주주'가 아니라 '물주'와 다를 바 없다. 이를테면 여기보다 시가총액이 큰 무신사 같은 기업이 프로 야구단을 인수한다고 하면 반응이 어떨까. 아마도 미쳤다고 난리가 났을 것이다. 주주는 죄가 없다. '나쁜 주식'은 경영의 문제다.

다음은 사이클을 타는, 자본 투자가 많이 필요한 회사다. 조선 · 철강 · 건설 · 기계 · 화학 등이 그렇다. 이런 산업에 속한 기업들은 대체로 영업이익이 오락가락하고 영업현금흐름도 엉망인 경우가 적지 않다. 벌어도 남는 게 없고 투자 압박으로 빚까지 많다. 잘 나갈 때 '가즈아!' 외치다가 파산하기 쉽다. 역시 한국에는 이런 기업이 너무 많다.

이런 시크리컬(cyclical) 기업은 '나쁜 기업, 좋은 주식'일 때 사면 큰돈을 벌 순 있다. 문제는 이건 고수의 영역이라는 점이다. 어떤 산업이 어떤 사이클로 움직이는지 파악하고 그 타이밍에 과감히 베팅하고 빠지는 건 아무나 할 수 없다.

한국에 '주식하면 패가망신'이란 가훈이 가가호호 많은 건 우연이 아니다. 한국은 난이도가 높은 시장이다. 미국의 생활필수품 회사 P&G나 제약회사 화이자 같이 은퇴자도 마음 놓고 장기 투자를 하며 재산을 불릴 주식이 많지 않다. 제조업 수출 중심의 경제인 한국은 안정적인 배당귀족주가 수십 개에 이르는 미국과 비교할 바가 아니다.

저자는 온갖 장밋빛 환상만 있는 배터리 산업에 대해서도 매년 수십조에 달하는 자본 투자를 경고한다. 배터리가 '제2의 LCD*'가 되지 말란 법이 없다고 본다. 한국전력이나 금융지주 같은 관치 기업 또한 최악의 주식이다. 기업에게 가격 결정권이 아예 없는데다 주기적으로 이른바 '공적 책임'이라는 명목으로 손해 보는 일을 해야 한다.

책의 백미는 너도 알고 나도 아는 '좋은 기업' 중에서 어떤 게 '좋은 주식'인지 골라주는 부분이다. 왜 좋은 주식이 되는지 알아야 '좋은 기업'이 '나쁜 주식'이 될 수 있는지도 알 수 있다.

예를 들어 국내의 한 보험회사는 워런 버핏^{Warren Buffett}이 가장 좋아하는 재보험**인데다 심지어 독점회사다. 이보다 '좋은 기업'은 없어 보인다. 하지만 수년째 영업현금흐름은 좋지 않고 영업이익과도 따로 논다. 비용 구조도 좋지 않다. 생각건대 이 회사는 '좋은 기업' '나쁜 주식'이라 할 수 있다.

저자는 '좋은 주식'으로 패밀리 기업과 브랜드 중심의 소비재 기업, 독점력을 갖춘 기업을 콕짚는다. '좋은 주식'에 해당할 만한 기업의 실명을 정확하게 언급하는데, 원론적이고 빤한 얘기에 지친 독자들은 이런 족집게 화법을 원한다.

패밀리 기업 : 월마트, 로레알, 에스티로더, 허쉬, 로슈, LVMH, 에르메스

브랜드 기업 : 나이키, 스타벅스 및 소비자향 SW기업

독점적 기업 : 삼성전자 및 빅테크, 대형 제약사

---

* 디스플레이 업계에서 LCD 사업에 엄청난 자본이 투입되었지만, 시장이 제대로 성장하기도 전에 LED와 OLED 같은 신기술이 쏟아지면서 퇴물 취급을 받았다.
** 보험사가 거액의 보험금을 지급하면서 겪게 될 막대한 경제적 손실에 대비해 드는 보험으로, 쉽게 말해 '보험사가 드는 보험'을 말한다.

덴마크 제약사 노보노디스크를 빼면 포트폴리오에 에르메스, 허쉬, 로레알, 월마트가 거의 전부인데, 이들이 모두 패밀리 기업인 줄은 몰랐다. 이 기업들의 재무자료를 찾아보면 부채 비율도 낮고, 영업현금흐름도 영업이익에 맞춰 견실하다. 사업 모델도 심플한데다 대주주가 이상한 짓도 하지 않는다. 그야말로 '명품 종목'이다.

이 책이 주는 또 다른 미덕은, 저자가 지난 수십 년간 전 세계 자본 시장을 누비며 다양한 글로벌 회사를 거친 경력의 소유자란 사실이다. 국제적인 투자 흐름을 포착하는데 이 책이 유용한 이유다. 특히 저자는 책의 전반에 걸쳐 환경이나 사회적 인식, 거버넌스를 강조한다. ESG가 잠시 뜨는 트렌드가 아니라 확실한 흐름이라는 게 느껴진다.

헬스장에서 처음 시작한 PT에서 곡기 끊고 스테로이드 맞자는 트레이너를 만나는 건 불행한 일이다. 이 책은 흡사 정상급 보디빌더로 세계 무대를 누비다 은퇴한 뒤 지덕체를 갖춘 교육자가 된 베테랑 트레이너의 강의록과 다르지 않다.

<좋은 주식 나쁜 주식>
이남우 지음
한국경제신문사(한경비피) / 2021년 3월 12일

"당신은 당신이 무엇을 모르는지조차 모른다."

You don't know what you don't know.

월가에서 자주 인용되는 이 문장은 뜻밖에도 고대 그리스 철학자 소크라테스(Socrates)가 남긴 것이다. 이 말은 지난 2020년 경 뜨거웠던 국내 증시에서도 회자되었다. 당시 많은 개미들이 높은 수익을 거뒀지만, 대부분 보유 종목의 펀더멘털과 리스크에 대해 '알지 못한다는 사실조차 알지 못하는' 상태로 투자하는 경우가 허다했다. 불과 몇 개월이 지나자 그들은 또 다시 좌절했지만, 그 원인은 여전히 모른다. 한국 증시에서 소크라테스의 문장은 죽었다. 그림은 프랑스 출신 신고전주의 화가 자크 루이 다비드(Jacques-Louis David)가 그린 〈소크라테스의 죽음〉.

알파를 쫓던 남자

호모 이코노미쿠스? 호모 사피엔스!

얼마 전 방송에서 요즘은 많은 사람들이 이름도 기억 못할 LTCM(롱텀캐피털
매니지먼트) 얘기를 할 기회가 있었다. 관련된 자료를 찾고 정리하다 보니 몇
년 전 '알파를 쫓는 남자'라는 제목으로 썼던 인터뷰 기사가 떠올랐다.

인터뷰이는 소프트뱅크의 펀드에서 거액을 투자받은 회사의 창업자다. 주
변에 농담으로 '서울과학고상'이라고 이야기하는, 샤이한 얼굴에, 눈을 보면
머리는 윙윙 돌아가는 게 느껴지는 사람이다. 여느 천재들처럼 대학생 때 재
미삼아 프로그램 투자를 시작했고, 수십 퍼센트의 수익률을 올리며 업계에
발을 들였단다.

그런데 어느 날 '알파'가 사라졌다(여기서 알파는 투자업계에서 초과수익을 뜻
한다). 떼돈을 벌어주던 윤전기가 말썽을 부리더니 뻗어버린 것이다. 뉴스 속
보를 자연어 처리해 매매하는 원시적인 기술은 금방 남들이 따라했고, 기술

도 사람도 무엇보다 돈이 많은 기관이 알파를 다 가져갔다. 이렇게 한 개미가 평생 알파를 쫓는 이야기가 시작됐다.

그는 20여 년을 자연어 처리에서 시작해 알고리즘 매매, 결혼식장에서 만난 스탠퍼드대 친구한테 들은 분자생물학을 응용하다 AI 딥러닝과 뇌과학까지 쫓아다녔다. '알파'의 꽁무니를 잡은 것 같았을 때 경쟁자가 따라 붙고, '붉은 여왕의 함정'*에 빠져 청춘을 보냈다(그는 물론 지금도 젊다).

이렇게 끝났으면 번뇌하는 천재에 그쳤을 텐데, 그는 달랐다. 필자가 그를 만났을 때는 알파를 쫓느라 개발한 AI를 기업에 빌려주는 SaaS(Software as a Service) 비즈니스로 사업을 전환했다. 알파와의 추격전보다, 알파를 쫓을 수 있을 거라고 믿는 이들에게 곡괭이를 빌려주는 사업을 선택한 셈이다.

필자는 그가 솔직한 사람이라고 느꼈다. 지속적으로 알파를 유지하는 건 불가능하다는 걸 (말은 안 했지만) 인정한 셈이니까. 그러니 더 정확한 제목은 '알파를 쫓'던' 남자'가 맞다.

인간은 결국 같은 실수를 반복한다

〈천재들의 실패〉는 당대 최고 지능과 무제한의 자금이 만났을 때, 그 알파의

---

* 자신이 발전하는 만큼 경쟁자도 발전하므로 결국 제자리에 있거나 뒤처지는 자신을 발견하게 되는 현상. 루이스 캐럴(Lewis Carroll)의 소설 〈거울 나라의 앨리스〉에서, 붉은 여왕은 앨리스에게 '제자리를 지키려면 쉼 없이 뛰어야 한다'고 말한 대목에서 비롯됐다. 이를 모티브로 진화생물학자 리 밴 베일런(Leigh Van Valen)은 논문에서 '지속 소멸의 법칙'이라는 생태계의 질서를 제시했고, 윌리엄 P. 바넷(William P. Barnett) 스탠퍼드대 교수는 경영학에 접목시켜 시장에서의 경쟁과 도태 현상을 설명했다.

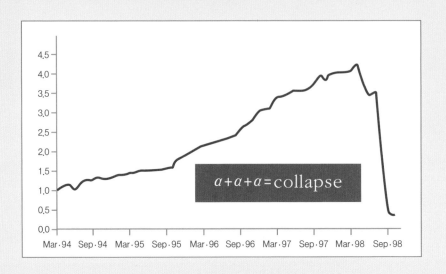

$$a+a+a=\text{collapse}$$

러시아-우크라이나 전쟁으로 침략국인 러시아를 향한 서방 국가들의 자금동결 등 제재가 장기화되자, 글로벌 자산 시장에서는 제2의 LTCM(Long-Term Capital Management)를 소환하는 경고음이 흘러나온다. LTCM은 1990년대 초 채권 트레이더 존 메리웨더(John Meriwether)가 세운 헤지펀드로, 노벨 경제학상을 받은 마이런 숄즈(Myron S. Scholes)와 로버트 머턴(Robert Merton)이 참여해 화제를 모았다. LTCM은 고금리 국가의 국채선물을 매수하고, 저금리 국가 국채선물을 공매도하는 과정에서 발생하는 막대한 차익으로 큰돈을 벌면서 센세이션을 일으켰다. 하지만 LTCM의 화양연화는 짧았다. 대규모 투자국인 러시아가 1998년에 모라토리엄을 선언한 게 결정타였다. 천재들의 실패는 30년 가까이 흐른 지금까지도 소환될 정도로 파급력이 컸고, 알파를 좇던 이들의 욕망은 시장에 트라우마를 남겼다.

유통기한이 얼마인지 알려주는 실험보고서 같은 책이다. 노벨상 수상자 2명에 최고의 트레이더, 월가의 돈 36억 달러를 부어 나온 결과의 유통기한은 고작 3년이었다.

모델이 잘 작동하니 베팅을 늘리고, 점차 알파가 사라지니 초조해져서 물타기 하다가 계좌가 깡통이 되는, 절제력 없는 개인투자자나 할 짓을 천재들도 똑같이 했다. 세계 최고의 지능으로 투자를 해도, 남들이 그걸 배우고 가져가서 써먹어 상향평준화되는 시간은 아주 짧다. 호모 사피엔스는 사실 거기서 거기인 개체들이다.

원래 남 잘된 이야기보다는 실패한 이야기가 흥미롭기도 하거니와 이 책은 읽고 나면 교훈도 준다. 천재는 있지만 나머지도 꽤 똑똑하다는 사실이다. 특히 돈 문제에 관해서는 한 치의 양보도 없다. 금융 모델이 어떻고, 알고리즘이 어떻고…… 어려운 얘기를 해도 인간은 결국 같은 실수를 반복한다. '기술'과 '천재'에 대한 환상은 항상 값을 치르기 마련이다.

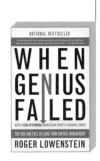

<천재들의 실패>
When Genius Failed _원제
로저 로웬스타인(Roger Lowenstein) 지음 / 이승욱 옮김
한국경제신문사(한경비피) / 2009년 3월 10일

당신은 복어 독을
먹어볼 것인가

Hi! Risk, Hello! Return

한 암호화폐 스타트업이 만든 앱에 가입한 적 있다. 알고리즘 매매로 괜찮은 수익률을 낼 수 있다는데, 투자 방법이 희한했다. 국내에서 거래가 어려운 미국의 암호화폐 거래소인 바이낸스(Binance, 세계 최대 암호화폐 거래소 중 하나)를 이용해야 하기 때문에 해당 기업 명의의 계좌로 투자금을 보내라고 안내하는 게 아닌가.

만약 이 회사 계좌로 돈을 보냈는데 갑자기 회사가 문을 닫고 잠적하면? 이 회사가 운영하던 오픈채팅방에서 이런 말도 안 되는 조건에 대해 문제제기를 했다. 그랬더니 '그 정도 리스크도 감수하지 않고 무슨 투자냐'는 힐난이 돌아왔다. 유명 유튜버인 회사 관계자가 신뢰를 담보하지 않느냐는 이들이 연달아 나타났다. 조용히 그 채팅방을 떠나고 앱을 지웠다.

개인투자자가 늘고 책이나 유튜브를 통해 많은 투자 지식이 전파됐지만,

여전히 어려운 개념이 '위험(risk)'이다. 예를 들어 비트코인의 큰 변동성은 상대적으로 큰 수익률의 대가로 감당할만한 위험이다. 하지만 투자자의 돈을 회사 명의로 챙긴 '벌집 계좌'를 들고 회사가 도망칠 가능성은 수익률과 관련 없는 위험이다. 여전히 투자의 세계에선 이 둘을 혼용한다. 어떤 이들은 의도적으로 둘을 뒤섞는다. 보상과 관련 없는 무모한 일을 우리는 당연한 '위험'으로 생각하고 받아들이는 잘못된 선택을 한다.

다소 엉뚱한 발상이지만 리스크를 복어 요리에 적용해보면 이렇다.
- 전문가가 생각하는 리스크 = 1시간 줄선 복어집의 요리가 맛없을 가능성
- 일반투자자가 생각하는 리스크 = 복어 요리를 먹고 중독 돼 죽을 가능성

직장인이란, 30년 정도 고정이자를 지급하고 끝나는 채권 같은 존재

〈리스크의 과학〉은 '리스크학'을 연구하는 경제학자가 쓴 책이다. 원제는 'An Economist Walks into a Brothel'인데, 우리말로 옮기면 '홍등가로 걸어간 경제학자' 정도가 될 성 싶다. 'brothel'은 홍등가를 뜻한다. 품위를 위해 출판사가 참은 것 같지만, 원제가 더 책의 메시지에 부합한다. 복잡한 수식으로나 표현되는 리스크가 뭔지 실생활의 사례를 들어 설명하는데 충실한 책이다. 이 자극적인 원제는 '왜 많은 성매매 여성이 높은 수수료를 떼어가는 포주와 일하는가?'에 대한 답을 찾는 저자의 연구를 의미한다.

리스크를 알면 전략이 나온다. 2000년에 출판업계에서 근무하는 직장인의 최대 위험은 인터넷 포털이었다. '인터넷 산업의 발달로 책이 덜 팔려서 회사가 망하는 것'을 위험으로 정의했으면 헤지(hedge)할 수 있다. 가장 쉬운 방법은 네이버의 주식을 사는 것. 나는 출판사로 출근해도 내 돈은 인터넷 산업에 투자하는 헤지다.

성매매 여성은 큰 리스크를 감수한다. 지역에 따라 불법이기 때문에 형사처벌을 받을 수 있고, 암시장에서 일할 경우 폭력에 노출된다. 영국의 잭더리퍼나 한국의 유영철 등 많은 연쇄살인마의 범행 대상은 성매매 여성이었다. 이런 큰 리스크를 줄이기 위한 수단으로 선택하는 게 포주가 운영하는 기업형 성매매 조직이다. 30~40%의 높은 수수료를 내야하지만, 그만한 가치의 리스크 감소를 기대할 수 있다.

목표에 따라 리스크를 얼마나 감당할지도 달라진다. 커리어와 자산의 안정적인 성장을 원하는 직장인이라면 대규모 스톡옵션이나 우리사주를 갖고 있는 건 위험하다. 내 커리어와 자산을 모두 한 회사에 '몰빵' 투자하는 건 안정적인 목표와 맞지 않는다. 회사가 망해도 살아남을 수 있게 다른 회사에 투자하는 게 합리적이다. 반면 단기간에 인생 역전이 목표라면 회사에 올인해 볼 수도 있다.

직장인은 채권일까, 주식일까? 대다수는 채권이다. 30년 정도 고정이자를 지급하고 끝나는 채권. 일반적인 직장인은 근무하는 기간 동안은 리스크가 매우 낮다. 이런 직장인일수록 투자는 공격적으로 주식 비중을 높이는 게 적절하다. 일상적으로 보이는 직장 생활에도 리스크의 개념을 적용시키면 가능한 계산이다.

채권이 아닌 직장인도 있다. 영업 성과로 보상받는 영업사원은 주식과 비슷하다. 이런 일을 하면 투자도 공격적으로 하는 성향이 큰 데, 재무적으로는 오히려 안정적인 채권이나 배당주에 투자하는 게 어울린다. 한편, 고정급여를 받다가 원하면 언제든 개인 사업이 가능한 전문직은 CB(Convertible Bond, 전환사채) 같은 존재다. 점차 경력 채용 시장이 활성화되면서 더 많은 직장인이 CB가 되어가고 있다.

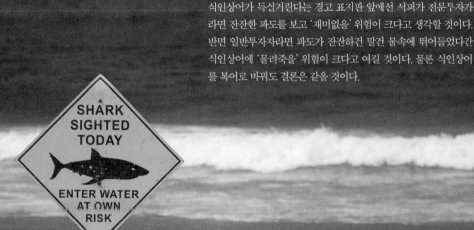

식인상어가 득실거린다는 경고 표지판 앞에선 서퍼가 전문투자자라면 잔잔한 파도를 보고 '재미없을' 위험이 크다고 생각할 것이다. 반면 일반투자자라면 파도가 잔잔하건 말건 물속에 뛰어들었다간 식인상어에 '물려죽을' 위험이 크다고 여길 것이다. 물론 식인상어를 복어로 바꿔도 결론은 같을 것이다.

투자 콘텐츠 수준이 높아져 자산 배분은 개인투자자에게도 익숙해졌지만, 커리어까지 포함한 큰 틀의 포트폴리오 개념은 아직 생소하다. 안정적인 직장을 다니다가 성장성과 변동성이 큰 업계로 옮겨 갔으면 자산 배분은 오히려 안정적으로 조정해야 한다. 스타트업 종사자는 성향상 벤처 투자 비율이 높은데, 특별한 정보가 있는 게 아니라면 재무적으로는 좋지 않은 선택인 셈이다.

책은 투자의 세계에서 가장 지루한 리스크 얘기를 재밌게 풀어냈다. 저자는 파파라치, 서퍼, 경마 사육자, 포커 세계 챔피언, 홍등가 스트리퍼, 유람선 오너 등 리스크가 큰 분야에서 일하는 사람들을 직접 발로 뛰어 인터뷰하면서 터득한 위험 회피 전략을 책에 담았다.

낮은 수익률은 기분을 우울하게 하지만, 리스크에 대해 오판하면 인생이 무너질 위기에 처한다. 투자에서도 삶에서도 가장 중요한 원칙은 '다음 게임을 할 기회를 잃지 않는 것'이다. 수익률에 대해 공부했다면, 이제는 리스크를 이해할 시간이다.

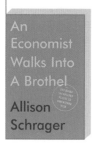

<리스크의 과학>
An Economist Walks into a Brothel _ 원제
앨리슨 슈레거(Allison Schrager) 지음 / 서정아 옮김
세종서적 / 2019년 12월 30일

리스크학 전문가인 저자는 연구실을 박차고 나와 파파라치, 서퍼, 경마 사육자, 포커 세계 챔피언, 심지어 사창가 스트리퍼에 이르기까지 위험 요소가 큰 직종에서 일하는 사람들을 직접 발로 뛰어 인터뷰하면서 터득한 위험 회피 전략을 책에 담았다. 그 가운데 사창가의 스트리퍼들을 취재한 경험은 그대로 책의 원제가 되었다.

성매매가 합법인 미국 네바다주에서 '문라이트 버니랜치'라는 업소를 운영하는 데니스 호프(Dennis Hoff, 사진)가 성매매 사업을 통해 창출한 가치는, 성매매 여성과 고객이 갖는 리스크를 최대한 헤지(hedge)하는 것이다. 고객(수요자)과 성매매 여성(공급자)이 시장에서 느끼는 리스크가 클수록 시장을 떠나는 확률도 커지기 때문이다.

은행(bank)의
견고한 둑(bank)에 난 균열

은행과 달러를 위협하는 복병의 출현

팬데믹 이후 가까운 미래에 세상을 바꿀 키워드 3가지를 꼽는다면 중국, 탄소 그리고 디지털 머니가 아닐까. 그런데 중국과 탄소는 머릿속에 그림이 그려지는데, 디지털 머니는 중요한 이슈인 것만은 분명한데 정확히 무엇을 바꿀지 쉽게 감이 오질 않았다. 이미 간편결제가 일상이고, 최근에는 현금을 만져본 기억도 없다. '게임체인저'가 될 거라며 금융권에서 회자되는 중앙은행 디지털 통화(CBDC, Central Bank Digital Currency)는 뭐가 다른 걸까.

이런 생각을 하며 서점을 뒤지다 이 책 〈코로나 화폐전쟁〉을 찾았다. '금융을 통한 유대인의 세계 지배'라는 음모론을 담은 어느 책과 비슷한 제호 탓에 거부감이 들었지만 괜한 선입견이었다. 낯선 주제를 대중의 눈에 너무 깊지도 얕지도 않게 풀어내는, 저널리스트 저자의 강점이 드러난다.

500여 년 은행의 최대 위기

CBDC의 핵심은 '프로그래밍 가능성(programmable)'이다. 지금도 스마트폰 앱만 켜도 나타나는 개인의 계좌 잔액을 국가가 통제할 수 있다. 다만 은행을 통해서다. 본질적으로는 섬유나 금속일 뿐인 지폐, 동전과 다를 바 없다. 그런데 CBDC는 프로그램을 '내재(內在)'해 정부가 직접 통제할 수 있다.

가까운 사례가 '재난지원금'이다. 재난지원금은 유흥업소나 대형마트에서는 사용할 수 없다. 카드사가 결제 대상을 제한하는 방식이지만, CBDC는 아예 중앙은행이 화폐 안에 이런 규칙을 탑재해 발행할 수 있다. 이를테면 '헬스케어 머니'를 발행하면, 이 돈은 의료기관에서만 쓸 수 있게 하는 식이다.

가장 큰 변화는 '마이너스 금리'의 실질적인 도입이다. 이미 유럽과 일본은 도입하지 않았냐고 반문할 수 있지만, 일반 예금에 도입한 경우는 거의 없다. 예금에 마이너스 금리를 물리면 사람들은 돈을 인출해서 집에 쌓아 두기 때문이다. 현금의 이런 특성은 금리의 하한을 0%로 고정시켜왔다.

하지만 CBDC는 숨을 수 없다. 한국은행에서 −0.25% 금리를 선언하면 그날부터 모든 디지털 원화에 마이너스 금리를 부과할 수 있다. 디플레이션에 빠져 허우적거리는 국가에게는 꿈의 통화정책이 허용되는 셈이다. 금융의 역사에서 깨지 못한 0%의 벽을 무너뜨리는 길이 열린다.

우린 이미 마이너스 금리가 프로그래밍된 돈을 쓴 적이 있다. 팬데믹 당시 1차 재난지원금은 지급 후 석 달이 지나면 소멸됐다. 이건 3개월이 된 시점에 −100% 금리를 적용한 것과 마찬가지다. 이 사용기한 때문에 일시적으로 소비 붐이 일어났다. 모르는 사이에 마이너스 금리 효과를 체험한 것이다.

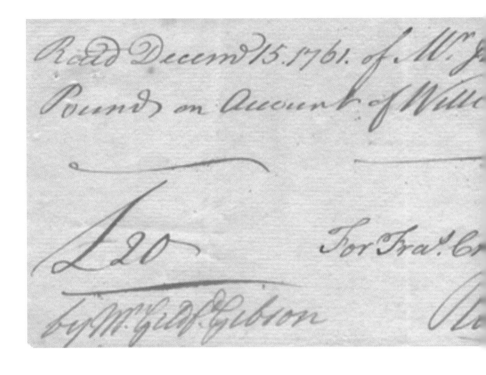

추적 가능성도 높아진다. CBDC 발행에 가장 앞서 있는 중국은 디지털 위안을 자국뿐 아니라 전 세계에 뿌리려 한다. 위안화의 국제화를 타고 전 세계에 퍼진 디지털 위안을 중국 정부는 언제든 추적하고 통제할 수 있다. 이건 어느 나라 CBDC나 마찬가지일 것이다.

CBDC를 어떤 식으로 도입할지도 쟁점이다. 중국은 일단 '2층 구조'로 운영한다고 했다. 인민은행이 CBDC를 시중 은행에 제공하고, 은행이 다시 소비자에게 뿌리는 방식이다. 지금의 화폐 체계와 다르지 않다.

언제든 재난지원금 방식의 '소매형' CBDC도 도입할 수 있다. 다만 세계 각국이 소매형 CBDC에 신중한 이유는 시중 은행 때문이다. 전 국민에게 중앙

유럽은 중세 이후 근대로 접어들면서 상업의 규모가 커지자 '금'처럼 믿을 만한 물물교환 수단이 필요했다. 그런데 물건을 사고팔 때마다 주머니에 금붙이를 넣고 다닐 수는 없었다. 상인들은 금의 가공과 측정에 탁월한 금세공업자, 즉 금장(金匠)에게 금을 맡기는 대신 '금장증서'라고 하는 보관증을 받아 화폐 수단으로 사용했다. 문제는 금장들이 보관 중인 금보다 더 많은 금장증서를 발행해 시중에 융통시켰다는 점이다. 그들은 급전이 필요한 사람들에게 금장증서를 발행해 주는 대신 이자를 받아 수익을 올렸는데, 이는 곧 서구 근대 은행의 기원이 되었다. 한편, 금장 중에는 유독 골드스미스 가문 출신들이 많았는데, 금장증서를 '골드스미스 노트(Goldsmith Note)'라고 부르게 된 이유가 여기에 있다. 이후 자본주의가 전 세계로 확산되면서 골드스미스의 후예들은 지구촌 곳곳에서 다양한 금융기법으로 막대한 부를 축적했지만, 최근 디지털 화폐의 등장으로 그들의 금장증서는 휴지조각이 될 위기에 직면했다. 이미지는 1761년 12월 15일자에 발행된 골드스미스 노트.

은행 계좌를 만들어주고 CBDC를 예치할 수 있게 하면 시중 은행 예금은 쪼그라든다. 누구든 가장 안전한 중앙은행에 돈을 예치할 가능성이 매우 높다. 이로써 예금-대출로 창출한 신용은 줄어들게 된다. 이때 은행은 단순한 '결제 통로'로 전락한다. '내로 뱅킹(Narrow Banking)'*이다.

중국도 디지털 위안으로 M0(현금)만 대체한다고 했지만, M2(총통화)**를 직접 공급하지 말란 법은 없다. 은행이 2008년 글로벌 금융위기 같은 사고를 반

---

* 대출 등 자금중개 기능 없이 지급·결제 기능만 하는 은행.
** 통화(M1)보다 넓은 의미의 통화지표로, 즉시 현금화 할 수 있는 화폐를 모두 합한 개념.
　[총통화 = 통화 + 저축성예금 + 외화예금]

복할 경우 내로 뱅킹을 도입하고 차라리 연준이 통화를 창출하라고 할 수 있다. 내로 뱅킹이 어느 극단 진보주의자만의 꿈은 아니다. 영미자본주의의 총아인 〈파이낸셜 타임스〉의 칼럼니스트 마틴 울프Martin Wolf도 주장한 바 있다.

저자는 디지털 달러와 위안 그리고 원화 도입은 시기의 문제라고 본다. 미국에서는 디지털 위안과 빅테크의 가상화폐 발행을 주시하고 있다. 중국과 민간, 두 경쟁자에 대항할 수단이 언젠가 필요하다는 시각이다. 디지털 위안과 달러가 범람하면 우리도 통화주권을 위해 디지털 원화를 만들 수밖에 없다고 말한다.

디지털 머니는 중앙은행이 돈에 영혼을 불어넣는 일이다. 이자와 사용처, 꼬리표 달기까지 가능하다. 은행은 500여 년의 역사를 끝으로 그저 결제 창구로 전락할 위기에 처했다. 빅테크가 만든 화폐는 민간 화폐와 국가권력이 다시 경쟁하는 계기가 될 가능성이 있다. 디지털 위안이 주도할 달러와의 패권 경쟁도 주목할 일이다.

〈코로나 화폐전쟁〉
방현철 지음 / 이콘 / 2020년 12월 31일

KILLER TEXT

세계 각국이 소매형 CBDC에 신중한 이유는
시중 은행 때문이다.
전 국민에게 중앙은행 계좌를 만들어주고
CBDC를 예치할 수 있게 하면
시중 은행 예금은 쪼그라든다.
누구든 가장 안전한 중앙은행에
돈을 예치할 가능성이 매우 높다.
이로써 예금-대출로 창출한 신용은 줄어들게 된다.
이때 은행은 단순한 '결제 통로'로 전락한다.
은행이 500여 년의 역사를 끝으로
결제 창구로 전락할 위기에 처한 것이다.

강한 달러의 부메랑은
누구의 목을 향하는가

기축통화라는 왕관의 무게

'달러는 미국보다 강하다.'

미국은 2008년 글로벌 금융위기를 터트렸지만, 오히려 달러 값은 폭등했다. 코로나19 팬데믹으로 미국은 세계에서 가장 큰 피해를 겪은 나라 가운데 하나였지만, 역시 달러 값은 치솟았다. 전 세계는 미국의 유동성 파티를 부러운 눈으로 바라봤다.

돈이 샘솟는 미국은 그저 부럽지만, 이게 누구한테 좋은 일인지는 따져봐야 한다. 돈을 찍는 파티가 끝나면 미국은 중국과 다시 산업 경쟁력으로 맞붙어야 한다. 야심차게 탈탄소에 베팅하고 있지만, 이미 배터리부터 재생에너지까지 중국이 거의 독점하고 있다.

미국의 가장 큰 문제 중 하나는 중산층 붕괴다. 실리콘밸리는 남는 돈을 주체하지 못하고 월가는 매일 파티에 취해 있지만, 미국의 내륙은 살아날 기미가 보이지 않는다. 미국 중년 백인의 평균수명은 도리어 줄고 있다. 선진국에서 한 집단의 평균수명이 줄어드는 일이 있었나 싶다.

파티가 끝나고 나면 뒷정리는 누가 하는가

중하위 계층은 무너져가고 상류층이 도덕적 해이를 저지르는 배경 중 하나는 기축통화 달러다. 자생력을 잃은 옛 중산층에 쿠폰을 뿌려 위로하고 월가는 잔치를 벌이는 사이, 어느덧 빚이 3경(京) 원을 넘었다. 아무리 이자율이 낮다고 해도 정상적인 방법으로 갚는 건 사실상 불가능해 보인다.

달러에 취한 경제의 부작용이 드러나면서 기축통화 달러가 미국에 축복이기만 한 존재인지 한 번쯤 따져보게 된다.

통화가 강하면 제조업 경쟁력을 확보하기가 어렵다. 사우디아라비아가 석유 이후를 대비하겠다며 제조업을 키우려 해도 될 턱이 없다. 시민들이 고된 제조업 노동을 꺼리는 탓만은 아니다. 원유 값으로 들어온 외화가 흘러 넘쳐서 환율이 너무 낮기(통화 강세) 때문이다. 열심히 만들어 팔아도 남는 게 없다.

체력(펀더멘털)보다 강한 화폐를 써서 제조업 기반이 무너진 그리스가 또 다른 사례다. 대항해 시대에 스페인이 이류국가로 전락한 게 남아메리카를 잃어서가 아니다. 오히려 흘러 들어온 금의 홍수에 물가가 뛰고 상공업이 무너지면서 쇠락했다.

너무 무거운 기축통화라는 왕관이 축복만은 아닌 이유다. 미국이 리쇼어링

(reshoring)*을 한다며 드라이브를 건 게 트럼프 집권기 때부터가 아니라 이미 오바마 정부 시절부터였다. 그런데 러스트 벨트(rust belt)는 여전히 암울하다. 중국을 때리고 관세를 물리는 것만으로는 부족하다.

(미국인들에게 있어서) 더 큰 문제는 미국 경제가 세계에서 차지하는 비중이 줄어들었다는 점이다. 덩치가 클 때는 전 세계에서 흘러 들어오는 수출품과 미국 국채로 회수하는 달러를 감당할 여력이 있었다. 지금은 물 밀 듯 들어오는 달러가 제조업에 주는 영향이 더 크다. 나라 안팎의 문제로 힘이 부치는 미국에 점차 부담이 더해 가고 있는 것이다.

러스트 벨트는 오하이오 및 펜실베이니아 등 미국의 대표적 공업지대로, 미국 제조업의 몰락을 상징한다. 이미지는 펜실베이니아에 소재한 철강사 베슬레헴 스틸. 한때 US스틸에 이은 철강사로 군림했던 적도 있지만, 2002년 파산 이후 생산부지는 흉물이 되었다.

이런 곤란한 상황에도 미국이 '돈 먹는 하마'인 해군을 유지하면서까지 전 세계 바다를 지키는 중요한 이유는 에너지다. 지금 미국은 석유 순수출국이다. 석유부터 가스까지 자국 내에서 쓰고 넘칠 만큼 많다. 점차 큰 부담을 짊어지며 세계의 패권을 지키는 일의 수지타산이 썩 매력적이지 않게 변하고 있는 게 아닐까.

　달러 패권은 지금 상태로는 적어도 수십 년은 이어지겠지만, 그 기반인 규칙은 이미 무너졌다. 미국이 적자를 보면 수출국, 특히 중국이 미국 국채를 사주던 관례가 깨진지 오래다. 중국은 그 돈으로 유라시아에 철도와 항구를 깔고 있다. 페트로달러의 기반인 석유도 힘을 잃었다. 페트로달러의 한 축인 사우디아라비아는 점차 위안화 결제에 한눈을 팔며 기반을 흔들고 있다.

　패권의 이익은 줄고, 내부는 양극화로 흔들린다. 미국 노동자에게 '달러 패권'이란 게 족쇄는 아닐까. 〈달러 없는 세계〉는 변방의 통화로 시작한 달러가 마침내 기축통화의 왕좌에 오른 이야기를 담았다. 어쩌면 너무 무거운 왕관이 된지 모를 달러의 역사를 보면서 미래에 대해서도 여러 생각을 하게 된다.

〈달러 없는 세계〉
이하경 지음 / 바른북스 / 2019년 10월 15일

---

* 비용 등을 이유로 해외에 나간 자국 기업이 다시 국내로 돌아오는 현상.

재닛 옐런(Janet Yellen) 미국 재무부 장관은 2023년 6월 1일을 데드라인으로 정하고 의회가 연방정부의 부채한도를 상향하지 않는다면 자금 고갈로 31조 달러의 채무를 갚지 못해 디폴트에 빠질 수 있음을 경고했다. '세계 최고 부자 나라가 웬 디폴트냐고?' 옐런의 괜한 엄살 같지만, 그의 경고는 터무니없지 않다. 바이든 정부가 긴축재정의 노력을 보이지 않으면 부채한도 상향을 의결할 수 없다는 게 야당인 공화당의 입장이다. 표면적으로는 정치적인 문제 같지만, 속을 들여다보면 곪을 대로 곪은 기축통화국의 민낯이기도 하다. 사진은 옐런이 텍사스주 포트워스에 있는 조폐국(BEP)에서 자신의 이름이 담긴 미국 화폐 제작을 위해 서명하는 모습.

KILLER TEXT

미국의 중하위 계층은 썩어 들어가고 상류층이 도덕적 해이를 저지르는 배경에는 '기축통화 달러'가 있다. 복지 쿠폰을 뿌려 자생력을 잃은 옛 중산층을 위로하고 월가는 잔치를 벌이니 어느덧 빚이 3경 원을 넘었다. 아무리 이자가 저렴해도 정상적인 방법으로 갚는 건 불가능해 보인다. 너무 무거운 기축통화라는 왕관이 축복만은 아닌 이유다.

E LAST EMPEROR

E STORY   AUGUST 20

chapter 3
HEGEMONY

풀링 더 골리

러시안 룰렛의 지정학적 셈법

'Pulling the goalie'라는 전술이 있다. 아이스하키에서 골키퍼를 빼고 대신 공격수를 투입하는 걸 말한다. 만약 감독이 이런 짓을 하면 미쳤다는 소리를 들을 것이다. 그래도 하는 건 1~2분 남은 시점에 팀이 지고 있을 때다. 연구에 따르면 '풀링 더 골리' 전술을 쓰면 실점 확률은 4배로 뛰지만, 득점 가능성도 곱절이 된다.

지금 미쳤다는 소릴 듣는 지도자가 있다. 푸틴^{Vladimir Putin}이다. 우크라이나 침공으로 너무 많은 것을 잃은 걸 보면서 다들 '대체 왜?'라고 묻고 있다. 더 넓게 보면 침공의 이유는 뚜렷하다. 러시아에겐 시간이 없다. 극단적으로 말해 무너져간다. 인구는 1993년부터, 경제는 2015년부터 역성장하고 있다. 상황이 이렇다면 골키퍼를 빼는 승부수를 던질 때다.

퇴로가 없는 게임은 결국 질 수 밖에 없다

〈셰일혁명과 미국 없는 세계〉의 저자 피터 자이한^{Peter Zeihan}은 지정학의 세계에서 이단아 같은 존재였다. 셰일혁명 이후 미국의 진정한 전성기가 찾아오고 세계화는 끝장나며, 미국이 발을 뺀 세계는 고통스러울 것이라고 말했다. 당시에는 극단적으로 보인데다 '미국인다운' 오만으로 느껴졌다. 하지만 러시아의 우크라이나 침공을 보며 그의 책을 다시 꺼냈다. 밑줄 친 문장을 다시 읽었다.

"러시아가 인구 감소에서 살아남으려면 우크라이나 · 벨라루스 · 몰도바 · 루마니아 · 폴란드 · 발트3국 · 조지아 · 아르메니아 · 아제르바이잔 등 11개국을 흡수하는 방법 외에는 도리가 없다."

이 책은 2017년에 출간됐다. 읽었던 내용을 까먹지 않았다면 전쟁이 터지기 직전 주변 사람들과 러시아가 정말 우크라이나를 침공할지에 대해 내기할 때 침공에 걸었을 것이다.

저자에 따르면, 러시아의 우크라이나 침공은 불확실한 문제가 아니다. 반드시 일어날 일이고 끝이 아닌 시작이다. 단순히 인구가 줄어서 침공을 하는 게 아니다 러시아의 이상적인 국경서은 소련(소비에트 사회주의 공화국 연방) 때 달성했다. 동쪽은 톈진 산맥과 카라쿰 사막, 중앙은 대초원이 방벽 역할을 했고, 남부는 코카서스 산맥이 보호했다. 유럽은 다뉴브강 유역과 카르파티아 산맥까지 확보해 방어해야 할 공간은 동 · 서독이 접하는 300킬로미터 정도가 전부였다.

하지만 소련이 무너지면서 위에 나열한 모든 공간을 잃었다. 국경선은 소련 때보다 오히려 길다. 그럼에도 (국경선에서) 모스크바까지의 거리는 더 가깝다. 동시에 소련 때보다 인구는 줄었고, 곤두박질 친 출산율 때문에 상황은 더 나빠지고 있다. 산업 고도화도 실패했다. 외국인 유입도 어려운 상황에서 할 수 있는 유일한 선택지는 마지막 힘이 남아있을 때 국경을 '방어 가능한' 수준으로 넓혀 놓는 것이다. 어렵지만 해야만 하는 미션이다.

책은 친절하게도 러시아의 액션 플랜을 단계별로 제시한다.

① 우크라이나 침공과 유럽의 분열 유도 : 2014년 이후 꾸준한 견제로 무력화시킨 우크라이나를 점령한다. 기껏해야 경제 제재로 맞설 유럽을 분열시킨다.

소비에트 사회주의 공화국 연방이 1991년 12월 해체된 이후 독립한 15개 국가
1. 아르메니아, 2. 아제르바이잔, 3. 벨라루스, 4. 에스토니아, 5. 조지아, 6. 카자흐스탄, 7. 키르기스스탄, 8. 라트비아, 9. 리투아니아, 10. 몰도바, 11. 러시아, 12. 타지키스탄, 13. 투르크메니스탄, 14. 우크라이나, 15. 우즈베키스탄

출처 : 위키피디아

② 발트3국 확보와 스칸디나비아 반도 견제 : 발트3국을 침공하는 건 러시아에겐 일도 아니다. 기갑부대로 반나절이면 수도까지 갈 수 있다. 문제는 단단히 결합한 북유럽 4국의 견제다. 만만치 않지만 물량 공세로 지구전(持久戰)에 돌입해야 한다.

③ 폴란드 접수 : 러시아의 대평원은 폴란드 동부로 가면 약 300킬로미터로 좁아진다. 결국 러시아의 생존 전략은 여기서 대미를 장식할 텐데, 저자는 독일의 재무장은 필연적이며 참전도 불가피하다고 본다. 바르샤바에서 독일까진 500킬로미터 남짓이고, 사이를 가를 장애물도 없기 때문이다.

④ 코카서스 국경 확보 : 가장 쉬운 미션이다. 이미 아르메니아와 조지아는 영향권 안에 있고, 아제르바이잔은 아르메니아도 버거워하는 약체다. 여기까지 확보하면 마지막 퍼즐까지 완성한 셈이다.

적어도 2017년 시점에 예상한 우크라이나 침공은 현실이 됐고, 러시아가 고착 상태에도 왜 계속 싸워야 하는지, 핵 사용까지 운운하는 이유가 설명이 된다. 하지만 우크라이나 침공을 맞춘 저자가 틀린 점이 있다. 그는 우크라이나군은 이미 형해화(形骸化)됐기 때문에 키이우 점령은 일도 아니라고 봤다. 그런데 현실은 모두가 아는 대로다. 키이우 점령은커녕 러시아 군은 우크라이나 동부에 발이 묶여있다. 푸틴은 ①부터 난관에 부딪힌 것이다. 그래도 멈추지 않을 가능성이 높아 보인다. 뒤가 없기 때문이다.

분석을 보며 키를 쥐고 있는 나라는 두 곳이라고 생각했다. 우선 독일이다. 저자는 독일의 재무장, 심지어 참전은 피할 수 없다고 예상했다. 재무장은 이미 시작됐다. 많이 언급되지 않은 변수는 독일이 가동 중단했던 원전이다. 후

쿠시마 사고 전까지 독일 에너지의 4분의 1은 원전에서 충당했다. 이후 해체에 들어간 원전은 1기뿐이다. 이 말을 되돌리면 독일은 25% 추가 발전 역량을 갖췄다는 얘기다. 러시아산 석유, 가스에 대한 의존을 끊어내야 하는 독일이 이 원전을 그대로 포기할지도 지켜볼 문제다.

의외의 키맨은 튀르키예다. 튀르키예는 유럽에서 유일하게 튼튼한 인구 구조와 상비군을 갖췄다. 또 흑해 통제권과 코카서스 지역에 개입할 능력이 있는 국가다. 여기서 러시아가 놓은 수가 시리아다. 러시아는 의도적으로 시리아 반군을 격퇴해 IS의 공간을 만들었다. 난장판이 된 시리아에서 난민은 튀르키예로 쏟아졌고, 튀르키예는 그들을 다시 유럽으로 내보냈다. 그 결과 유럽과 튀르키예는 등을 돌렸다. 적을 갈라놓고 튀르키예의 주의를 돌린 러시아는 쉽게 발칸 반도로 진격했다.

결과론적 얘기지만 우크라이나 침공은 예견된 사건이었다. 러시아는 엄청난 돈을 쌓아뒀다. 몇 년 전에 푸틴이 연금개혁을 하느라 지지율이 폭락한 사건이 있었다. 연금 수령 연령을 65세로 높이는 내용인데, 지금 러시아 남성 평균 수명이 64세다. 거기에 공공기관의 자국 국채 투자를 허용했다. 이 사실을 알고 난 뒤 미국과 유럽이 신뢰를 깨면서까지 러시아 중앙은행의 예치금을 동결한 배경을 이해할 수 있었다. 이것은 군자금인 것이다.

종합하면 두 가지 결론이 나온다. 우크라이나 침공은 러시아 입장에서 불가피했고 장기화할 것이라는 점이다. 하나 더 추가하면 침공이 성공해도 러시아의, 정확히는 '러시아 민족'의 몰락은 피할 수 없다. 푸틴의 조바심이 이해되는 부분이다. 출산율이 곤두박질친 슬라브계와 달리 러시아 내 소수민족은 매우 빠르게 늘고 있다. 러시아 땅의 주인이 바뀌는 셈이다. 동시에 유럽은 역사 내내 늘 해오던 대로 전쟁의 땅으로 돌아가지 않을까 싶다.

물론 변수는 있다. 러시아는 우크라이나도 쉽게 손에 넣지 못했다. 또 유럽과 미국이 단결했다. 독일이 빠르게 재무장을 선언했다. 트럼프 시절 나토(NATO, 북대서양조약기구)를 보며 푸틴은 발트3국을 침공해도 외부 개입은 없을 거라고 생각했을지 모른다.

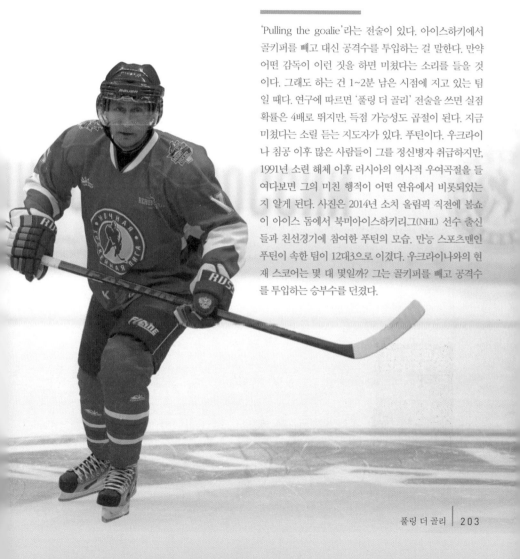

'Pulling the goalie'라는 전술이 있다. 아이스하키에서 골키퍼를 빼고 대신 공격수를 투입하는 걸 말한다. 만약 어떤 감독이 이런 짓을 하면 미쳤다는 소리를 들을 것이다. 그래도 하는 건 1~2분 남은 시점에 지고 있는 팀일 때다. 연구에 따르면 '풀링 더 골리' 전술을 쓰면 실점 확률은 4배로 뛰지만, 득점 가능성도 곱절이 된다. 지금 미쳤다는 소릴 듣는 지도자가 있다. 푸틴이다. 우크라이나 침공 이후 많은 사람들이 그를 정신병자 취급하지만, 1991년 소련 해체 이후 러시아의 역사적 우여곡절을 들여다보면 그의 미친 행적이 어떤 연유에서 비롯되었는지 알게 된다. 사진은 2014년 소치 올림픽 직전에 볼쇼이 아이스 돔에서 북미아이스하키리그(NHL) 선수 출신들과 친선경기에 참여한 푸틴의 모습. 만능 스포츠맨인 푸틴이 속한 팀이 12대3으로 이겼다. 우크라이나와의 현재 스코어는 몇 대 몇일까? 그는 골키퍼를 빼고 공격수를 투입하는 승부수를 던졌다.

하지만 미국과 유럽은 우크라이나 침공에 단호하게 맞서며 '공동 방위'의 의지를 입증했다. 모두 절박한 심정의 푸틴이 일어나지 않길 바랐을 것이다. 그래도 그에겐 또 다른 선택지가 없으니 전쟁이 길어지고 확산될 것이라는 주장에 걸고 싶다. (지금에 와서 누군가 김빠진 내기를 하자면 말이다.)

여기서 저자는 미국이 나토에 대한 의무를 이행하는 건 바보 같은 짓으로 평가한다. '미국이 만든 세계'는 무너져도 미국이 피해볼 일은 없다는 것이다. 무기를 지원하며 셰일가스나 팔면 그만이라며 여유를 부린다. 맞는 소리를 해도 그 오만함에 정 떨어지는 사람이다.

지금까지 다룬 내용은 이 책의 딱 한 챕터에 관한 것이다. 조금 분량을 넘겨 얘기하면 유럽의 난리는 북해 원유를 중부 유럽으로 향하게 하고, 이걸 뺏긴 서유럽은 아프리카에서 원유를 들여온다. 그럼 러시아산 수입이 막히고, 아프리카 원유가 유럽으로 가면 피해를 보는 건? 동북아시아다. 결국 굶주린 동북아시아와 인도가 소용돌이에 휘말리게 되는 것이다. 더 이상 얘기를 이어가자니 혈압이 걱정된다. 독자들의 몫으로 남겨둬야 할 듯하다.

<셰일혁명과 미국 없는 세계>
The Absent Superpower _원제
피터 자이한(Peter Zeihan) 지음 / 홍지수 옮김
김앤김북스 / 2019년 1월 29일

KILLER TEXT

러시아에겐 시간이 없다.
극단적으로 말해 무너져간다.
인구는 1993년부터, 경제는 2015년부터
역성장하고 있다.
러시아 내 소수민족도 매우 빠르게 늘고 있다.
러시아 땅의 주인이 바뀌는 셈이다.
푸틴의 조바심은 극에 달했다.
골키퍼를 빼고 공격수를 투입하는
'미친' 승부수를 던진 이유다.
러시아의 우크라이나 침공은 일어날 수밖에
없는 일이었고 끝이 아닌 시작에 불과하다.
하지만 전쟁에서 이긴다 해도
러시아 민족의 몰락은 피할 수 없다.

팔자를 이기는 힘

축복의 땅, 불안의 땅, 저주의 땅, 그리고 박복한 땅의 기운

나라에도 '팔자'가 있다. 땅 위에 사는 사람이나 기술, 문화는 바뀔 수 있다. 하지만 터 잡고 있는 땅, 지리는 바꿀 수 없다. 한국은 유라시아 동쪽 끝 반도에 앞으로도 있을 것이고, 일본은 지진에서 해방되지 못하며, 미국은 광대한 중서부 평원에서 풍부하게 자라는 작물을 누릴 것이다. 포커 판에서 일단 분배된 카드를 무를 순 없다.

〈지리의 힘〉은 전 세계 주요국의 지리를 담은 책이다. 한국에서 지리에 대한 책은 인기가 없는 편이다. 하지만 〈지리의 힘〉은 이런 시장 분위기를 뒤엎고 베스트셀러로 등극했다. 이후 많은 지리와 지정학을 다룬 책이 쏟아졌다. 한국 독자들에게 '지리의 세계'를 열어줬다고 할 만하다.

지리에 대해선 제국주의로 한 시대를 풍미했던 서구 선진국이 가장 앞서 있다. 무려 500여 년 전에 아메리카 대륙에 식민지를 건설하고, 이후 수백 년 동안 지구본을 돌려가며 세계를 침략하며 쌓은 지식의 힘이다. 처음에는 침략의 도구로, 이후에는 관리와 경영의 도구로 전 세계의 지리를 파고들었다.

전 세계를 호구조사한 사회과부도를 읽는 즐거움

지리를 보면 '세계 최강국 미국'은 우연이 아니다. 미국은 동서 양쪽이 대서양과 태평양으로 막혀있고, 북쪽은 거의 텅 빈 캐나다, 남쪽은 국력에서 한참 차이 나는 멕시코로 둘러싸여 있다. 사실상 본토에 대한 침략을 걱정할 필요가 없는 천혜의 요새다.

축복은 국경선에서 그치지 않는다. 비슷한 면적의 유럽은 역사 내내 여러 나라로 갈라져서 싸웠는데 반해, 미국은 어떻게 한 번의 내전을 빼곤 한 나라로 유지할 수 있었을까? 역시 지도를 보면 이해할 수 있다. 국토의 한가운데를 대평원이 차지하고, 이 평원은 미시시피강의 지류로 거미줄처럼 연결돼있다. 하나의 무역권이자 문화권 그리고 정치 체제로 묶일 수밖에 없는 환경이다. 반면 유럽은 수많은 산맥으로 분절돼 여러 독립 국가로 나뉘었다.

강의 방향도 눈여겨 봐야한다. 미국의 강은 마치 정부에서 마음먹고 국도를 깐 것처럼 사방으로 촘촘하게 흐른다. 반면 중국의 큰 강은 모두 서쪽에서 동쪽으로 향한다. 남북으로 이어지지 않은 강을 잇기 위해 중국 역대 왕조들은 국력을 쏟아 부어 운하를 파야했다. 애초에 갖고 태어나는 지리적 요건이 만든 차이다.

이밖에도 미국은 로키 산맥에서 쏟아져 나오는 광물과 남부와 동부에 매장된 석유 그리고 중부 대평원의 농작물까지, 이렇게 불공평해도 되나 싶을 만큼 축복 받은 땅이다.

경쟁자인 중국은 어떨까? 거대한 국토를 보면 지리의 축복을 받았나 생각할 수 있다. 하지만 가장 중요한 국방부터 미국과 비교할 수 없는 어려움에 봉착한다. 바다로 막힌 곳은 동남쪽 일부뿐이고, 나머지는 지금은 러시아, 이전에는 강력한 유목 국가의 위협에 그대로 노출됐다.

그나마 중국이 지리적으로 한숨을 돌린 건 티베트와 신장을 차지한 덕분이다. '세계의 지붕'이라 불리는 티베트를 점령해 강대국인 인도를 향해 확실한 방벽을 세웠다. 그리고 신장을 통해 중앙아시아의 이슬람 세력을 통제했다. 하지만 두 지역은 중국에 호의적이지 않다. 지리적으로 너무 분절돼 있고, 민족 구성도 다르기 때문이다.

고대 시대만 해도 든든한 방벽이었던 남쪽과 동쪽 바다도 이제는 위험하다. 미국 등 해양 세력은 탁 트인 중국의 주변 바다로 진입할 수 있다. 중국은 왕성한 먹성으로 주변 민족을 정복한 끝에 어느 정도 방벽을 세웠지만, 언제든 이 벽이 무너질지 모른다는 불안감에 시달릴 수밖에 없는 환경이다.

전 세계에서 가장 넓은 국토를 보유한 러시아는 중국보다도 심하다. 이 나라는 불리한 정도를 넘어 '지리의 저주'를 받았다고 할 만하다. 문제는 두 가지다. 하나는 사계절 내내 얼지 않는 부동항이 없다는 것이다. 또 다른 문제는 강대국인 프랑스부터 독일, 폴란드에서 모스크바까지 이어지는 대평원이다. 자국의 수도까지 적국의 진격을 막을 산맥 하나 없다는 공포에 시달린다.

저자는 러시아의 팽창주의적인 정책이 이런 불안감에서 비롯됐다고 말한다. 수도를 지켜줄 산맥이 없으니 대안으로 국경을 최대한 멀리서 긋는 것이

지리에 대해선 제국주의로 한 시대를 풍미했던 서구 선진국이 가장 앞서있다. 무려 500여 년 전에 아메리카 대륙에 식민지를 건설하고, 이후 수백 년 동안 지구본을 돌려가며 세계를 침략하며 쌓은 지식의 힘이다. 처음에는 침략의 도구로, 이후에는 관리와 경영의 도구로 전 세계의 지리를 파고들었다. 이미지는 포르투갈 왕실의 의뢰로 베네치아 출신 지도 제작자 프라 마우로(Fra Mauro)가 1459년 완성한 세계 지도. 지도를 보면, 유럽 대륙에서 이베리아 반도와 이탈리아 반도, 섬나라 영국이 지금의 지형과 닮아있다. 지도에는 아프리카와 거대한 러시아 및 중앙아시아 대륙이 대부분을 차지하는데, 이는 대항해 시대를 연 서구 유럽인들의 정복욕을 자극할 만하다. 지도에 아메리카 대륙은 아직 보이지 않는다.

다. 이런 목적으로 폴란드, 우크라이나, 조지아 등 여러 나라를 침공했다. 구소련 시절 넓은 완충 지대를 만들고 한숨을 돌렸지만, 이제는 무너졌다. 러시아의 입장에서 우크라이나는 큰 비용을 감수하고서라도 갖고 싶은 완충 지대인 셈이다.

책은 미국, 중국 등 강대국 뿐 아니라 아프리카와 인도, 중동 심지어 북극까지 전 세계를 다룬다. 한국도 일본과 함께 한 장을 차지하고 있다. 한국 독자가 가장 흥미를 가질 한국의 지리는 '스포일러 방지'를 위해 직접 읽어보길 권한다.

사람들은 '팔자'를 궁금해 하면서도 불편하게 여긴다. 팔자에 대해 인정하면, 불공평하게 태어난 삶을 바꿀 수 없을지도 모른다고 생각하기 때문이다. 지리에 대한 이야기도 마찬가지다. 결국 미국은 강대국이 될 운명이고, 두드러지는 장점이 없는 한국은 국운을 펴기 어려운 건가 싶다.

하지만 타고난 조건을 파악하는 건 굴복하는 게 아니다. 이겨내기 위한 가장 중요한 첫 단계다. 한국은 지리적으로 박복하게 태어났지만, 뛰어난 인력과 기술로 극복했다. 강대국 사이에 낀 지정학적 한계를 오히려 지렛대로 삼아 가장 큰 시장에 물건을 내다파는 무역 국가를 이뤄냈다.

〈지리의 힘〉은 세계를 상대해 경쟁하고 또 협력해야 하는 우리에게 필요한 가이드북이다. 누군가와 경쟁을 하려면, 그 사람이 어떤 환경에서 자랐고 지금 상황은 어떤지 이해하는 건 필수다. 모두의 호구조사를 해놓은 책이 있다면 읽는 걸 마다할 이유가 없다.

〈지리의 힘〉
Prisoners of Geography _ 원제
팀 마샬(Tim Marshall) 지음 / 김미선 옮김
사이 / 2016년 8월 1일

KILLER TEXT

사람들은 '팔자'를 궁금해 하면서도 불편하게 여긴다. 팔자에 대해 인정하면, 불공평하게 태어난 삶을 바꿀 수 없을지도 모른다고 생각하기 때문이다. 지리에 대한 이야기도 마찬가지다. 결국 미국은 강대국이 될 운명이고, 두드러지는 장점이 없는 한국은 국운을 펴기 어려운 건가 싶다.

하지만 타고난 조건을 파악하는 건 굴복하는 게 아니다. 이겨내기 위한 가장 중요한 첫 단계다. 한국은 지리적으로 박복하게 태어났지만, 뛰어난 인력과 기술로 극복했다. 강대국 사이에 낀 지정학적 한계를 오히려 지렛대로 삼아 가장 큰 시장에 물건을 내다파는 무역 국가를 이뤄냈다.

대영제국
동창회가 사는 법

검은 돈을 표백하는 세탁섬을 찾아서

세계의 돈이 돌고 돈다는 유명 조세피난처의 비결은 뭘까? 바로 차가 왼쪽으로 다닌다는 점이다. 조세정의네트워크가 꼽은 2021년 기준 상위 10개 조세피난처 중 6개 나라가 좌측통행을 한다. 좌측통행 국가는 겨우 전 세계의 3분의 1이란 걸 고려하면 눈에 띄는 수치다. 왼손으로 기어 조작을 잘하는 게 금융 허브로 가는 비법이란 말인가?

농담이다. 당연히 왼손과 금융 사이에 관련은 없다. 주요 조세피난처를 이어주는 고리는 '영국'이다. 그렇다. 또 영국이다. 상위 10개 조세피난처 가운데 유럽 국가 3곳(스위스, 네덜란드, 룩셈부르크)을 제외한 모두가 영국의 식민지였거나 현재도 영국의 일부다. 대영제국이란 학교의 동문들이다.

우리는 조세피난처를 부자들의 일탈이 일어나는 한 '점(點)'으로 이해한다. 하지만 실상은 여러 금융 허브가 이어진 네트워크, 즉 '선(線)'이 본질이다.

〈보물섬〉은 이 네트워크의 큰 그림을 다룬 책이다. 이 네트워크를 타고 흐르는 돈을 추적하는 일을 업으로 하는 저자의 얘기를 따라가다 보면 말 그대로 지도에 없는 섬, 보물섬의 존재를 알게 된다.

부자가 망해가도 여전히 부자인 이유

국제 은행권 자산의 절반을 차지하는 '대영제국 동창회'의 구조는 거미줄을 닮아있다. 세계에 퍼진 조세피난처는 마치 지역 지사 같은 역할을 한다. 당당히 조세피난처 순위 1~3위를 차지한 카리브해의 섬들은 아메리카를 맡는다. 월가의 서비스로는 부족했던 미국 부자 혹은 남미 마약 카르텔의 돈이 몰려든다.

홍콩은 중국 본토, 싱가포르는 아시아 화교 네트워크의 자본이 모인다. 오일 머니는 두바이가 있는 아랍에미리트로 향한다. 키프로스는 가스 냄새가 묻어있는 러시아의 돈을 빨아들인다. 여기 나열한 나라는 모두 영국의 옛 식민지였다.

이렇게 거미줄 바깥에 모인 돈은 안쪽으로 흘러간다. 두 번째 고리에는 3개의 섬이 있다. 저지섬, 건지섬, 맨섬이다. 셋 다 한국사람 대부분은 처음 들어보는 이름인데, 모두 영국 주변에 있는 작은 섬이다. 독특한 건 영국 왕실령이라는 점이다. 영국 왕의 소유이지만, 영국은 아니다. 영국이 국방과 외교를 관할하지만 각각의 섬은 자체 법률을 갖고 있다.

이 회색지대에 모인 돈은 다시 한 번 자유를 만끽한다. 작은 소도시 정도

인구가 모여 사는 이 섬들에는 수많은 금융사가 몰려 있다. 세계에서 모인 돈의 꼬리표를 떼는데 귀재인 전문가들이다. 미국의 조세 전문지 〈택스 애널리스츠〉 추산에 따르면, 2007년 기준 3곳의 왕실령에 유치된 조세 회피성 자산 규모만 1조 달러에 이르렀다.

왕실령에서 목욕을 마친 자본은 종착점인 영국 런던의 시티(City of London)에 모인다. 시티는 단순히 런던의 한 구가 아니다. 영국 정부나 런던시가 아닌 자체 행정권을 행사하는 특별 자치 지역이다. 시장도 런던과 별도로 뽑고 경찰도 자체적으로 운영한다. 영국 왕이 방문하려 해도 시티의 수장에게 허가를 받아야 하는 곳이니 그 위세를 알만하다.

이 네트워크를 따라가다 보면 두 가지 사실을 알 수 있다. 한 가지는 네트워크가 중심인 런던에서 뻗어나가는 게 아니라 바깥에서 안으로 흘러 들어가는 구조라는 점이다. 이 네트워크를 기반으로 영국은 노쇠한 사자가 된 지금도 세계 금융의 중심으로 군림하고 있다.

또 다른 흥미로운 사실은 이 네트워크를 이루는 지역이 대체로 일반적인 국민국가가 아닌 독특한 자치권이나 법률 체계를 가진 나라라는 점이다. 3개의 왕실령처럼 모호한 정치 구조를 가지며, 카리브해 국가처럼 영국의 입김이 센 정부를 갖고 있다. 혹은 홍콩이나 싱가포르처럼 도시국가이거나.

이 '점'을 잇는 '선'은 식민지 시절부터 이어져 온 영국의 금융업 인프라다. 명문 가문의 재산을 수십, 수백 년 째 맡아서 처리해 온 신탁회사와 회계 기술, 법률 서비스까지 탄탄히 갖춰져 있고, 오랫동안 쌓아온 인적 교류는 기계가 수월하게 돌아가는 기름 역할을 한다. 우리가 일부 국가의 '일탈'로 생각하는 조세피난처의 뒤에는 이런 실체가 있다.

'시티 오브 런던' 줄여서 '시티'라고도 불리는 3제곱킬로미터(1.12제곱마일)도 안 되는 좁은 지역에 잉글랜드은행을 비롯해 JP모건체이스, 골드만삭스, 모건스탠리, 아메리카은행, 시티그룹, HSBC 등 5000개가 넘는 글로벌 금융회사가 밀집해 있다. 왕실령에서 목욕을 마친 자본은 종착점인 이곳 '시티'로 모인다. 이 경로, 즉 네트워크를 따라가다 보면 두세 가지 사실을 알게 된다. 첫째 런던에서 뻗어나가는 게 아니라 바깥에서 안으로 흘러 들어가는 경로라는 사실. 둘째 이 네트워크를 기반으로 영국은 노쇠한 사자가 된 지금도 세계 금융의 중심으로 군림한다는 사실. 덧붙여 '시티'의 경계선은 중세부터 거의 바뀌지 않았을 정도로 견고하다는 사실.

　　이 제국은 눈에 보이지 않지만 자기들만의 인적 네트워크와 규칙, 관행으로 돌아간다. 이 제국의 관점에선 '규칙'이지만, 영토에 기반한 국민국가의 눈으로 볼 땐 '반칙'이다. 이 제국의 네트워크는 국민국가의 입장에선 '구멍 (Loop Hole)'일 뿐이다. 더 큰 틀에서 보면 문명이 등장한 이래 이어져 온 정치 권력과 상인 권력의 경쟁이 여전히 이어지고 있는 것이다.

코로나19 팬데믹으로 막대한 공공부채가 발생한 지난 2020년경에는 세금 부족에 시달린 주요국이 칼을 빼들었다. 전 세계 어디에서나 최저 15%의 법인세는 부과하자는 약속이다. 그동안 조세피난처를 통해 법인세를 피해온 다국적 기업을 상대로 세금을 받을 만큼은 받겠다는 선언에 130여 개 나라가 서명했다. '보물섬'을 상대로 국가들이 수를 둔 셈이다. 하지만 여기서도 영국은 디테일에서 실리를 챙겼다. 이 최저법인세에서 영국은 '금융 부문'만은 면제 받기로 한 것이다. 영국은 이번에도 국가 사업을 지켜냈다.

한국도 여러 번 금융 허브가 되겠다고 외쳐왔다. 이런 선언이 나올 때마다 여의도에 얼마나 높은 빌딩을 지을지에 대한 부동산 개발 계획이 따라나온다. 높은 빌딩도 좋지만, 더 본질적인 문제는 세계에 뻗어있는 '보물섬' 네트워크에 얼마나 문을 열어줄 준비가 돼있는지 아닐까 싶다. 자본의 놀이터를 만들어주기 위한 '특권'을 얼마나 내줄지에 대한 고민 말이다.

미국은 인터넷을 발명했다. 정보가 오가는 세계의 고속도로를 만들었고, 여전히 지배하고 있다. 그 한 세대 앞서 영국은 돈이 오가는 길을 깔았고, 여전히 중심을 자처하고 있다. 우리가 아는 '국민국가' 영국은 쪼그라들었지만, 그들이 만든 '보물섬'은 대영제국의 잔상으로 여전히 남아있다.

<보물섬>
Treasure Islands _원제
니컬러스 색슨(Nicholas Shaxson) 지음 / 이유영 옮김
부키 / 2012년 6월 15일

KILLER TEXT

국제 은행권 자산의 절반을 차지하는 대영제국 동창회의 구조는 거미줄을 닮았다. 세계에 퍼진 조세피난처는 마치 지역 지사 같은 역할을 한다. 당당히 조세피난처 순위 1~3위를 차지한 카리브해의 섬들은 아메리카를 맡는다. 월가의 서비스로는 부족했던 미국 부자 혹은 남미 마약 카르텔의 돈이 몰려든다. 홍콩은 중국 본토, 싱가포르는 아시아 화교 네트워크의 자본이 모인다. 오일 머니는 두바이가 있는 아랍에미리트로 향한다. 키프로스는 가스 냄새가 묻어있는 러시아의 돈을 빨아들인다. 여기 나열한 나라는 모두 영국의 옛 식민지였다. 이렇게 거미줄 바깥에 모인 돈은 다시 안으로 흘러 들어간다.

더 더럽고 더 위태로운
세상으로의 초대

21세기 프로메테우스가 선택한 광물을 찾아서

영화 〈설국열차〉에는 기차의 밑창을 여니 한 아이가 숯 검댕을 뒤집어쓰고 엔진을 돌리는 모습이 나온다. 인류 최후의 기술이 모인 초현대적 기차 밑바닥에 올리버 트위스트가 있었던 셈이다. 숭배의 대상인 '엔진'의 이면을 드러내는 장면이다.

현실세계에서도 '인류를 구하자!' 구호를 외치며 녹색열차가 출발했다. 바이든 정부 출범 이후 '그린 뉴딜(Green New Deal)'은 전 세계의 화두가 되었다. 더럽게 땅에서 석유나 석탄을 캐는 걸 멈추고, 무한한 바람과 햇볕으로 돌아가는 세계를 꿈꾼다. 서구 사회는 태양광과 풍력 발전, 전기차로 환경오염을 없애고, IT로 탈물질 사회를 만들 수 있다는 기대감으로 충만하다. 과연 인류는 지속가능하고 오염 없는 세상에 도달할 수 있을까?

그것은 불가능하다고 일갈하는 책이 있다. 원제가 '희귀금속 전쟁(La

Guerre Des Metaux Rares)', 한국어판 제목이 '프로메테우스의 금속'으로, 녹색 열차의 밑창을 적나라하게 보여준다.

책의 주인공은 원제에서 드러나듯이 희토류 같은 희귀금속(rare metal)이다. 2011년경 중국인 선장 나포 문제로 중국과 일본이 다툴 때, 중국이 희토류 수출을 금지하자 일본이 두 손을 들었다. 중국에 세계 GDP 2위 자리를 내준 치욕과 함께 일본인에게 엄청난 충격을 준 사건이었다. 얼마 되지도 않는 양의 흙으로 세계 전자왕국을 무릎 꿇게 한 것이다.

희귀한 한 줌의 흙에 세계 경제가 올라탄 이유

희귀금속은 '~륨', '~듐'으로 끝나는 광물로, 보통사람은 평생 몇 번 들어보지도 못했을 법한 이름을 달고 있다. 네오디뮴, 인듐, 갈륨, 토륨 등이 해당된다. 여기에 그나마 유명한 희토류를 포함해 대략 30여 가지를 전략자원으로 본다. 말 그대로 희귀해서 전 세계 생산량이 약 20만 톤 규모로, 모두 합해봐야 아주 큰 배 한 척에 실을 양 정도다.

우리는 '석유 시대'의 다음 챕터로 '신재생에너지 시대'가 도래할 거라고 기대한다. 하지만 이 책은 그저 희귀금속이라는 다른 광물 시대로 넘어갈 뿐이라며 기대를 꺾는다. 인류는 앞으로도 (석유 시대 못지않게) 땅을 파야 하고, 어쩌면 더 깊이 들어가야 할지도 모른다.

한 줌도 안 되는 광석이 우리가 올인하는 이른바 그린 뉴딜의 핵심이라는 얘기다. 태양광 발전에는 인듐과 갈륨, 풍력 터빈에는 네오디뮴이 필요하다.

전기차 배터리에는 코발트, 리튬, 니켈 등 20여 가지 희귀금속이 들어간다. 한때 테슬라 창업자 일론 머스크Elon Musk는 뜬금없이 리튬과 니켈 생산량을 늘려달라고 얘기했는데, 이 광물이 없으면 테슬라의 전기차 공장 가동이 멈춰 설지도 모르기 때문이다.

친환경 정책을 위해 그렇게 중요한 자원이라면 더 캐면 되지 않을까. 희귀금속 채굴이 엄청난 환경오염을 부른다는 사실을 안다면, 세상물정 모르는 천진난만한 얘기에 절로 코웃음이 날 것이다.

갈륨 1킬로그램을 얻으려면 바위 50톤을 깨서 독성 화학물질과 물을 여러 번 섞어 정제해야 한다. 그렇게 정제에 쓴 물은 어딘가 그대로 흘려보내진다. 중국에서는 희토류 최대 산지인 바오터우 주변 주민의 암 발병률이 몇 배로 뛰었다. 또 기형아가 태어나는 피해를 겪고 있다는 사실이 외신을 통해 여러 번 보도됐다.

지금은 희귀금속 생산량의 대부분을 중국이 차지하지만, 1980년대까지는 미국이 이 시장을 지배했다. 이게 중국으로 넘어간 건 한마디로 '너무 더러워서'다. 개발도상국의 오지로 넘길 만큼 심각한 오염을 초래하는 산업이란 얘기다. 여기에 환경주의 진영에서 기겁하는 방사능까지 배출한다. 바오터우의 취수장 방사능 수치는 체르노빌의 2배나 된다. 희귀금속에서 방사능이 나오는 건 아니지만, 정제 과정에서 배출량이 상당하다.

유럽과 미국의 신재생에너지 발전 드라이브의 이면에는 중국이나 아프리카의 희귀금속 채굴이 자리잡고 있다. 서울에 전기차가 늘어나면 서울의 대기오염은 줄지만, 화력발전소가 몰려 있는 충청남도의 대기는 더러워지는 것과 마찬가지다. 미국 샌프란시스코의 테슬라 차주가 늘어나면 콩고민주공

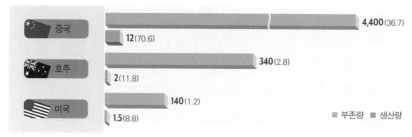

┃ 희토류 국가별 부존량 및 생산량 [단위: 만 톤, %, ( )은 비중]

중국 **4,400**(36.7)
12(70.6)

호주 **340**(2.8)
2(11.8)

미국 **140**(1.2)
1.5(8.8)

■ 부존량 ■ 생산량

자료 : 미국 지질조사국

지금은 희귀금속 생산량의 대부분을 중국이 차지하지만, 1980년대까지는 미국이 이 시장을 지배했다. 이게 중국으로 넘어간 건 한마디로 '너무 더러워서'다. 개발도상국의 오지로 넘길 만큼 심각한 오염을 초래하는 산업이란 얘기다. 책을 읽다보면 왜 호주가 그렇게 미국의 러브콜을 받고 있는지도 짐작이 간다. 미국은 호주를 새 시대의 사우디아라비아로 점 찍은 게 아닐까.

화국 킨샤사의 코발트 광산에는 더 많은 아이 노동자가 투입된다.

경제적 문제도 남아있다. 전 세계 희토류 시장 규모는 7조 원 정도다. 이 시장의 95%를 중국이 지배한다. 여기에 반도체와 앞으로 수십 배 성장할 신재생에너지, 전기차가 올라타 있다. 반도체만 해도 시장 규모가 600조 원이 넘는다. 희귀한 한 줌의 흙에 세계 경제가 올라탄 셈이다.

1970년대까지 석유 공급에 출렁이던 세계 경제는, 산유국이 늘고 결정적으로 미국발 셰일혁명을 겪으며 안정을 찾았다. 사우디아라비아에 미사일이 떨어지면 세계 경제가 하루 이틀은 충격을 받겠지만, 그 이상 휘청거리진 않는다. 반면, 스마트폰이나 전기차에 20~30가지씩 들어가는 희귀금속 중 몇 가지만 병목이 걸려도 애플과 삼성, 테슬라 같은 거대 공룡들의 생산 체계가 삐걱대면서 글로벌 경제를 위태롭게 만든다.

1980년대 들어 서구 사회는 희귀금속 시장을 중국에 완전히 넘겨줬다. 하지만 중국은 그저 돈이나 많이 벌려고 이 시장을 선택한 게 아니다. 1992년에 덩샤오핑鄧小平은 "중동에는 석유가 있고, 중국에는 희토류가 있다"고 말했다. 이미 30여 년 전부터 중국은 희귀금속에 대해 전략자원으로 접근한 것이다.

빅테크의 왕들이 우주를 바라보는 이유

중국의 공산당 하면 궁중암투만 떠올리지만, 사실 덩샤오핑 이래로 대부분의 중국 국가 지도자들은 공학 전공자 출신이다. 장쩌민江澤民은 전기공학, 후진타오胡錦濤는 수리공학, 시진핑習近平은 화학을 전공했다. 총리도 경제학을 전공한 리커창李克強을 빼면 리펑李鵬은 기계학, 주룽지朱鎔基는 전기공학, 원자바오溫家寶는 지질학 등 이공계 출신들이다. 거대한 대륙을 지배해 온 건 공산주의자가 아니라 테크노크라트(technocrat, 기술관료)다.

희귀금속의 잠재력을 알아본 중국은 대외적으로는 수출 쿼터를 줄이며 서구를 압박하고, 내부적으로는 희귀금속 생산에서 첨단 산업으로 밸류 체인을 발전시켰다. 현재 중국은 태양광 설비 세계 1위, 수력과 풍력 발전 투자 세계 1위, 전기차 세계 1위, 신재생에너지 발전량 세계 1위 국가다. 뿐만 아니라 전 세계 2차전지의 80% 이상을 생산한다.

파리 기후협정에 중국이 서명했을 때 '왜?'라는 질문이 뒤따랐다. 굴뚝 산업으로 올라선 중국이 왜 기후 대응에 동참했을까? 이 책에서 저자는 서구 사회가 '중국이라는 용의 아가리에 머리를 들이밀고 있다'고 지적한다. 수치로 보면 결코 과장이 아님을 깨닫게 된다.

서구도 이제 광업을 재개해야 하는 상황이지만, 그게 과연 쉬울까? 프랑스인 저자는 자국의 상황을 전한다. 마크롱Emmanuel Macron 대통령은 몇몇 국내 광산을 가동하려 했지만, 환경단체의 반대에 부딪혔다. 친환경 정책을 추진하기 위해서 오염 산업을 재개해야 하는 게 바로 서구의 딜레마다.

결국 우리 동네의 오염을 줄이기 위해서는 중국이나 아프리카산 희귀금속에 의존하는 방법 밖에 없다. 우리 집의 깨끗한 공기와 탈탄소를 위해 전략 자원과 산업을 중국에 의지해야 하는 게 우리의 현실이다.

유럽과 미국의 신재생에너지 발전 드라이브의 이면에는 중국이나 아프리카의 희귀금속 채굴이 자리잡고 있다. 서울에 전기차가 늘어나면 서울의 대기오염은 줄지만, 화력발전소가 몰려 있는 충청남도의 대기가 더러워진다. 미국 샌프란시스코의 테슬라 차주가 늘어나면 아프리카 콩고민주공화국 킨샤사의 코발트 광산에는 더 많은 아이 노동자가 투입된다(사진).

책을 읽다보면 왜 호주가 그렇게 미국의 러브콜을 받고 있는지 짐작이 간다. 서구에서 그나마 유의미한 희귀금속량을 유지하는 건 미국을 빼면 호주뿐이다. 미국은 호주를 새 시대의 사우디아라비아로 점 찍은 게 아닐까.

왜 억만장자들이 우주로 간다고 요란을 떠는지도 의문이었는데, 이것도 좀 해소됐다. 희귀금속은 지구에서는 희귀하지만, 우주에는 넘쳐나기 때문이다. 소행성 하나만 붙잡아도 지구 매장량의 수백 배를 얻을 수 있다. 전기차를 만드는 일론 머스크나 데이터센터의 왕 제프 베조스^{Jeff Bezos}가 우주에 가지 않으면 안 되는 이유가 있는 것이다. 아주 먼 미래 이야기지만 무시할 수 없는 잠재력이다.

이 책의 저자는 프랑스 대표 진보 저널인 〈르몽드 디플로마티크〉의 기자다. 그의 소속만 놓고 보면 기후변화 부정론자와는 한참 거리가 멀다. 생각건대 우리가 기후위기를 맞은 원인이 '환경오염'이라는 비용을 제대로 계산하지 않고 마구 자원을 낭비한 결과다. 그러면 우리가 추진하는 그린 뉴딜도 그 비용을 제대로 따져봐야 하지 않을까. 전략적 위기와 경제적 의존, 환경오염 문제를 우리는 제대로 인식하고 있는 걸까.

〈프로메테우스의 금속〉
La guerre des metaux rares _원제
기욤 피트롱(Guillaume Pitron) 지음 / 양영란 옮김
갈라파고스 / 2021년 2월 26일

KILLER TEXT

한 줌도 안 되는 광석은 우리가 그토록 올인하는 '그린 뉴딜'의 성패를 좌우한다. 태양광 발전에는 인듐과 갈륨, 풍력 터빈에는 네오디뮴이 필요하다. 전기차 배터리에는 코발트, 리튬, 니켈 등 20여 가지 희귀금속이 들어간다.

억만장자들이 우주로 간다고 요란을 떠는 이유가 여기에 있다. 희귀금속은 지구에서는 희귀하지만 우주에는 넘쳐나기 때문이다. 소행성 하나만 붙잡아도 지구 매장량의 수백 배를 얻을 수 있다.

인류가 여전히
모래성을 쌓는 이유

IT와 디지털에 담긴 모래전쟁의 내막

2022년 낸시 펠로시Nancy Pelosi 당시 미국 하원의장의 대만 방문에 열불이 난 중국이 대만에 수출 금지 조치한 물건이 있다. 화가 잔뜩 나서 대만섬을 가로지르는 미사일까지 쐈으니 얼마나 중요한 물건을 금수 조치했나 싶었다. 그런데 그 주인공이 다름 아닌 '모래'였다. 한쪽에서 '제3차 세계 대전'을 이야기하는 와중에 고작 모래라니.

언뜻 황당해 보이는 '모래 금수 조치'는 의외로 여러 나라에서 시행하고 있다. 그 중 가장 농담 같은 사례는 사우디아라비아가 2003년에 모래 수출을 금지한 일이다. 그 이유는 자국 내에서 쓸 모래가 없어서였다. 국토의 95%가 사막인 나라에서 말이다.

그런데 모래에도 급(級)이 있고 생각보다 귀한 존재다. 발에 치이고 산에 널려 있는 그저 그런 흙이 아니다. 가장 많은 수요가 있는 건설용 모래만 해도 강바닥에서 긁어서 퍼와야 한다. 혹은 바다에서 푼 후 소금기를 빼는 과정을 거쳐야 한다. 사우디아라비아의 사막에 지천으로 깔린 모래는 자격 미달이다. 너무 오랜 세월 서로 부딪히며 깎여 나간 탓에 지나치게 마모됐다. 둥근 구슬처럼 고운 모래알은 단단히 쌓이지 않는다. 건설용 모래로는 실격이다.

금광보다 모래더미

〈모래가 만든 세계〉는 바로 모래를 둘러싼 산업계의 복마전을 다룬 책이다. 요즘은 뭐든 '세계를 바꿨다'고 주장하는 출판물이 쏟아지는 세상이니, 책을 서가에 꽂아 놓고도 손이 가지 않았다.

　하지만 한 광물회사 회장님과 대화를 나누고는 생각이 바뀌었다. 금광 하나와 모래(규사) 광산을 갖고 있다는 이 분은 "둘 중에 어디가 귀할 거 같아요?"라고 물었다. 필자가 "당연히 금광 아닌가요?"라고 답하기도 전에 그는 "모래 광산이에요"라고 했다. 이어 "여기만 제대로 개발하면 삼성전자도 나한테 아쉬운 소리해야 해요"라고 하는 게 아닌가.

　이 자신감의 근원은 IT 사업에서 모래가 차지하는 중요한 위치다. 모래 이야기의 하이라이트가 바로 모래와 반도체의 관계다. 우리가 쓰는 거의 모든 IT 제품에는 반도체가 들어간다. 이 반도체의 원료는 초고순도 석영이고 이 석영을 뽑아내는 근원이 바로 모래다. '실리콘밸리'의 실리콘이 바로 모래에서 출발한다.

　반도체를 만드는데 쓰이는 모래는 그 출신부터 특별하다. 애초에 석영 비

율이 99.9%가 넘는 고순도 모래를 선별해 최첨단 가공을 거친 후에야 반도체로 만들 수 있다. 99%도 부족해 99.9999……%의 순도로 만든다. 이렇게 초고순도로 가공하는 게 가능한 모래는 나는 곳도 많지 않고, 그 값어치도 상상을 초월한다.

그 정점에 '도가니'가 있다. 모래에서 뽑은 실리콘을 일단 솥에 넣고 끓여야 작업을 시작할 수 있다. 그런데 이 도가니가 중요하다. 엄청난 열을 견디는 건 기본이고 실리콘에 티끌 하나도 들어가지 않을 만큼 순수한 도가니가 필요하다. 그 원료가 바로 초고순도 석영이다.

이 귀하신 몸이 나는 곳이 또 미국에 있다고 한다. 책은 '스프루스 파인(Spruce Pine)'이라는 미국의 작은 동네에서 전 세계에 유통되는 이 도가니용 초고순도 석영을 거의 독점 판매한다고 말한다. '대체 이 나라에는 없는 게 뭘까?'하는 허탈함이 생기는 대목이다.

방구석에서 컴퓨터로 온라인 게임을 하든, 헤드셋을 끼고 가상현실로 떠나든 간에 우리는 여전히 모래로 쌓은 세상에서 살고 있다. 이런 정보를 쌓아둔 곳이 데이터센터다. 데이터센터를 가득 메운 서버와 그 안에 든 반도체는 결국 모래로 만들어졌다. 인류는 여전히 모래(콘크리트)로 지은 집에 살고, 모래로 지은 디지털을 누린다.

세상만사를 통달한 듯한 '챗GPT' 같은 초거대 AI도 모래로 지은 집이 필요하다. 훨씬 규모도 크고, 전기도 잘 들어오는 아파트인 데이터센터에 산다는 차이만 있다. 우리는 그저 모니터(여기에도 모래가 들어간다)를 볼 뿐이지만, 그 뒷단에는 이런 큰 모래로 만든 집에 사는 AI가 있는 셈이다.

인류의 먹성은 이 모래까지도 게걸스럽게 먹어치우고 있다. 아시아와 아프리카의 급격한 도시화로 매년 수억 톤의 모래가 강바닥에서 사라지고 있고, 고순도 모래도 값이 널뛰고 있다. 이를 노리고 동남아시아나 인도 같은 곳에서는 지역 관리와 짠 카르텔까지 성행하고 있다. '물은 자원이다'라는 슬로건이 이제 익숙해졌는데, 앞으로는 '모래가 자원이다'라는 구호가 눈에 익을지도 모르겠다.

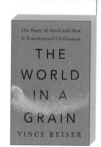

<모래가 만든 세계>
The World in a Grain _ 원제
빈스 베이저(Vince Beiser) 지음 / 배상규 옮김
까치(까치글방) / 2019년 10월 17일

반도체를 만드는데 쓰는 모래는 그 출신부터 특별하다. 애초에 석영 비율이 99.9%가 넘는 고순도 모래를 선별해 최첨단 가공을 거친 후에야 반도체로 만들 수 있다. 초고순도로 가공하는 게 가능한 모래는 나는 곳도 많지 않고, 그 값어치도 상상을 초월한다. 그 정점에 '도가니'가 있다. 모래에서 뽑은 실리콘을 일단 솥에 넣고 끓여야 작업을 시작할 수 있다. 그런데 이 도가니가 중요하다. 엄청난 열을 견디는 건 기본이고 실리콘에 티끌 하나도 들어가지 않을 만큼 순수한 도가니가 필요하다. 그 원료가 바로 초고순도 석영이다. 스프루스 파인이라는 미국의 작은 마을에서 전 세계에 유통되는 이 도가니용 초고순도 석영을 거의 독점 판매한다. 사진은 스프루스 파인에 소재한 거대한 석영 기둥.

KILLER TEXT

방구석에서 컴퓨터로 온라인 게임을 하든,
헤드셋을 끼고 가상현실로 떠나든
우리는 여전히 모래로 쌓은 세상에서 살고 있다.
이런 정보를 쌓아둔 곳이 데이터센터다.
데이터센터를 가득 메운 서버와
그 안에 든 반도체는 결국 모래로 만들어졌다.
인류는 모래(콘크리트)로 지은 집에 살고,
모래로 지은 디지털을 누리는 존재다.

트럼프의
족보를 찾아서

광신도와 호구가 만든 미국의 기묘한 역사

기이한 사람이 하나면 '사건'이지만 여럿이면 '현상'이다. 트럼프가 대통령에 당선됐을 때 많은 외국인이 '미국이 이랬던 적은 없다'고 절규했지만, 착각이다. 이를테면 '트럼프'는 개인이 아니라 현상이고, 미국 역사의 매 순간마다 있어왔다. 미국이 그럴 리가 없다고 믿는 게 정신 건강에 좋을지, 원래 그렇다는 게 위로가 될지는 모르겠다.

〈판타지랜드〉는 지난 2021년 1월, 미국 국회의사당에 난입해 의장석에서 사자 가죽을 뒤집어쓰고 셀피 찍은 양반들의 조상을 추적하는 책이다. 트럼피즘(Trumpism, 트럼프주의)의 조상을 찾는다며 닉슨^{Richard Nixon}의 1970년대도 아니고 무려 500년 전으로 거슬러 올라간다. 2020년 미국 대선 직전에 방송에서 소개한 책인데, 대선이 끝나고 불과 몇 달 만에 다시 꺼내들게 할 만한 일이 생길 줄 몰랐다. 미국답다. 참 다이내믹한 나라다.

이 책은 그보다 앞선 2016년 대선에서 도널드 트럼프Donald Trump의 당선에 충격을 받은 저널리스트 커트 앤더슨Kurt Andersen이 썼다. 두께가 700쪽짜리 벽돌 책인데, 읽다 보면 방대한 내용에 압도돼 저자가 '칼을 갈았구나'하는 생각이 든다. 기본적으로 미국 민주당에 호의적인 리버럴(liberal) 지식인의 시각이지만, 그만큼 반대편인 미국의 절반을 신랄하게 해부했다.

미국은 어떻게 미쳐왔는가

책의 첫 장 제목은 '신교도들'이다. 프랑스 철학자 데카르트René Descartes의 말을 꼬아 '나는 믿는다, 고로 옳다'고 그들의 생각을 축약한다. 뒷 장에는 금광이 있다는 얘기에 속아 미국에 온 이민자가 등장한다. 저자는 이 둘이 바로 오늘의 미국을 만든 사람이자 주류라고 지목한다. 표현을 그대로 옮기면 미국을 '광신도와 호구가 만든 나라'라고 부른다. 트럼프 당선에 화가 단단히 난 저자의 심경이 드러나는 거친 평가다. 이 책 원서의 표지에는 '어떻게 미국은 미쳐왔는가(How America went haywire)'라는 헤드카피가 제호만큼 비중 있게 박혀있다.

한국에서는 복음주의자를 그저 트럼프의 여러 지지 집단 가운데 하나로 알고 있다. 하지만 저자는 미국의 건국 이전부터 자리 잡은 신교도의 특징이 오늘날 트럼프 지지자가 공유하는 정체성이라고 말한다.

신교는 교황의 권위를 거부하면서 갈라져 나왔다. 만인사제설을 신봉한다. "신과 교감하기 위해 사제를 거칠 필요는 없다", "신실한 마음으로 성경을 해석한다면 그게 옳다", "옳다는 건 신자라면 '느낄' 수 있다." 미국식 반엘리트주의 · 반권위주의 · 개인주의의 뿌리다.

여기에 쇼 비즈니스가 추가된다. 1801년 켄터키주 케인리지시의 한 교회에서 장로교, 침례교, 감리교 목사들이 돌아가면서 설교하는 대규모 행사가 열렸다. 하루 종일 설교가 이어졌고, 인구 1천여 명의 도시에 약 2만 명이 찾아왔다. 느낌을 받은 '평신도 설교자'가 마음껏 설교하고 다시 격렬한 반응이 이어졌다. 이런 행사가 일주일동안 이어졌다.

행사는 미국 전역에 걸쳐 유행했고, 여기서 수많은 '스타 목사'가 탄생했다. 개인의 강력한 카리스마로 대중을 사로잡고, 얼마 후에는 새로운 종파를 만들면서 미국적인 개신교가 성장했다. 여기에 미국식 경쟁 시스템이 가세해 자신들이 더 열정적이라고 주장하는 새 종파가 잇따라 등장했다.

개인의 해석권과 믿음을 존중하는 신교의 특징은 신념 체계도 바꿨다. '내

한국에서는 복음주의자를 그저 트럼프의 여러 지지 집단 가운데 하나로 알고 있다. 하지만 저자는 미국의 건국 이전부터 자리 잡은 신교도의 특징이 오늘날 트럼프 지지자들이 공유하는 정체성이라고 말한다. 같은 맥락에서 미국의 미래에 제2의 트럼프, 제3의 트럼프가 끊임없이 등장할 수 있는 것이다. 트럼프 한 사람이 문제라면 '사건'이지만, 여럿이면 '현상'인 이유다. 이미지는 2018년 10월 18일자 〈타임지〉 표지.

가 무언가를 진리라 생각한다면 그 이유나 객관적 타당성 여부와 상관없이 그것은 진리이고, 그 어느 누구도 나에게 네 생각이 틀렸다고 말할 수 없다'는 미국적인 아이디어다.

1960년대도 분기점이었다. '히피'가 등장했다. 히피는 극좌로 분류하지만, 미국적 특성은 좌우를 가리지 않는다. 히피족은 '정신이상'이란 표현을 거부한다. 히피족에 영향을 준 로널드 랭Ronald D. Laing과 토머스 사스Thomas Szasz 같은 정신의학자들은 정신병을 가리켜 '사실이 아닌 의견'이라고 말했다.

히피는 '과학은 사람들을 억압하려는 엘리트의 전제적 음모'라는 주장을 퍼트렸다. 백신음모론자나 평평지구론자(지구가 구체가 아닌 평면이라고 믿는 음모론자)나 기후변화 부정론자가 들으면 끄덕끄덕할 얘기다. 지금도 유행하는 '현대적' 음모론의 대부분은 히피이즘이 유행하던 시절인 1970년대에서 비롯했다.

지금도 들으면 기가 막히는 얘기가 이른바 피자게이트다. 힐러리 클린턴 Hillary Clinton 등 딥스테이트(Deep-State)* 인사들이 피자가게에 아이들을 숨겨놓고 악마 숭배 의식에 제물로 바친다는 음모론이다. 이게 무슨 소리인가 했는데, 1980년대 미국을 강타한 악마 숭배 '~카더라'의 잔재라는 걸 이 책을 읽으며 알게 됐다.

지난 대선에서 트럼프는 미국인 7000만 명의 선택을 받았지만 재선에 실패했다. 이로써 대통령 트럼프는 일단 끝났지만, 그의 지지자는 여전히 많고

---

* 권위주의 국가에서 암약하는 군부 세력이나 정보기관 등 민주주의 제도 밖의 숨은 권력 집단을 뜻한다. 지난 2017년경 트럼프 미국 대통령이 오바마 전 대통령 지지 세력으로부터 대선 기간에 도청을 당했다고 주장하자, 한 극우 성향 매체가 이를 가리켜 '딥스테이트 게이트'라고 보도하기도 했다.

사라지지 않을 것이다. 이들은 연방정부가 자신들을 노예로 만들려 한다며 자동소총을 산다. 심지어 1995년에는 오클라호마주 연방정부청사를 폭파했다. 다윗교와 정부가 교전한 '웨이코 참사'*는 이들에게는 개인주의자의 성전으로 추앙 받기도 한다. 국회의사당 침입 난동은 이렇게 유서가 깊은 사건이다.

자기 자신에 대한 강한 확신을 '자유'라며 정당성을 부여하는 건 미국인하면 떠오르는 이미지 중 하나다. 책을 읽으면 어쩌면 이 별종들이 미국의 주류가 아닌가 싶기도 하다. 트럼프는 미국의 일탈이 아니다. 미국에서 벌어져온 일련의 사태는 미국이라는 특성을 감안하며 그저 담담하게 받아들여야 할지, 아니면 암울한 전망의 근거로 삼아야 할지 헷갈리는 이유다.

<판타지랜드>
Fantasyland _원제
커트 앤더슨(Kurt Andersen) 지음 / 정혜윤 옮김
세종서적 / 2018년 7월 4일

---

* 1993년 2월 28일에서 4월 19일 사이 미합중국 연방정부와 텍사스 주정부가 신흥종교 다윗교의 농성을 무력 진압한 사건이다. 재림교에서 갈라져 나온 다윗교의 추종자들은 텍사스주 웨이코시 외곽 목장에서 집단생활을 이어갔다. '무기법' 위반 등으로 주정부 경찰까지 가세하자 상황이 심각해졌고, 대치 과정에서 장기농성 중인 목장 건물에 화재가 발생해 신도 76명이 목숨을 잃었다. 연방정부는 신도들이 방화한 것으로 결론을 내렸지만, 과잉 진압에 대한 논란은 가라앉지 않았다. 사건이 있은 지 2년 뒤 오클라호마시티 폭탄 테러를 일으킨 주동자는 범행 동기로 웨이코 참사를 언급했다.

KILLER TEXT

기이한 사람이 하나면 '사건'이지만 여럿이면 '현상'이다. 이를테면 '트럼프'는 개인이 아니라 현상이고, 미국 역사의 매 순간마다 있어왔다. 트럼피즘의 조상을 찾아 무려 500년 전으로 거슬러 올라가면 거기에 신교도가 있다. 개인의 해석권과 믿음을 존중하는 신교의 특징은 신념 체계도 바꿨다. '내가 무언가를 진리라 생각한다면 그 이유나 객관적 타당성 여부와 상관없이 그것은 진리이고, 그 어느 누구도 나에게 네 생각이 틀렸다고 말할 수 없다'는 미국적인 아이디어다.

공짜 세계화의 종말

화양연화의 끝자락에서 추는 라스트 댄스

러시아의 우크라이나 침공 이후 독일의 1년을 한 단어로 말하면 '수모'다. 메르켈Angela Merkel 총리 시절 유럽을 넘어 서방의 리더로 추앙 받던 독일은 온데 간데없다. 미국과 더 얄미운 영국이 나서서 윽박지르고, 프랑스는 뒤에서 구시렁거린다. 심지어 폴란드한테도 노골적 압박을 받는 신세다.

독일이 이런 꼴을 당한 건 러시아와 아름다운 관계라는 지나간 밤의 끝을 놓지 못한 탓이다. 달콤한 러시아산 가스가 영원할 거라 믿고 '비용 없는' 꿀 단지에 취한 결과다. 독일의 리더십이란, 자력이 아닌 러시아산 가스와 미국산 공짜 국방에 기댄 허상이었다.

독일이 겪은 난리는 전후 세계화가 70년 만에 '무료 체험 기간'이 끝났다는 신호다. 이 체제에서 가장 큰 수혜를 누린 건 어디 가서 명함도 내밀지 못하던 패전국과 받아주는 곳 하나 없는 전후 신생국들이다. 전 세계 어디든 해상 안전이 공짜로 지켜졌고 세계 최대 소비국인 미국이 문을 열었다. 열심히 만들고 팔기만 하면 성공으로 갈 길이 열렸다.

비용 없는 꿀단지 속에 더 이상 꿀은 없다

제2차 세계 대전이 끝나고 일어난 일은 이례적이었다. 자기들끼리 치고 박느라 거덜 난 이 구대륙(유럽) 사절들은 잔뜩 주눅이 든 채 새로운 초강대국 앞에 모였다. 하지만 미국은 시장을 열고 유럽을 재건하는 카드를 꺼냈다. 패전국인지 승전국인지 분간하기 힘든 조건이다. 이때까지 승전국은 상대의 시장과 원자재를 빼앗고 고립시켰다. 그런데 미국은 오히려 세계의 시장을 열고 재건을 도왔다.

> "앞으로는 지금까지 누린 것을 그대로 누리려고만 해도 비용을 내야 한다."

셰일혁명 이후 여러 차례 '세계에 흥미를 잃은 미국'을 이야기 해온 피터 자이한Peter Zeihan이 그의 저서 〈붕괴하는 세계와 인구학〉에서 재차 강조하는 말이다. 우리가 알던 룰이 바뀌었다. 가장 큰 변화는 '공짜' 세계화가 끝나간다는 것이다. 아시아를 중심으로 넘쳤던 젊은 피가 사라지고 세계가 늙어가고 있다. 또한 기후위기로 기존의 에너지 정책도 다시 써야한다. 저자는 우리가 알던 세계는 확실히 끝났다고 선언한다.

　상황이 변했고 따라서 세계의 규칙도 바뀌고 있다. 이에 맞춰 '주식회사 미국' 그룹의 구조조정이 시작됐다. 돌아보니 본사 직원들은 아우성이고 자회사 지원에 허리가 휘는데다, 심지어 본사를 이겨먹겠다고 하는 거 아닌가.

'공짜 세계화'의 끝자락에서 독일의 리더십이란, 자력이 아닌 러시아산 가스와 미국산 공짜 국방에 기댄 허상이었다. 러시아-우크라이나 전쟁으로 독일이 겪은 수모는 제2차 세계 대전 이후 70년 만에 '세계화의 무료 체험 기간'이 끝났음을 의미한다. 이미지는 유럽 주둔 미 공군 본부의 핵심 거점인 독일 카이저슬라우테른에 위치한 람슈타인 기지.

지극히 미국인의 시각에서 말이다. '아무도 적이 없는 세상'의 대차대조표가 신통치 않다는 게 미국의 불만이다.

몇몇 계열사는 쫓겨나거나 알아서 살 길을 찾아가고 있다. 석유를 납품하던 사우디아라비아라는 자회사가 대표적이다. 여기는 자영업을 할 자신이 있으니 터덜터덜 걸어 나가고 있다. 남은 회사는 고민이다. 그룹에 남아야 할까. 남아야 한다면 어떤 역할을 맡아야 할까.

일단 남으려면 이제 공짜는 없다. 호주처럼 자원 기지가 되든지, 폴란드처럼 최전선 보루가 되든지, 일본처럼 바다를 나눠 지키든지. 호주는 왜 수십억 달러를 들여 핵잠수함을 사려할까. 뉴질랜드는 왜 비핵 원칙 포기를 고민할까. 스웨덴은 왜 중립을 그만뒀을까.

이제는 본사에 보낼 수표에 얼마를 써서 넣을지 정하고, 각각의 역할에 대한 프레젠테이션을 준비할 시간이다.

독일의 난처한 모습에서 보듯 지금 정세는 좋은 시절의 추억에 잠겨 '가만히만 있으면 중간은 간다'고 믿던 때와 다르다. 자리를 비우고 한가하게 담배 한 대 피우러 나가던 느슨한 분위기는 사라지고 다들 무언가 하느라 분주하다.

한국은 이제 대리도 아니고 임원이다. 나가서 치킨집을 차릴지 책임지고 이끌 신사업 구상을 내놓을지 정해야 한다. 더 이상 사원처럼 숨어선 자리를 지키기 어렵다.

페르시아만에서 울산까지 원유가 무사히 오고, 삼성전자의 반도체가 공평한 관세를 치르고 팔리는 '상식'은 유효 기간이 다해간다. 부정해봐야 우크라이나 침공이라는 졸업식을 치르고도 교복을 입고 다니는 꼴이다. 이란과 사우디아라비아가 포옹을 하는 현실에서 무슨 일이든 일어나지 않을 게 없다.

몇 년 전까지 저자의 주장은 '이단아'의 주장일 뿐이었다. 하지만 시간은 그의 주장에 무게를 싣고 있다. 저자는 여러 차례 한국의 약점을 꼬집었다. 가장 많은 수혜를 누린 세계화는 저물어 가고, 고령화 속도는 세계 최고다. 그럼에도 우리는 적응에 애를 먹고 있다. 한국은 근대화 시점에 역사의 허리가 끊겼다. 그 바람에 정부 수립 이후의 역사가 '특수'가 아닌 '당연한' 세계라 생각한다. 이 독특한 세월이 끝나간다는 생각을 받아들이기 힘들다.

'적과 타협을 권하는 자가 배신자'인 세계에서 경제와 안보의 과실을 미국과 중국에서 동시에 누리는 게 점차 힘들어진다. 탈탄소 시대에 화력발전소가 '좌초 자산'이 된 것처럼, 기존의 문법으로 구성해온 대외 관계도 냉정하게 가치평가를 해야 할 때다. 우리가 변한 게 아니라 세계가 변했다. 달콤했던 시대의 화양연화가 끝나고 있다.

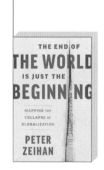

<붕괴하는 세계와 인구학>
The End of the World Is Just the Beginning _ 원제
피터 자이한(Peter Zeihan) 지음 / 홍지수 옮김
김앤김북스 / 2023년 1월 19일

KILLER TEXT

우리가 알던 룰이 바뀌었다.
가장 큰 변화는
'공짜' 세계화가 끝나간다는 것이다.
상황이 변했고 세계의 규칙도 바뀌고 있다.
'주식회사 미국' 그룹의 구조조정이 시작됐다.
미국의 계열사로 남으려면 더 이상 공짜는 없다.
호주처럼 자원 기지가 되든지,
폴란드처럼 최전선 보루가 되든지,
일본처럼 바다를 나눠 지키든지.
이제는 본사 미국에 보낼 수표에
얼마를 써서 낼지 정할 시간이다.

'아베'라는 맥거핀*

피살되고도 살아있는 한 정치인에 대한 단상

아베^{安倍晋三}가 죽었다. 그것도 백주대낮에 총에 맞아서. 총기의 나라 미국도 아닌 일본에서 말이다. 대체역사물의 도입부 같은 사건이었다. 한국과의 질긴 악연으로 한국인의 뇌리에 박힌 이 일본 정치인은 떠날 때도 강렬했다. 아베 신조라는 정치인은 등장부터 퇴장까지 '문제적'이었다.

한국에서 기억하는 아베의 등장은 '이변(異變)'이다. 2006년 이후 6년 동안 6명의 총리가 바뀌던 혼란을 끝내고 아베 정권(집권 2기)이 들어섰다. 혼란과 무기력함, 일본 정치를 두 이미지로 기억하는 한국인들이 볼 때 강경 드라이브로 일관한 아베 정권은 돌출적인 정권이었다. 그동안의 일본 정치와 거리

---

* 영화에서 중요한 요소처럼 등장하지만 실제로는 줄거리에 영향을 미치지 않는 극적 장치를 뜻한다. 복선(伏線)에 반대되는 개념이다. 프랑스 영화감독 프랑수아 트뤼포(Francois Truffaut)가 다큐멘터리 영화 〈히치콕과의 대화〉에서 앨프레드 히치콕(Alfred Hitchcock)이 사용해온 맥거핀 효과를 소개하면서 유명해졌다.

가 있는 '일본의 일탈'이란 시각이다.

그런데 도쿄에서 30년간 정치학을 가르친 한 한국인 학자의 생각은 다르다. 그는 〈도쿄 30년, 일본 정치를 꿰뚫다〉란 책에서 아베 정권은 일탈이 아니라고 했다. 오히려 일관되게 일본이 지향해 온 흐름 위에 서있던 정권이라고 주장한다. 그의 주장이 맞다면, 아베라는 인물이 사라졌다고 해서 일본의 급격한 변화(한국의 관점에서 '정상화')가 이뤄진다고 생각하는 건 섣부르다.

한국의 눈엔 '일탈적', 일본 정치의 관점에선 '정상적'

저자에 따르면 아베 정권은 2001년 고이즈미小泉 純一郎 전 총리가 깔아놓은 철로 위를 달렸다. 이미 2000년대 초부터 아베식 정치의 토대가 차곡차곡 쌓였던 것이다. 그 토대는 ① 자민당 내 파벌 균형의 붕괴, ② 내각 통솔력의 비약적인 강화, ③ 당내 인사권 장악으로 이뤄졌다. 고이즈미 전 총리가 집권한 6년 동안 완성한 결과물이다.

아베는 고이즈미 전 총리가 키워낸 후계자다. 고이즈미는 보통 9선 이상 의원이 맡는 간사장(사무총장 격)을 3선인 아베에게 맡기더니 2년 후에는 내각 2인자인 관방장관으로 세운다. 이후에는 총리 자리를 물려줘 최연소이자 최초의 전후 세대 수상으로 만들었다.

이런 연원(淵源)을 따라가다 보면, 아베 정권의 뿌리가 2001년 집권한 고이즈미 정권까지 올라간다는 걸 알게 된다. 중간에 민주당으로 정권이 넘어가는 사건도 있었지만, 전체적으로 거의 20년 가까이 큰 궤적을 그리며 착실하

일본은 개헌을 위한 작업을 착실하게 이뤄왔다. 다국적군을 지원하기 위해 자위대를 파병할 수 있도록 한 '테러 특별 조치법'이 통과된 게 2001년이다. 이후 국제적 분쟁이 있을 때마다 일본은 조금씩 파병 영역을 넓혀왔다. 이 움직임이 2014년에는 집단적 자위권을 인정한 '해석 개헌'으로 이어졌다. 시간의 지평을 넓혀보면 아베 내각은 '급변'이 아니라 (그들의 기준에 따르면) 정속주행하고 있는 셈이다.

게 달려왔다. 이렇게 달려온 자민당의 지향점은 명확하다고 말한다. 바로 개헌이다.

개헌을 위한 작업도 착실하게 이뤄져왔다. 다국적군을 지원하기 위해 자위대를 파병할 수 있도록 한 '테러 특별 조치법'이 통과된 게 2001년이다. 이후 국제적 분쟁이 있을 때마다 일본은 조금씩 파병 영역을 넓혀왔다. 이 움직임이 2014년에는 집단적 자위권을 인정한 '해석 개헌'으로 이어졌다. 후속 조치로 2015년 '안보법안'이 입법됐다.

시간의 지평을 넓혀보면 아베 내각은 '급변'이 아니라 (그들의 기준에 따르면) 정속주행하고 있던 셈이다. 아베 정권에 대한 부정적인 평가를 내리면서도 저자는 일본의 개헌이 현실화할 가능성은 여전히 높다고 평가한다. 30여 년 전 그가 처음 일본에 갔을 때, 일부 극단세력의 주장에 불과했던 개헌이 이제는 여론의 찬반이 비등한 수준까지 올라섰다는 것이다. 단순히 아베라는 문제적 인물이 만든 변화로 보기 어려운 큰 흐름이다.

아베 전 총리 암살 전에 쓰여진 이 책에서 저자는 아베가 권력을 잃을 가능성을 낮게 평가했다. 비록 이후 기시다岸田文雄 총리에게 정권을 내줬지만, 머지않아 다시 총리에 오를 것이라는 전망이 지배적이었다. 저자는 자민당 내에서 아베에게 반기를 들 세력이 없다고 평가했다. 아베가 사라진다 해도, 아베파는 남아있으며 총리가 바뀌어도 '총리 교체'일 뿐 '정권 교체'는 아니라는 지적이다.

우리는 사람을 주목한다. 정치인이 뱉는 말과 그의 행동을 보며 그 나라의 방향을 가늠한다. 하지만 오랫동안 가까이서 일본을 지켜본 저자는 무대 뒤에 있는 구조를 가리킨다. 그들이 달려온 경로와 쌓아온 토대를 이해해야 진짜 목적지를 알 수 있다. 한 사람의 발언이나 돌출하는 사건에만 매몰되면 안 되는 이유다.

아베는 사라졌다. 하지만 그가 걸어온 선로는 남아있다. 그도 앞서간 정치인이 깔아둔 선로에서 일본을 끌고 간 한 등장인물에 그칠지도 모른다. 아베라는 '맥거핀'에 눈길을 뺏긴 사이에 우리가 놓친 건 무엇일까? 필름을 되감아볼 때다.

<도쿄 30년, 일본 정치를 꿰뚫다>
이헌모 지음
효형출판 / 2018년 10월 20일

아베는 사라졌다. 하지만 그가 걸어온 선로는 남아있다. 그도 앞서간 정치인이 깔아둔 선로에서 일본을 끌고 간 한 등장인물에 그칠지도 모른다. 아베라는 '맥거핀'에 눈길을 뺏긴 사이에 우리가 놓친 건 무엇일까? 필름을 되감아볼 때다.

KILLER TEXT

우리는 사람을 주목한다.
정치인이 뱉는 말과 그의 행동을 보며
그 나라의 방향을 가늠한다.
하지만 사람에 눈이 팔린 나머지
무대 뒤에 있는 구조를 간과하는 건
애석한 일이다.
그들이 달려온 경로와 쌓아온 토대를 이해해야
진짜 목적지를 알 수 있다.
한 사람의 발언이나 돌출하는 사건에만
매몰되면 안 되는 이유다.

일본은 어떻게
중국을 닮아갔는가

1000년 전 '차이나 스탠더드'의 데자뷰

책을 읽으면서 '살면서 처음 듣는 얘기'를 접하는 일은 흔치 않다. 읽고도 무슨 말인지 모를 양자물리학도 아니고 사회과학 분야는 더 그렇다. 학교 혹은 미디어 같은 데서 들어본 내용이 있기 마련이다. 그런데 〈중국화 하는 일본〉은 중국과 일본이라는 익숙한 주제를 가지고 생경한 이야기를 한다.

제목부터 이상하다. 한국에 번역되는 일본인 저자 특유의 기발하지만 내실은 없는 종류의 책인가 해서 읽기를 꺼렸는데, 늦게 읽은 게 후회된다. 30대 사학자가 강의안을 묶어 만든 캐주얼한 책이지만, 몇 년 새 읽은 책 가운데 가장 인상 깊다.

요즘 관심을 기울일 수밖에 없는 이슈 가운데 하나는 중국의 부상이다. 그게 언제부터 나온 얘기인데 지금 고민하느냐고 할 수 있는데, 문제는 그동안 '중국 저러다 망한다'고 했던 얘기가 무색해진 데 있다. 서구에서는 권위주의와 경제 성장은 양립불가능하다고 얘기해왔다. 하지만 지금도 중국은 꾸준히 성장하고 있고, 심지어 코로나19를 거치면서도 경제 성장을 이어가고 있다. 여러 비관론이 제기되고 있지만, 중국의 저력은 무시할 수 없는 게 현실이다.

21세기 중국이 외치는 '굴기'의 기원

중국의 현재가 '서구식 자본주의 발전 경로'라는 틀로 설명이 안 되면 새로운 틀이 필요하다. 이 책이 말하는 '중국화'가 바로 그 틀이다. '중국화'라고 하면 대게는 기분 나쁜 인상을 받는다. 여기서 말하는 중국화는 정확히 말하면 '송(宋)나라화'다. 1000년 전 중국 왕조, 그 송나라다.

저자는, 중국은 '서구화'하는 게 아니라 1000년 전 시작한 '송나라화'를 다시 가열차게 하고 있을 뿐이라고 주장한다. 근대의 기틀을 닦은 근세(近世)가 15세기 유럽이 아니라 9세기 송나라에서 시작됐다는 '송 근세설'이다. 이 관점으로 보면 중국이 외치는 '굴기(倔起)'가 미스터리하지 않다. 경로이탈에서 제자리를 찾아가는 자연스러운 일이 된다.

1000년 전 송나라에서 근세가 시작됐다고? 이는 젊은 재야 사학자가 한 얘기가 아니라 1920년대 일본의 석학 나이토 고난内藤湖南이 한 말이다. 그러니까 이 책 〈중국화 하는 일본〉은 100년 전 나온 송 근세설을 가져와서 최근 동북아의 정세를 살짝 풀어냈을 뿐이다.

송나라화의 핵심은 '귀족제도를 폐지하고 황제 전제정치를 시작한 것'이다. 저자는 송나라 때 귀족제가 폐지됐다고 말한다. 완전히 사라진 건 아니고 본격 도입한 과거제로 선발한 관료에 의한 통치로 대체 됐다고 말한다.

한국은 조선사 500년 경험이 있어 과거제도를 당연하게 생각하지만, 당시 송나라 입장에서는 매우 혁신적인 일이었다. 1억 명에 달하는 인구가 통일된 지식 체계를 공부하고, 시험을 거쳐서 권력을 얻어낸 거니까. 그것도 무려 1000년 전에 말이다.

지방으로 발령 받은 중앙 관료가 귀족(=호족)의 권력을 제압하면서 국가 시스템이 확립된다. 즉, 황제 빼곤 모두가 (상대적으로) 대등하게 경쟁을 할 수 있게 된 것이다. 개작두로 호족의 망나니 아들의 목을 뎅강뎅강 하던 판관 포청천이 바로 송나라 관료다. 저자는, 중국이 송나라 때부터 계급제가 폐지됐다고 주장한다. 파격적이다.

화폐경제도 이때 시작됐다. 세계 최초의 지폐가 사용됐고, 화폐 공급이 경제를 따라가지 못하자 신용 화폐인 어음까지 등장했다. 화폐경제는 국가가 나서서 권장했는데 세금을 물납(物納)이 아닌 돈으로 받기 시작한 게 결정적이다. 1000년 전에 말이다. 지금이야 세금을 화폐로 내는 게 당연하지만, 세계사를 보면 쌀 같은 현물로 내는 게 대부분 아니었던가.

송나라는 중앙 권력이 강했지만, 민간의 자유로운 활동은 풀어놨다. 봉건제에서 농민은 귀족의 '재산'이기 때문에 마음대로 이동할 수 없었다. 송나라에서는 그럴 필요가 없어지니 농민 입장에선 "어라, 쌀을 팔면 돈이 생기네. 그럼 다른 도시로 가서 사고팔아 볼까"하는 생각이 든다. 화폐경제와 이동의 자유가 만나면서 상업은 폭발적으로 성장한다.

강한 통제력을 갖고 있지만, 민간의 자유로운 활동은 보장하는 정부. 이거 익숙하다. 신자유주의의 모토다. 저자는 오늘날 유행하는 신자유주의가 미국

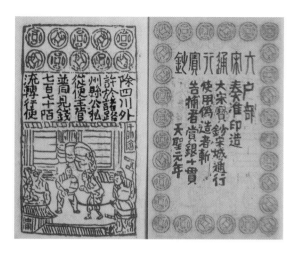

10세기 말경 송나라 상인들 사이에서 예탁증서 형태인 교자(交子, 사진)가 사용되었는데, 이것이 세계 최초의 지폐로 알려져 있다. 공식적인 지폐의 발행은 1170년 남송(南宋)시대부터다. 화폐경제는 국가가 나서서 권장했는데, 세금을 물납(物納)이 아닌 돈으로 받기 시작한 게 결정적이다. 아울러 상업이 발달하면서 유통 화폐의 수요도 팽창했다.

과 영국이 만든 게 아니라 1970년대에 미국과 영국 그리고 중국이 '공동 (재) 발명'한 상품이라고 주장한다. 덩샤오핑鄧小平이 개혁 · 개방을 선언한 해가 언젠가 하면, 1979년이다. 이쯤 되면 동의 여부를 떠나 저자의 '빌드 업'에 무릎을 친다.

물론 의아한 점도 많다. 일단 '송 근세설'부터가 그저 여러 학설 중 하나일 뿐이다. 저자는 명나라 빼고는 대체로 중국 왕조가 송나라 모델에 따라 융성했다고 설명하는데, 청나라가 무너진 이유에 대한 설명이 빈약하다. '중국은 이미 근세에 도달했기 때문에 서구식 산업화에 대한 유인이 적었다'고 하는데 별로 설득력이 없다. 너무 번영한 결과 생긴 인구 과잉 탓이라는 설명도 명쾌하지 않다.

이 책은 현대 사회의 지분 100%를 서구가 갖고 있다는 오늘날 상식에 이의를 제기한다. 전후 서구를 따라 잡은 건 전 세계에서 오로지 동아시아뿐이다. 정확히는 한국과 중국, 일본, 대만만 유의미하다. 미국의 경제학자 브랑코 밀라노비치[Branko Milanovic] 교수는 동아시아의 소득 수준이 결국 서구에 수렴할 거라고 예상했다.

그럼 동아시아의 역사 경로에도 '뭔가 있다'고 생각하는 게 합리적이다. 이런 관점에서 경제 성장은 반드시 서구식 민주주의와 함께 가야 한다는 얘기도 설득력이 떨어진다. 이 가능성을 상정해야 국제 사회의 정세 파악이 가능하다. 성조기를 흔드는 극우파 시위대가 '중공 해체'를 부르짖는 사이에, 정작 의회가 군중에게 짓밟힌 게 미국의 민망한 오늘 아닌가.

이미 지나간 자유주의 질서의 세계는 인류사를 놓고 보면 잠깐 지나간 꿈 같은 시간이다. 트럼프[Donald Trump]가 중국을 박살낼 거라며 기우제를 지낸 게 불과 몇 년 전 일이다. 트럼프는 그런 '바람'의 샤먼 역할을 했을 뿐이지만, 미국의 대중 무역적자는 여전한 게 현실이다.

기우제의 분위기에 찬물을 끼얹어도 불쾌할 필요는 없다. 오히려 동아시아의 자체적인 발전 모델이 있다면, 한국 입장에선 여전히 기회가 있다는 의미다. 원화가 달러보다 위안화에 연동된 현실이 보여주듯, 아시아의 성장은 한국에도 기회가 될 수 있다. 물론 미국과 중국 틈바구니에서 지정학적 고민은 커지겠지만.

<중국화 하는 일본>
中國化する日本 _ 원제
요나하 준(與那覇 潤) 지음 / 최종길 옮김
페이퍼로드 / 2013년 7월 17일

KILLER TEXT

중국은 '서구화'하는 게 아니라
1000년 전 시작한 '송나라화'를
다시 가열차게 하고 있을 뿐이다.
근대의 기틀을 닦은 근세가 15세기 유럽이 아니라
9세기 송나라에서 시작됐다는 '송 근세설'이다.
이 관점으로 보면,
중국이 외치는 '굴기'가 미스터리하지 않다.
경로이탈에서 제자리를 찾아가는
자연스러운 일이 된다.

타이거 맘 나라의
치명적 오류

중국은 선진국행 열차에 무사히 오를 수 있을까

카프카Franz Kafka의 소설 〈성(城)〉에서 K는 '성이 어디 있느냐'고 묻는다. 주민들은 서로 반대 방향을 가리키기도 하고, 이미 성 안에 있다고도 한다. 이런저런 답을 듣다보면 성 안에 있는 건지, 밖인지도 헷갈린다. 중국은 바로 이 성 같은 나라다. 아주 큰 데다 접근성도 떨어져 정보도 적다. 이렇게 이해하기 힘든 대상의 이면을 꼼꼼하게 분석한 책이 있다. 〈보이지 않는 중국〉이다.

이 책을 쓴 미국인 학자들*은 책 전반에서 마치 중국 관리를 달래듯이 자신의 선의를 강조한다. 또 이 책을 즐겁게 소비할 중국 혐오를 가진 대다수 독자와 선을 그으려 노력한다. 오랜 세월 중국에 대해 진지하게 연구한 학자

---

* 스콧 로젤(Scott Rozelle)은 40년 가까이 중국의 농업과 경제, 교육 등을 기반으로 다양한 연구를 진행해왔으며, 중국 농촌교육행동프로그램(REAP)팀을 이끌고 있다. 공저자인 내털리 헬(Natalie Hell)도 REAP팀의 일원으로서 오랜 세월 중국의 교육과 보건 문제를 연구해왔다.

들이기에 가능한 섬세함이다.

　이를테면 '중국이 중진국 함정에 빠질 것인가'에 대한 논의는 꽤 오래된 토론거리다. 오죽하면 중국공산당이 이 용어에 대해 사용금지 처분을 내릴 만큼 중국 입장에선 지긋지긋한 주제다. 그런데 이 책은, 중국이 중진국 함정에 빠질 가능성에 대해 그동안 크게 주목하지 않던 부분을 짚었다. 선진국으로 가는 '열쇠'는 고등학교 취학률이고, 중국은 이게 엉망이란 것이다.

뜻밖의 딜레마

지금 중국에 대한 토론은 대부분 기술에 초점을 맞춘다. 미·중 기술 경쟁의 여파다. 기술 제재에 무너진 화웨이를 얘기하면, 반대편에서는 국제 특허 출원 건수 1위인 중국의 실적을 말한다. 세계 최고 수준의 대학과 매년 쏟아지는 수백만 명의 이공계 인재는 중진국 함정과 거리가 먼 모습이다.

　저자는 단언한다. 노동인구 중 고등학교 졸업자의 비율이 50% 이하인 나라가 선진국이 된 사례는 없고, 중국은 겨우 30%라고. 설명도 직관적이다. 1만 달러 이상의 고도 경제로 갈 때는 산업 구조의 변화가 매우 빨라진다. 여기에 적응하는 능력은 '배우는 법'을 학습하는 고등학교에서 쌓는다.

　고도 경제로 가는 과정에서는 '탈피'가 이뤄진다. 임금 상승 여파로 저임금 일자리가 사라지고 새로 생기는 높은 생산성의 직종으로 노동자가 이동해야 한다. 그런데 이런 적응력을 갖추지 못한 사람은 비정규직이나 지하 경제로 내몰린다. '근면성'이 중요한 경제에서 '적응력'으로 초점이 옮겨간 결과다.

이 문제는 치명적이다. 아무리 중국공산당이 돈을 쏟아 붓더라도 시간을 빠르게 돌릴 수는 없다. 중국공산당도 바보가 아니기에 2010년대부터 고교 진학률을 매우 높여서 지금은 80%대다. 하지만 중국의 '모든' 노동력의 품질을 바꾸는 일이기에 최소 45년이 걸린다고 한다. '9명의 여성이 아이를 가진다 해도 1개월 만에 출산할 순 없다'는 워런 버핏Warren Buffett의 말이 떠오른다. 어느 누구도 시간을 빠르게 돌릴 수 없다.

20.79%의 마법

왜 이 문제를 생각하지 못했을까? 서구나 한국, 일본의 인식 구조에서는 '고등학교 졸업'이 너무 당연한 일이어서가 아니었을까. 중국처럼 멀쩡한 나라가, 그것도 호랑이처럼 자녀를 엄격히 관리하는 '타이거 맘'의 본산인 중국이 교육 때문에 위기라니.

한국 생각이 났다. 한국은 '왜' 이 함정을 피했을까? 일단 운이 좋았다. 마오쩌둥毛澤東과 문화대혁명이 한국에는 없었다. 또 다른 이유는 '20.79%'의 마법이다. 한국은 1972년 법으로 내국세의 20.79%를 반드시 교육재정교부금으로 쓰도록 못 박았다. 그렇게나 가난하고 돈 들어갈 곳 많은 시대에, 내국세의 5분의 1을 강제로 교육에만 쓰게 한 건 대단한 결정이다. 덕분에 경제성장에 맞춰 학교를 짓고 교사를 늘릴 수 있었다.

또 다른 행운은 90년대 대학 설립 자율화다. 지금은 대학 부실화의 주범이라고 손가락질 받지만, 1만 달러 시대에 고교 교육이 필수이듯 3만 달러 시대

중국공산당은 과거 30%였던 고교 진학률을 2010년대부터 매우 높여서 80%대까지 끌어올렸다. 하지만 중국의 '모든' 노동력의 품질을 바꾸려면 최소 45년이 걸린다고 한다. 아무리 중국공산당이 (교육에) 돈을 쏟아 붓더라도 시간을 돌릴 수는 없다. 이미지는 중국판 '스카이 캐슬'이란 수식어로 화제를 모은 드라마 〈소환희(小欢喜)〉의 포스터. 중국 고3 수험생들의 에피소드를 다뤘지만, 한국의 〈스카이 캐슬〉만큼 입시 문제를 심각하게 비화하진 않았다. 중국 교육의 아킬레스건을 건드리는 순간 전파를 타는 걸 포기해야 한다.

에는 대학 교육도 필수다. 80년대 겨우 20%였던 대학진학률은 90년대에 무려 80%까지 치솟는다. 만약 2000년대에 대졸자가 쏟아지지 않았다면, 지금처럼 고도화한 경제를 유지할 수 있었을까.

개발자 구인 대란이라고 하지만, 몇 년 만에 수없이 많은 프로그래밍 재교육 과정이 생기면서 인력 공급이 늘고 있다. 빠른 적응이 가능한 건 기본적으로 '보편적 고등교육'을 이수한 대졸자 풀(pool)이 넓은 덕이다. 대졸 취업자에게는 고통이지만, 비즈니스를 하는 입장에서는 뛰어난 인력 풀의 혜택을 누릴 수 있는 환경이다.

지금도 이 기조는 이어지고 있다. 현재 학자금 대출 금리는 겨우 1.7%다. 사실상 인적 자본에 보조금을 뿌리는 셈이다. 2022년부터는 대학원생도 이 대출을 받고 있다. 10여 년의 등록금 동결로 고등교육비는 소득 수준 대비 저렴해졌다. 한국 정부는 지금까지 중등교육에만 쓰던 교육재정교부금을 이제 고등교육에도 쓸 예정이다.

책은 한국에서도 팽배한 '직업 교육'에 대한 환상도 짚는다. 고도 경제에서 필요한 역량이란 '배우는 법'을 공부한 제너럴리스트다. 수리, 컴퓨터, 독해 등 보편적 역량이 중요하다. 직업 교육은 기능을 가르치는 과정이다. 수시로 산업 구조가 변하는 고도화한 경제에서는 적응하기 어렵다.

한국에서는 반대로 향후 직업계 고등학교 비율을 30%까지 높일 계획인데, 국민소득이 늘수록 제조업은 점차 축소될 거라는 점을 고려하면 거꾸로 가는 정책이 아닐까 걱정된다. 무엇보다 '기술을 배워야 먹고 살지'라고 하는 사람들도 대부분 자기 자식은 인문계 고등학교를 보내서 대학 진학 이후 화이트 컬러가 되길 바라지 않는가.

〈보이지 않는 중국〉은 중국에 관심이 큰 독자라면 충분히 만족할만한 책이다. 동시에 교육의 중요성을 다시 한 번 생각하게 된다. 바쁘게 경제를 일굴 때 놓치기 쉬운 '교육'이란 사다리를 제 때 놓는 게 얼마나 미래에 중요한 일인지 이 책을 통해 깨닫게 되었다. 중국은 이 난제를 해결할 수 있을까.

〈보이지 않는 중국〉
Invisible China _원제
스콧 로젤(Scott Rozelle), 내털리 헬(Natalie Hell) 지음 / 박민희 옮김
롤러코스터 / 2022년 4월 15일

KILLER TEXT

노동인구 중 고졸자 비율이 50% 이하인 나라가 선진국이 된 경우는 없다. 그런데 중국은 겨우 30%다. 1만 달러 이상의 고도 경제로 갈 때는 산업 구조의 변화가 매우 빨라진다. 여기에 적응하는 능력은 '배우는 법'을 가리키는 고등학교에서 쌓는다. 고도 경제에서는 저임금 일자리가 줄기에 노동자는 높은 생산성의 새 직종으로 이동해야 한다. 그런데 이런 적응력을 갖추지 못한 사람은 비정규직이나 지하 경제로 내몰린다. '근면성'이 중요한 경제에서 '적응력'으로 초점이 옮겨간 결과다.

'중진국의 함정'에 빠진 중국 황제의 자충수

하버드 공부벌레들의 중국에 관한 현자타임 [1]

46%! 중국 황제의 '산재사망률'이다. 진시황始皇帝 이래 282명의 황제 가운데 암살, 찬탈, 사고, 강요에 의한 자살 등으로 곱게 죽지 못한 게 거의 절반인 130명이다. 마오쩌둥毛澤東이 그 고된 국공내전 중에도 〈자치통감〉을 17번이나 읽었다는데, 그만큼 중국의 지배자 노릇이 쉽지 않기 때문이다.

현대 국가에서도 최고 지도자의 궐위는 대형 사건이다. 하지만 국가 체제를 뒤엎을 순 없다. 미국은 대통령이 4명이나 암살당했지만 곧바로 부통령이 권력을 넘겨받았다. 잘 구축된 국가는 지도자가 사라져도 문제없이 굴러간다. 현대 국가에서 대통령의 목숨은 국가 체제의 기반이 아니다. 선거를 통해 국민들이 직접 권력을 창출하고 지도자에게 정당성을 부여할 수 있기 때문이다. 안정적인 시스템이다.

당국가 체제인 중국은 근본적인 고민이 있다. '중국공산당이 중화인민공화국을 통치하는 근거가 무엇이냐'는 의문이다. 선거로 뽑힌 공직자가 정부에서 역할을 맡는 민주주의 국가에서는 고민할 필요가 없는 문제다.

중국은 국가 위에 당이 있다. 중국공산당이 대륙을 통치하는 건 1940년대 내전에서 승리했기 때문이다. 하지만 70년 전에 승리했다는 이유로 특정 집단이 독점적 통치 권한을 여전히 행사하는 건 적어도 현대 국가에서는 이상한 일이다. 그런 논리라면 점령군에 의한 통치와 다를 게 없다.

'격대지정'과 '도광양회'를 잊은 시진핑의 조바심

1949년 개국 이래 마오쩌둥의 카리스마에 의존한 중국은 이후 경제 발전에서 집권 정당성을 찾았다. 중국은, 정권이 달리는 자전거에 올라탄 불안한 모습인 셈이다. 정권이 곧 국가인 취약한 체제는 '성과'에 의해 집권의 정당성이 결정되는 불안한 구조를 만들었다. 이를테면 경기침체가 왔다고 해서 미국인이 '미국'이라는 국가를 부정하는 상황이 발생하지 않는다. 중국은 이러한 일반적인 민주주의 국가와 대비된다.

중국은 최고지도자나 중국공산당의 명운과 국가가 확실히 분리되지 않는다. 황제의 암살로 왕조가 무너지고 국가까지 멸망하는 고대 국가 체제와 크게 다를 바 없다. 정부 시스템 안에 집권 세력이 있는 게 아니라, 그 위에 올라타 있는 체제의 한계다. 특히 기존의 집단 지도 체제를 최고지도자 1인 독재 체제로 바꾼 시진핑習近平 국가주석 시대에는 이 문제가 더 뚜렷해졌다.

중국의 또 다른 딜레마는 법치와 재량권 문제다. 뛰어난 관료와 그들이 이

끄는 성장 정책은 중국식 자본주의의 핵심이다. 그 수단이 재량권이다. 하지만 재량권은 법치와 모순된다. 법치는 법에 따른 시스템을 구현해 정책 결정자의 재량을 축소하는 일이다. 법치를 강화할수록 중국공산당 핵심의 영향력은 줄어든다. 국가 주도 경제 체제에서 관료의 부정부패는 일종의 인센티브다. 서구 자본주의 국가에서 기업이 자유롭게 주도하는 경제 성장을 중국에서는 관료가 주도한다. 그러려면 인센티브를 제공해야 한다. 그 인센티브는 '유능한' 관료의 막대한 축재(蓄財)다. 만약 축재를 모두 막으면 관료 주도 성장의 동력이 떨어진다.

집권의 정당성을 확보하기 위해 중국은 성장을 늦출 수 없다. 그러면서도 늘어나는 부패와 양극화에 의한 민심 악화도 대응해야 한다. 다른 국가에서는 이런 어려운 과제에 실패하면 정권 교체로 끝난다. 하지만 중국은 국가의 근간이 이 어려운 딜레마 위에 서있다. 실패하면 국가가 흔들린다.

지금 중국은 도농격차, 고령화, 보건의료, 교육, 환경까지 잡다한 문제를 빠른 경제 성장이라는 성과물로 덮고 있다. 하지만 이런 문제는 어느 국가도 결국 피할 수 없다. 지금처럼 중국이 몸이 가볍고 민첩한 시절은 영원하지 않을 것이다.

책에서는 중국 고성장의 비결을 7가지로 꼽는다. ① 자본주의로의 전환, ② 세계화, ③ 화교 네트워크, ④ 인구 보너스, ⑤ 도시화, ⑥ 저축률 증가, ⑦ 교육이다. 이 가운데 지금도 작동하는 카드는 교육뿐이다. 나머지는 이미 활용했거나 최대치에 달한 요소다. 도움닫기 판이 거의 다 사라진 상황이다.

경제 성장도 생각보다 느려질 수 있다. 2006~2011년 3.3%였던 총요소생산성 증가율은 2012년 이래 1%대로 주저앉았다. 이를 무마하기 위해 고정자

46.1%! 중국 황제의 산재사 망률이다. 진시황 이래 282명의 황제 가운데 암살, 찬탈, 사고, 강요에 의한 자살 등으로 곱게 죽지 못한 게 거의 절반인 130명이다. 마오쩌둥이 그 고된 국공내전 중에도 〈자치통감〉을 17번이나 읽었다는데, 그만큼 중국의 지배자 노릇이 쉽지 않기 때문이다. 이미지는 베르나르도 베르톨루치(Bernardo Bertolucci)의 영화 〈마지막 황제〉(1988년) 포스터.

본투자를 막대하게 늘린 탓에 지금은 과잉투자 상태다. 이를 돌려 보려고 쌍순환 경제나 내수 중심 전환을 표방했지만, '신흥 제조업 국가'가 '내수 중심 국가'로 성공적으로 전환한 사례는 많지 않다.

중국에 대해서는 최대한 건조하게 봐야한다. 막연히 패권국이 될 거라고 예단할 것도 아니고, 순식간에 망할 거라 보는 것도 과하다. 말레이시아, 태국처럼 중진국 함정의 기로에 선 상태다. 여기에 '성과'로 집권 정당성을 확보해야 한다는 치명적인 취약성을 가진 국가다. 최악인 대외 관계를 고려하면 약점은 더 많다.

다시 처음 언급한 황제의 산재사망률 얘기로 돌아가서, 시진핑 주석이 관심 있을 '안전 퇴위' 확률을 높이는 방법은 뭘까. 가장 효과적인 건 후계자 지정이다. 책은 후계자를 미리 정한 황제는 산재사망 확률이 64%나 적었다고 한다. 역사에 밝기로는 빠지지 않는 덩샤오핑(鄧小平)이 격대지정(隔代指定)*을 확립한 이유가 아닐까.

태생적 딜레마를 극복하는 건 오랜 도광양회(韜光養晦)** 뿐인데 너무 빨리 일어섰다. 대만 침공으로 집권 정당성을 찾으려 할 수 있지만, 대만의 지형과 대비 수준을 고려하면 아프가니스탄보다 더한 수렁이 될 가능성이 높다. 시진핑의 조바심은 국가의 명운도, 본인의 안위도 모두 위험에 빠트리고 있다.

<하버드대학 중국 특강>
The China Questions _원제
하버드대학 중국연구소 지음 / 이은주 옮김
미래의창 / 2018년 3월 20일

---

* 현재 지도자가 차기가 아닌 한 대를 넘어 그 다음의 지도자를 미리 정하는 일.

** '자신을 드러내지 않고 때를 기다리며 실력을 기른다'는 뜻으로, 1980년대 말에서 90년대 덩샤오핑 집권기 중국의 외교 방침을 일컫는다.

국가 주도 경제 체제에서 관료의 부정부패는 일종의 인센티브다. 서구 자본주의 국가에서 기업이 자유롭게 주도하는 경제 성장을 중국에서는 관료가 주도한다. 그러려면 인센티브를 제공해야 한다. 그 인센티브는 '유능한' 관료의 막대한 축재다. 만약 축재를 모두 막으면 관료 주도 성장의 동력이 떨어진다.

집권의 정당성을 확보하기 위해 중국은 성장을 늦출 수 없다. 그러면서도 늘어나는 부패와 양극화에 대한 민심 이반도 대응해야 한다. 다른 국가에서는 이런 어려운 과제에 실패하면 정권 교체로 끝난다. 중국은 국가의 근간이 이 어려운 딜레마 위에 서있다.

개냥이가 된 대륙의 살쾡이들

하버드 공부벌레들의 중국에 관한 현자타임 [2]

한 수의사에게서 요즘 병원에 오는 고양이는 과거보다 온순해졌다는 얘기를 들었다. 길에서 만나는 고양이도 그렇다고 한다. 국내에 고양이 모래가 본격적으로 수입된 게 2000년대 초이니 반려묘 문화가 자리 잡은 지도 20년 정도 된 듯하다. 그 시간 동안 한국에 사는 고양이에게 뭔가 변화가 있었다.

동네 고양이가 온순해진 건 왜 일까? 먼저 떠오르는 건 '사람의 손길'이다. '도둑고양이'라는 시각이 바뀌며 돌보는 사람이 늘었다. 당연히 경계심 적은 고양이가 밥도 많이 얻어먹었을 테고, 또 새끼를 한 번이라도 더 낳았을 것이다.

그럼 이런 온순한 고양이가 낳는 2대 고양이의 성격은 어떨까? '점점 온순해졌다'는 정답을 떠올리면 모든 새끼가 똑같이 붙임성이 많아졌다고 추측하기 쉽다. 하지만 변화는 이렇게 집단으로 일어나지 않는다. 10마리를 낳으면 고양이답게 대체로 경계심을 갖고 태어난다. 이 와중에 우연히 친근감이 살짝 높은 고양이도 등장하는 것이다.

　이렇게 10마리가 길에서 살다보면 까칠한 9마리는 사람이 주는 먹이를 덜 먹는다. 반면 강아지처럼 애교가 많은 '개냥이'는 더 잘 먹고 번식도 성공한다. 이렇게 또 한 대가 지나면 까칠한 고양이는 조금씩 일찍 죽거나 번식에 실패해 줄고, 개냥이는 10마리 중 2마리가 된다. 대를 거쳐 개냥이의 비중이 높아지는 것이다.

　커다란 오해는 '진화가 방향성을 갖고 있다'는 시각이다. 까칠한 고양이를 보고 '친근하게 굴지 않는 걸 보니 진화가 덜 됐네'라고 하는 건 틀렸다. 진화는 입사시험을 보듯 후천적으로 변신하는 과정이 아니라 집단 내에서 개체가 선택되면서 조금씩 구성비가 바뀌며 일어난다. 그저 주어진 상황에 그때그때 적응해서 살아남은 결과가 진화인 것이다.

　개냥이가 더 '진화한' 고양이라고 치자. 만약 세상이 광신적 광기로 돌아가 인간들이 고양이를 학살하면 어떻게 될까? 개냥이는 쉽게 죽는다. 반면 10마리 중 1~2마리 남았던 경계심 높은 고양이는 도시에서 멀찍이 떨어져 대를 이어 간다. 이 경우 '까칠함'이 환경 적응에 성공하는 무기가 된다. 진화란 한 개체에서 일어나는 '성장'이 아니라 집단에서 우연찮게 '적응'이 일어난 과정이다.

'성장'이 곧 '진화'라는 오해

고양이 개체의 진화와 적응에 얽힌 오해를 이야기한 건 중국식 경제 성장의 맹점을 다른 시각에서 들여다보기 위해서다. 중국식 계획경제의 단점은 명확하다. 중국은 산업 전략을 지도부에서 찍는다. '강점'이 뭔지를 지금 기준에서 정하고 강제한다. 그러면 집단 내에 같은 성격의 기업만 잔뜩 성장한다. 그러다 환경이 뒤집어지면 몰살당한다. 2020년에 인터넷 기업이 없었다면 비대면 경제가 무너지면서 중국 경제는 나락으로 떨어졌을 것이다.

'소득 1만 달러'는 허기 달래고 입을 옷 마련하는 일이다. 여기까진 목표를 정하고 내달릴 수 있다. 이젠 따라갈 지표도 없다. 뭔가 새로운 목표를 세우고 개척해야 하지만, 중국공산당에서 산업을 찍은 덕에 이런저런 신산업에 도전하는 '비효율'은 차츰 사라질 것이다. 그저 전략을 만들 때의 시장 환경이 변하지 않기만을 바랄 뿐이다.

중국은 경제적 성과로 1당 독재 집권의 정당성을 확보해야 한다는 치명적인 취약성을 가진 나라다. 이미지는 중국 사회주의 시장경제의 성공을 방증하는 '듯한' 상하이의 마천루들.

수억 년의 세월동안 자연이 입증한 것은 개별 개체가 강한 게 생존의 핵심이 아니란 사실이다. 근력으로 우열이 나뉘었으면 동물원에는 인간이 들어가 있어야 한다. 집단 내에서 기이한 돌연변이가 자꾸 나타나고 이렇게 위험을 분산하면서 위기를 이겨낸 역사의 끝에 인간이 살아남아 있는 것이다.

그저 번식하고 늘리는 게 정답이었으면 모든 생물은 무성생식을 해야 한다. 하루에도 수십 번씩 번식하며 유전자까지 똑같은 개체를 찍어내니까. 많은 생물은 계속 '오류'를 만들어내는 유성생식을 수만 대에 걸쳐 하고 있다. 개체 사이에 다양성이 없었으면 코로나19 같은 바이러스로 인간은 모두 멸종했을지도 모른다.

알리바바의 마윈馬雲은 2015년경 '계획경제의 시대'가 온다고 예고했다. 계획이 실패한 건 지적 능력이 부족해서라는 얘기다. 하지만 계획경제냐 자본주의냐는 단순히 기술이나 양적인 문제가 아니다. 수억 년간 지구를 지배한 진화에 도전하는 문제다. 자연사에 맞서는 중국공산당의 무한도전은 참 흥미로운 일이다.

<하버드대학 중국 특강>
The China Questions _ 원제
하버드대학 중국연구소 지음 / 이은주 옮김
미래의창 / 2018년 3월 20일

인간에 우호적인 개냥이는 과연 '진화한' 고양이일까? 만약 세상이 광신적 광기로 돌아가 인간들이 고양이를 무차별 학살하면 어떻게 될까? 개냥이는 쉽게 죽지만, 경계심 높은 고양이는 야산으로 도망쳐 대를 이어간다. '까칠함'이 환경 적응에 성공하는 무기가 된다. 같은 맥락에서 중국식 계획경제의 맹점도 명확하다. 중국은 산업 전략을 지도부에서 찍는다. '강점'이 뭔지를 정하고 강제한다. 그러면 집단 내에 같은 성격의 기업만 잔뜩 성장한다. 그러다 환경이 뒤집어지면 몰살당한다.

커다란 오해는, '진화가 방향성을 갖고 있다'는 시각이다. 까칠한 고양이를 보고 '친근하게 굴지 않는 걸 보니 진화가 덜 됐네'라고 하는 건 틀렸다. 진화는 입사시험을 보듯 후천적으로 변신하는 과정이 아니라 집단 내에서 개체가 선택되면서 조금씩 구성비가 바뀌며 일어난다. 진화란 한 개체에서 일어나는 '성장'이 아니라 집단에서 우연찮게 '적응'이 일어난 과정인 것이다. 중국공산당이 일궈낸 성장은 매혹적이지만, 적응력을 거세한 대가는 제법 가혹할 것이다.

chapter 4
HUMANITY

개는 어떻게 인간의
페르소나가 되었나

호모 퍼피와 성선설에 관하여

인간은 선한가, 악한가? 영원한 논쟁거리다. 대중적으로는 대략 결론이 난 듯하다. '인간은 태생적으로 악하다'며 조소해야 성숙한 사람으로 봐준다. 조난된 소년들의 디스토피아를 그린 윌리엄 골딩William Golding의 〈파리대왕〉은 노벨상을 받았지만, 해피엔딩을 그린 쥘 베른Jules Verne의 〈15소년 표류기〉는 대중의 기억에서 잊혀졌다.

먼저 선하다는 건 무슨 의미일까? 머릿속에 착한 사람은 떠올라도 이들을 꿰뚫는 키워드를 뽑아내긴 쉽지 않다. 일반적으로 '친절'이나 '용서', '구호'처럼 협력의 함의가 담긴 키워드들은 선한 것이고, '폭력'이나 '배신'처럼 경쟁을 내포한 개념은 악하다고 여긴다.

생각건대 '인간은 악하다'가 정설처럼 받아들여진 건 다윈Charles Robert Darwin의 진화론이 잘못 읽힌 탓이 크다. 진화를 다른 개체를 밟고 올라서서 우월해지는 과정으로 보는 시각이 아직도 많기 때문이다. 다른 개체를 몰아내거나 죽이고 살아남는 강한 자가 '진화한 존재'라고 생각하는 건 진화론을 잘못 이해한 결과다. 진화는 '강함'의 결과가 아니다. 그보다는 주어진 환경에 맞춰 다양한 방법으로 살아남아 번식을 이어온 결과다.

그럼에도 사람들은 '강한 자가 살아남는다'고 생각하기 때문에 생존에 성공해 번영하고 있는 인류를 다른 종과 개체를 밀어낸 강한 자로 여긴다. 이렇게 살아남았다고 생각하기 때문에 '인간은 원래 악하다'는 생각에 끌리는 게 아닐까. 하지만 인류의 성공 비결을 다룬 〈휴먼카인드〉는 인간은 선하다며 이런 선입견에 반기를 든다.

큰 눈망울 덕에 친구를 사귄 선조의 후손

우리 몸 곳곳에는 살아남은 비결이 남아있다. 대표적인 게 흰자가 넓은 눈이다. 의외로 인간 이외에 다른 동물은 흰자 비율이 적거나 없다. 지금 구글에서 '소 눈' '말 눈' '원숭이 눈'을 찾아보면 눈동자 거의 전체가 검다는 사실을 알 수 있다. 필자와 함께 사는 고양이 눈을 들여다봐도, (귀엽긴 하지만) 역시 흰자는 거의 없다.

별다른 기능도 없는 흰자가 이렇게 큰 이유는 뭘까? '눈을 보고 말해요'라는 말처럼 의사소통에서 눈은 절대적이다. 속된 말로 '눈알 굴린다'는 표현에는 '못 믿겠다'는 의미가 담겨 있다. 흰자가 넓을수록 그 사람의 시선 방향이 잘 읽히고 감정 소통도 원활하다. 사회생활에 유리한 요소인 것이다.

선한 개체가 살아남게 된 건 개의 여정과도 겹친다. 개와 인간의 동행에 관한 유력한 가설은 무리에서 밀려난 늑대가 먹을 게 많은 인간 군락에 기웃거렸고, 인간이 이러한 개를 호신용으로 거두면서 공생했다는 것이다. 공격성이 강한(악한) 늑대는 살해됐고, 유순한(선한) 종만 대를 거쳐 거듭지면서 오늘의 개가 된 것이다. 의외로 인간도 강아지처럼 귀엽고 상냥해서 살아남은 건 마찬가지다. 인간을 가리켜 '호모 퍼피(homo puppy)'라고 부르는 이유다. 이미지는 빅토리아 시대 대표적인 동물화가 브리튼 리비에르(Briton Riviere)가 그린 〈연민(sympathy)〉. 그러고 보니 같은 곳을 바라보는 소녀와 강아지의 눈이 서로 닮았다.

애초에 근력만으로는 살아남지 못할 인류는 무리에 잘 적응해야 자손을 남길 수 있었고, 소통수단인 '눈'을 활용하지 못하는 개체는 죽거나 자손을 남기지 못했다(조금 과장해서 말하면 '눈치 없는 사람'이 사회생활에서 도태될 가능성이 높은 것도 같은 이치 아닐까). 오늘날을 사는 80억 인류는 대체로 큰 눈망울 덕에 친구를 사귄 선조의 후손인 셈이다.

점차 인류의 선한(=협력적인) 개체가 살아남게 된 건 개(犬)의 여정과도 겹친다. 개와 인간의 동행에 관한 유력한 가설은 무리에서 밀려난 늑대가 먹을 게 많은 인간 군락을 기웃거렸고, 인간이 이러한 개를 호신용으로 거두면서 공생했다는 가설이다. 공격성이 강한(악한) 늑대는 살해됐고, 유순한(선한) 종만 대를 거쳐 거둬지면서 오늘의 개가 됐다는 주장이다. 의외로 인간도 강아지처럼 귀엽고 상냥해서 살아남은 건 마찬가지다. 이 책에서는 그런 인간을 가리켜 '호모 퍼피(homo puppy)'라고 부른다.

다만 이러한 결론은 직관에 반한다. EBS의 〈지식채널e〉를 통해 알려져 국민 교양이 된 '스탠퍼드대학교 감옥실험'*이나 KBS의 〈스펀지〉를 통해 방관자 효과를 알린 '키티 제노비스 사건'**은 '협력하는 인간'을 회의(懷疑)하게

* 1971년 사회심리학자 필립 조지 짐바르도(Philip George Zimbardo)가 스탠퍼드대학교 지하에서 진행한 모의 감옥실험으로, 평범한 사람들을 간수와 죄수 역할로 나눠 일정기간 모의 감옥에서 지내게 한 결과, 간수 역할자는 점점 가학적으로 변했고 죄수 역할자는 우울감과 두려움을 나타냈다. 짐바르도는 실험 결과를 〈루시퍼 이펙트(Lucifer Effect)〉라는 책으로 출간했는데, 이는 성경에 나오는 최초의 사탄인 루시퍼에서 따온 것이다. 짐바르도는 실험을 통해 인간의 본성이 선하거나 악한 것 하나로 정해져 있지 않으며, 상황에 따라 영향 받음을 규명하고자 했다. 하지만 짐바르도의 실험 결과에 대한 진위 논란이 불거지면서 그의 책은 숱한 비판을 받았다.
** 1964년 3월 27일자 〈뉴욕타임스〉에 실린 '키티 제노비스(Kitty Genovese) 사건'을 가리킨다. 〈뉴욕타임스〉는 뉴욕 퀸스 지역 주택가에서 28세의 여성이 강도에게 살해당하는 것을 모두 38명이 목격했음에도 누구도 그녀를 도와주거나 경찰에 신고하지 않았다고 보도했다. 당시 이 보도로 사회적 파장이 커지면서 '방관자 효과'라는 용어가 사회심리학 교과서에 수록되기도 했다. 그런데 피해자의 남동생이 사건의 진실을 파헤친 결과, 실제 목격자는 6명뿐이고, 그 중에 2명이 경찰에 신고했다는 사실이 2007년 밝혀졌다. 그로부터 다시 10여 년 뒤 〈뉴욕타임스〉는 오보임을 인정하는 정정기사를 냈다.

한다. 하지만 두 사례는 모두 조작된 얘기다. 전자는 오염된 실험이었고, 후자는 경찰 신고가 2건이나 이뤄졌다는 게 진실이다. 인간성 혐오가 가득한 제2차 세계 대전 이후 분위기에 부응한 이야기였을 뿐이다.

더 가까운 반대 사례도 적지 않다. 소시오패스에 가까운 인물이 조직에서 잘 나가는 걸 보면 그렇다. 하지만 선한(=협력적인) 방향으로 나아가는 건 개체가 아니라 인류라는 종이 그렇다는 얘기다. 많은 범죄자가 있지만, 대체로 인간이란 종은 더 선한 방향으로 가고 있다.

비정해 보이는 '적자생존'을 연구한 많은 책들은 결국 인간의 사회성을 강조하며 결론짓는다. 영화는 비극을 그려야 흥행하고 뉴스기사는 최악의 인간을 써야 읽힌다. 그렇지만 이러한 현상은 나쁜 소식을 걱정하거나 궁금해하는 인간의 본성 탓이다. 대체로 인간은 더 친절하고 협력하는 사람에게 끌린다.

〈휴먼카인드〉는 그 어느 때보다도 나쁜 뉴스에 지쳐있는 요즘 읽어볼만한 책이다. 특히 스티븐 핑커Steven Pinker가 쓴 1400쪽짜리 〈우리 본성의 선한 천사〉 완독에 도전하려다 포기한 이들에게 추천하고 싶은 책이다.

〈휴먼카인드〉
Humankind : A Hopeful History _ 원제
뤼트허르 브레흐만(Rutger Bregman) 지음 / 조현욱 옮김
인플루엔셜 / 2021년 3월 2일

KILLER TEXT

비정해 보이는 '적자생존'을 연구한 많은 책들은
결국 인간의 사회성을 강조하며 결론짓는다.
영화는 비극을 그려야 흥행하고
뉴스기사는 최악의 인간을 써야 읽힌다.
그렇지만 이러한 현상은 나쁜 소식을 걱정하거나
궁금해 하는 인간의 본성 탓일 뿐이다.
대체로 인간은 더 친절하고
협력하는 사람에게 끌린다.

그럼에도 불구하고, 오해는 나의 힘

낙관주의적 팩트냐, 비관주의적 체크냐

'팩트'(fact)에 대한 환상이 있다. 온라인에서 말싸움을 주고받을 때 '이건 팩트'라고 하면 더 이상의 반론을 거부한다는 선언이다. 나라의 문제를 토론하라고 만들어 놓은 국회에서도 비슷하다. 그만큼 오늘날 '팩트'는 드높다. 고대 사회의 '신의 명령'에 준하는 권위를 갖췄다.

팩트가 압도적 권위를 가지게 된 건, '팩트란 가공되거나 왜곡될 수 없는 사실 그 자체'라는 믿음이다. 사람들은 대체로 팩트는 마치 자연현상 같이 어떠한 의도, 특히 악의적 왜곡이 개입될 여지가 없다고 생각한다. '당신이 아무리 덥다고 느끼더라도 오늘 날씨는 선선한 18도다. 이건 팩트다' 이렇게 말하면 반론의 여지가 사라진다.

〈팩트풀니스〉는 이렇게 묵직한 팩트라는 몽둥이를 마구 휘두르는 '팩트 폭력'으로 가득한 책이다. 닥치는 대로 부수는 대상은 우리 인류가 하고 있다는, 무려 10가지나 되는 '오해'다. 세계는 망해가고 있고, 인류는 곧 몰락할 거라는 걱정은 순진한 오해일 뿐이라며 몽둥이를 휘두른다.

데이터와 팩트는 다르다

이 책의 공저자 중 한 사람인 한스 로슬링Hans Rosling은 의사이자 통계학 석학이다. 이런 배경에 어울리게 강렬한 도표로 그려낸 팩트로 오해를 해소한다. 대표적인 오해는 '부정 본능'이다. 사람들이 세상을 나쁘게 그리고 나빠지고 있다고 생각하는 경향을 말한다. 일관되게 줄어드는 나쁜 것 16가지(항공기 사고, 아동 노동, 오존층 파괴 등)와 늘어나는 16가지(자연보호구역 면적, 암 생존율, 전기 보급률 등)를 담은 도표를 지면 가득 채우며 반박한다.

이렇게 오해를 분쇄하며 책의 제목인 '사실충실성'(factfulness)을 강조하는 건, 세상에 대한 '오해'를 바로잡고 진짜 현실을 직시해야 하기 때문이라고 저자는 주장한다. 인간의 편향성을 이용해 마치 세상이 망할 것 같이 보도하는 뉴스와 종말론적 운동가 등에 호도되면 안 된다는 외침이다. 이 주장을 수백 페이지 분량의 팩트로 뒷받침하고 있으니 감히 반론을 꺼낼 용기가 생기지 않는다.

하지만 팩트는 진리도, 자연현상 같은 가치중립적 존재도 아니다. 팩트는 달아오른 철처럼 얼마든지 가공할 수 있다. 물론 저자가 보여준 숫자, 데이터는 모두 틀리지 않다. 하지만 팩트와 데이터는 다르다. 팩트는 여러 데이터를 조합해서 도출한 결과물이다. 이 과정에서 '의도'가 끼어들 틈이 생긴다. 즉 팩트는 어떤 데이터를 보여주고, 또 숨길지 정하는 과정을 거쳐 만들어진 가공품인 셈이다.

예를 들어 저자는 1900년 0.03%에 그쳤던 지표면에서 자연보호구역이 차지하는 비율이 2016년엔 14.7%로 올랐다고 말한다. 천연두는 1850년에 발생 국가가 148곳에 달했지만 1979년엔 소멸했다고 강조한다. 두 데이터를 조합하면 독자는 '인류는 더욱 자연을 잘 보호하고 있고, 전염병과의 전쟁에서 승리하고 있다'는 걸 '팩트'로 받아들인다.

하지만 저자가 보여주지 않은 데이터를 보면 판단이 달라진다. 약 1만 년 전 전체 생물량(생물체 질량의 합) 중 1% 미만을 차지하던 인간과 그에 딸린 가축이 지금은 전체의 99%에 육박한다. 지구의 종 다양성은 자연사의 관점에서 볼 때 유례없이 빠르게 소멸하고 있고, 이는 지구라는 행성을 호모 사피엔스라는 단 한 종이 완전히 지배하고 있다는 의미다. 코로나19 팬데믹은 '전염병 정복'이 얼마나 허무한 착각인지 보여줬다.

〈팩트풀니스〉에 없는 '나빠지고 있는 데이터'는 수없이 많다. 세계 최강국이라는 미국에서 백인 중년 남성의 평균 수명이 줄어들고 있다. 가장 큰 원인은 알코올과 약물 중독 그리고 자살이다. 대량 총기 난사도 늘고 있다. 세계적으로 권위주의 국가는 증가하고 있다. 세계 주요국의 부채는 경제를 짓누를 만큼 쌓이고 있다. 세계가 겪어보지 못한 고령화가 본격화하고 있다.

저자가 강변하는 낙관주의와 명징한 데이터를 보면 고개를 끄덕이게 된다. 그러다 책을 닫을 때는 이렇게 묻게 된다. "그래서 어쩌라고?"

인류는 왜 이렇게 세상을 나쁘게 보는 '오해'를 수만 년째 하고 있을까? 과학자들은 긍정적 신호보다 당장 목숨에 위협이 되는 부정적 신호에 반응하

미국 총기 난사 사건 추이 (총격범 제외 사상자 4명 이상 기준)

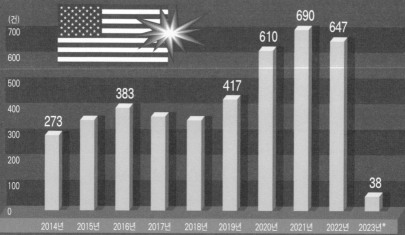

(건)

2014년	2015년	2016년	2017년	2018년	2019년	2020년	2021년	2022년	2023년*
273		383		417		610	690	647	38

* 2023년 1월 23일까지 자료 : 총기폭력아카이브 (〈연합뉴스〉 2023.01.24.자 인용)

부정 편향은 인류가 끊임없이 불평하고 비판하며 문제를 하나씩 해결하는 원동력이 되어왔다. 매일 수천만 명의 직장인이 안전하게 출근하고 집에 돌아온다. 하지만 몇몇은 사고로 돌아오지 못한다. 그럼에도 뉴스는 '겨우' 몇 명인 그들의 사연을 보도한다. 이것도 '편향'인가? 수천, 수백만 명의 '팩트'를 외면한 편향일지는 모르겠다. 하지만 인류는 나쁜 일에 유독 주목하며 함께 분노하고 화내며 문제를 해결해왔다. 한편, 총기 소유를 규제하는 입법에 소극적인 미국 의회를 비판하는 권총 일러스트와 총기 난사 인포그래픽 데이터는 미국의 일부 부정적인 측면을 나타낼 뿐, 이것만으로 미국 사회 전체가 위험하다고 단정하는 것 역시 팩트에 대한 위험한 접근이다.

는 게 생존에 유리하기 때문이라고 설명한다. 반가운 사람이 찾아오는 건 기쁜 일이지만, 수상쩍고 무섭게 생긴 사람이 들이닥치는데 두려움을 느끼는 게 살아남는데 훨씬 유리하다. 저자가 지적한 '오해'는 인류의 마음속에 내재된 '조기경보장치'다.

부정 편향은 인류가 끊임없이 불평하고 비판하며 문제를 하나씩 해결하는 원동력이 되어왔다. 매일 수천만 명의 직장인이 안전하게 출근하고 집에 돌아온다. 하지만 몇몇은 사고로 돌아오지 못한다. 그럼에도 뉴스는 '겨우' 몇 명인 그들의 사연을 보도한다. 이것도 '편향'인가? 수천, 수백만 명의 '팩트'를 외면한 편향일지는 모르겠다. 하지만 인류는 나쁜 일에 유독 주목하며 함께 분노하고 화내며 문제를 해결해왔다.

'인류는 진보하고 있다'는 믿음의 가장 큰 지지자는 성공한 사업가들이다. 이 책이 팔리는데 가장 큰 기여를 했을 추천사의 주인공 빌 게이츠Bill Gates가 대표적이다. 그는 이 책이 얼마나 마음에 들었는지 미국의 모든 대학 졸업생이 읽을 수 있게 무료로 배포했다. 페이스북 창업자 마크 저커버그Mark Zuckerberg는 비슷한 내용의 책인 〈이성적 낙관주의자〉를 추천했다.

결과적으로 이런 낙관주의는 사회를 향한 문제의식에 대한 반박에 활용된다. 노동 문제, 환경 파괴, 불평등, 정치적 극단주의 등 이런저런 불평을 '오해' 혹은 강박적 반응으로 치부하려는 이들에 힘을 실어준다. 물론 저자가 기득권의 논리에 부합하고자 책을 쓰진 않았을 것이다. 하지만 그의 의도와 '팩트'에 무관하게 낙관주의를 이용하는 이들은 등장하기 마련이다.

이 그림은 러시아의 사실주의 화가 블라디미르 마코프스키(Vladimir Makovsky)가 그린 〈낙관주의자, 비관주의자〉(1893년)다. 누추한 행색에 지팡이를 쥔 왼쪽 노인은 누가 봐도 노숙자다. 발치에 넝마가 놓여 있다. 오른쪽 댄디한 외모의 노신사 곁에는 책들이 놓여있다. 지식인 같다. 누가 낙관주의자이고 또 누가 비관주의자일까? 답은 쉽다. 이 그림이 그려졌던 19세기 말 비관주의자들은 팩트를 체크하기 위해 책을 가까이 했다. 비관주의자는 삐딱한 시선으로 세상의 진화와 발전에 고춧가루를 뿌리는 자로 비춰져왔다. 하지만 더 나은 사회를 만들기 위해선 '문제'를 인식해야 하고, 그 원동력은 '비판'이다. 팩트(fact)가 충실(full)해지려면 '비관적 시선'이라는 프리즘을 통과해야만 한다.

이탈리아의 사상가 안토니오 그람시Antonio Gramsci는 다음과 같은 격언을 남겼다.

"이성으로 비관하더라도 의지로 낙관하라!"

이 말은 그람시의 지향을 떠나 사회를 더 좋게 바꾸려는 이들에겐 필요한 다짐이라고 생각한다. 더 나은 사회를 만들기 위해선 '문제'를 인식해야 하고, 그 원동력은 비관이다. 그 후에 개혁을 향한 낙관으로 불타는 의지가 따라야 한다.

그래서 〈팩트풀니스〉가 보여주는 따뜻한 현재의 온기에 달아오른 이성에 찬 물을 끼얹어야 한다. 신문을 펼치고 사람들의 이야기를 듣자. 세상에는 아직 이성에 찬 물을 끼얹을 문제가 얼마든지 있다.

〈팩트풀니스〉
Factfulness _ 원제
한스 로슬링(Hans Rosling) 등 지음 / 이창신 옮김
김영사 / 2019년 3월 8일

KILLER TEXT

팩트는 진리도, 자연현상 같은 가치중립적 존재도 아니다. 팩트는 달아오른 철처럼 얼마든지 가공할 수 있다. 물론 저자가 보여준 숫자, 데이터는 모두 틀리지 않다. 하지만 팩트와 데이터는 다르다. 팩트는 여러 데이터를 조합해서 도출한 결과물이다. 이 과정에서 '의도'가 끼어들 틈이 생긴다. 즉 팩트는 어떤 데이터를 보여주고, 또 숨길지 정하는 과정을 거쳐 만들어진 가공품인 셈이다.

불평등을
생산하는 기계

한국에서 '교육'은 어떻게 낙인(烙印)이 되었나

기자 시절 교육 취재를 맡으면서 재밌었던 건, 여기에는 진보도 보수도 없다는 점이다. 어디는 보수일 거고, 어디는 진보일 거다 하는 건 대체로 겉으로만 그렇다. 돌봄 이슈가 나오면 전교조와 한국교총이 연횡하고, 수시 확대에는 대학과 교사들이 공동 전선을 펴기도 한다. 진영 논리가 지긋지긋하다는 사람들은 여기 오면 만인투쟁의 현장을 볼 수 있다.

교육개혁은 대체로 정권 초기에 아젠다가 된다. 지난 정부에서도 이번에도 마찬가지다. 물론 그러다 흐지부지 되는 게 다반사다. 돌이켜보면 애초에 뭐 하자는 건지도 불분명한 경우가 많았다. 교육 뒤에 붙은 '개혁'의 의미가 모호한 것도 문제이지만, '교육'에 담고자 하는 가치관이나 철학 같은 것에 대한 논의는 없고 정쟁에 가까운 논쟁만 치열하다.

당신의 합격증 혹은 당선증은 공정합니까

모두가 '교육'을 말하지만, 실상은 다 다른 얘기를 한다. 교사들은 교육을 'Education'으로 생각한다. 자라나는 아이의 심성을 기르고 이들을 시민으로 키워내기 위한 방법 등을 진지하게 고민한다. 한편, 입시 경쟁에서 이탈한 청소년이나 저학년 학생과 학부모에게 교육은 'Care'의 문제다. 이 경우 학교는 탁아소가 된다. 부모가 퇴근할 때까지 온전히 아이를 잘 맡아줄지가 중요한 문제다.

하지만 대한민국의 교육 이슈를 끌고 가는 이른바 주요 대학을 노리는 상위권 학생과 학부모에게 교육은 '정치'다. 교과서적으로 정치의 정의는 '자원의 권위적 배분 과정'이다. 한국에서 교육은 자원 배분을 얻어낼 뿐 아니라 그 배분의 정당성을 획득하는 과정이다. 역사적으로 사회적 지위와 권력 그리고 부를 한 사람이 거머쥐는 게 당연했던 한국 사회에선 그 의미가 더 크다.

선거를 통해 권력의 정당성을 부여하듯, 한국 사회에선 뛰어난 성취를 해도 입시라는 과정을 거쳐야만 승인 도장을 받을 수 있다. 요즘은 그 도장을 '공정'이라고 부른다. 사회적인 '당선증'이다. 교육개혁이라고 해서 뚜껑을 열어보니 정시 비율이니, 수시에서 뭐는 안 되니 하는 얘기만 가득한 것도 실상은 정치권의 경선 룰 싸움 같은 것이기 때문이다.

이런 관점으로 보면 유별난 정시 선호 현상을 납득할 수 있다. 여러 연구를 통해 정시가 수시보다 저소득층 학생이 명문대에 진학하는 걸 더 어렵게 한다는 사실이 입증되었지만, 그래도 사람들은 정시를 지지한다. 선거의 핵심은 공평한 결과가 아니라 투명성이기 때문이다. '내가 패배하더라도 정시라면 승복하겠다'는 심리가 있기 때문에 결과는 불평등해도 더 공정한 시험이라는 지위를 얻는다.

마이클 샌델Michael J. Sandel이 쓴 〈공정하다는 착각〉이라는 책의 원제는 'The Tyranny of Merit'이다. 과거부터 샌델의 책은 한국어 번역하는 분들의 '초월번역'이 끝내준다. 이를테면 미국에서 유행하는 '능력주의(meritocracy)' 문제를 한국으로 가져오면서 '공정'의 문제로 치환한다. 마케팅적으로도 적절해 보이고, 이해하기도 쉽다.

이 책은 '도장'만 받으면 다 해먹어도 좋은가 묻는다. 교육이 선거의 기능을 하는 건 그렇다 쳐도, 당선된 사람이 모두 다 해먹으면 '폭정(tyranny)' 아니냐는 얘기다. 대니얼 마코비츠Daniel Markovits 예일대 교수가 쓴 〈엘리트 세습〉도 그렇고, 확실히 요즘 미국의 이슈가 능력주의이긴 한가보다.

그런데 한국은 한발 앞서 이 문제에 대해 진 빠지게 토론(?)했고 암묵적인 결론이 나온 게 아닌가 싶다. 학벌 문제로 수십 년을 씨름한데다 그 확장판인 '공정' 논쟁도 몇 년 간 치열하게 했다. 대중의 정서는 지금 쓰고 있는 도장(=공정)의 권위를 인정하자는 거라고 봐도 틀리지 않다.

문제는 그럴듯한 대안이 없다는 점이다. 샌델 교수의 대안을 보면 헛웃음이 나온다. 대안으로 '겸손함'을 말한다. 기득권자의 겸손함을 통해 사회적 추인(追認)을 받아야 한다는, 그런 목사님 같은 소리다.

이 책은 '추첨제'도 다룬다. 이를테면 차라리 하버드대 학생을 전부 추첨으로 뽑자고 한다. 그런데 도장 찍어준 자들이 모든 걸 가지려고 하는 게 문제인데, 아무나 도장을 찍어주는 게 해결책이 될 수 있을까. 선거로 뽑은 의원들이 전횡을 부리니 차라리 아무나 뽑자는 식의 대안이 아닐까.

선거를 통해 권력의 정당성을 부여하듯, 뛰어난 성취를 해도 교육이라는 과정을 (사회가 인정한 게임의 룰로) 거쳐야만 승인 도장을 받는다. 요즘은 그 도장을 '공정'이라고 부른다. 이른바 '당선증'이다. 책은 '도장'만 받으면 다 해먹어도 좋은가 묻는다. 교육이 선거의 기능을 하는 건 그렇다 쳐도, 당선된 사람이 모두 다 해먹으면 '폭정' 아니냐는 얘기다.

그렇게 도장의 권위를 떨어트리는 식으로 가면 결국 다른 도장이 나타난다. 얼마 전 어느 기업의 인사 담당자와 얘기하다 신입사원 학벌 얘기가 나왔다. 부장급 정도면 서울대 아닌 사람이 거의 없는 고학력 조직이었지만, 신입사원 중에 서울대가 없어서 놀라는 분위기라고 했다. 이른바 'SKY' 출신 비율도 수년째 낮아지고 있다고 한다.

그런데 흥미로운 건 고등학교 소재지는 갈수록 서울이 많아지고 있다는 점이다. 비서울 출신은 줄고, 다소 학벌이 좋지 않아도 서울 출신이 약진한다는 얘기다. 그 비율이 70% 이상이라고 한다. 물론 주소만 보고 사람을 뽑지는 않았을 텐데, 아무튼 좀 씁쓸했다. 모르는 사이에 후천적으로 얻을 수 있는 학벌의 설명력은 약해지고 부모님 댁이 어딘지가 중요해지는 기이한 트렌드가 생기고 있는 걸까.

서울대 출신이고 부모님이 서울에 집이 없는 사람과 평범한 대학 출신이지만 부모님이 서울에 집이 있는 사람 중에 누가 더 유리하다고 해야 할까. 아무리 요즘 풍조가 '사실상' 귀족시대로 돌아가고 있다고 해도 진짜 귀족시대보다는 낫다며 위안 삼아야 혈압에 안전한 걸까. 이런 '나이브한' 문제의식이야말로 '하버드대'라는 왕관을 쓴 자(마이클 샌델 교수)의 폭정이 아닐까.

그러고 보니 이 책에 대해서는 본의 아니게 호평보다 비평조의 얘기를 많이 했다. 그래도 샌델 교수의 이슈 선정 감각은 발군이다. 비록 팟캐스트 녹음을 이유로 읽었지만, 교육이라는 외피를 쓴 불평등 문제를 고민하기에 〈공정이라는 착각〉은 괜찮은 책이다. 하지만 해법이 하품 나는 건 여전히 아쉽다.

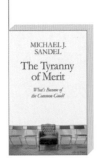

〈공정하다는 착각〉
The Tyranny of Merit _ 원제
마이클 샌델(Michael J. Sandel) 지음 / 함규진 옮김
와이즈베리 / 2020년 12월 1일

KILLER TEXT

대한민국의 교육 이슈를 끌고 가는
이른바 주요 대학을 노리는 상위권 학생과
학부모에게 교육은 '정치'다. 교과서적으로
정치의 정의는 '자원의 권위적 배분 과정'이다.
한국에서 교육은 자원 배분을 얻어낼 뿐 아니라
그 배분의 정당성을 획득하는 과정이다.
역사적으로 지위와 권력이 일치했던
한국 사회에선 그 의미가 더 크다.

행동경제학자가 들여다본
인간의 복잡 미묘한 속마음

'자신이 선택했다'고 착각하게 만드는 기술

"저 새는 해로운 새다!"

1955년 농촌 현장지도 와중에 곡식을 쪼아 먹는 참새를 본 마오쩌둥^{毛澤東}의 한 마디는 중국 참새들에겐 재앙이었다.

최고지도자의 뜻을 받들어 수억 명의 인민이 곡식을 축낸다며 참새 잡기에 나섰다. 하루에 수만 마리의 참새를 잡는 기염을 토한 도시는 '모범 사례'로 홍보됐고, 지역마다 실적을 채우기 위해 동분서주했다. 참새 잡기는 대성공이었지만 결과는 달랐다. 천적인 참새가 사라지자 해충이 들끓었고, 농사는 처참하게 실패했다. 수천만 명의 아사자(餓死者)를 낳은 대약진운동의 한 모습이다.

참새 잡기 운동은 독재자의 무지와 고집이 만들어낸 참사로 유명하다. 하지만 널리 알려지지 않은 흥미로운 모습이 있다. 참새를 많이 잡는 게 정책

목표가 되자, 참새가 많지 않던 곳에서도 포획량이 늘어나기 시작했다. 없는 참새가 어떻게 잡힌 걸까? 일부러 참새를 키우는 사람들이 생겼기 때문이다. 실적을 늘려야 하니 없던 참새를 키우는 부작용이 나타났다.

이렇게 정책이 오히려 목표와 반대되는 결과를 만든 사례는 많다. 제국주의 시대에 영국은 인도에서 맹독을 가진 코브라 퇴치 운동을 벌였다. 코브라를 잡아오면 현상금을 지급하는 방식이었다. 그 결과 한동안 줄어들던 코브라는 얼마 지나지 않아 오히려 폭증했다. 참새와 마찬가지로 현상금을 받기 위해 코브라를 사육하는 이들이 나타난 결과다. 경제학자 호르스트 지베르트Horst Siebert는 정책이 의도와 반대되는 결과를 만드는 현상을 이 사례를 빌려 '코브라 효과'라고 불렀다.

1955년 농촌 현장지도 와중에 곡식을 쪼아 먹는 참새를 본 마오쩌둥의 한 마디에 대륙의 참새는 씨가 말랐다. 참새 잡기는 대성공이었지만 결과는 참혹했다. 천적인 참새가 사라지자 해충이 들끓었고, 그해 농사는 처참하게 실패했다. 수천만 명의 아사자는 참새의 운명을 따랐다. 마오쩌둥이 던진 무심한 한 마디는 인민의 옆구리를 거세게 걷어찬 꼴이 됐다.

세상에서 가장 경제적인 옆구리 찌르기

인간은 인센티브에 끌린다. 이 단순한 명제에 따라 선한 목적을 갖고 많은 정책이 탄생한다. 목표하는 결과를 내면 지원금을 주고, 반대의 결과를 내면 벌금 같은 제재를 하는 방식이다. 하지만 인간은 이렇게 간단하게 통제될 만큼 단순하지 않다. 섬세하고 때로는 기묘하기까지 한 인간에 대한 이해에 무관심했던 정책은 실패하기 마련이다.

그러면 어떻게 해야 할까? 대놓고 이래라 저래라 해서는 통 말을 듣지 않을 테니 옆구리를 슬쩍 찔러라! 이제는 고전의 반열에 오른 〈넛지〉의 메시지다. 순순히 시키는 대로 하기 싫어한다면 '자신이 선택했다'고 착각하게 만드는 기술을 써야 한다.

마치 사람들의 심리를 조작하라는 듯한 느낌이 들어 거부감이 들지 모른다. 실제 사례를 보면 뜻밖에 인간의 '귀여운' 면모에 웃음이 난다.

차일피일 논문 마감을 미루는 사람을 어떻게 바꿀 수 있을까? 저자는 마감을 앞둔 사람 A에게 100달러 수표를 받고, A가 매월 마지막 날에 일정 분량을 다 쓰지 못하면 이 수표를 현금화해서 써버리기로 했다. 겨우 100달러지만, 내 돈으로 다른 사람이 흥청망청하는 꼴을 볼 수 없었던 A는 계획대로 넉달 만에 논문을 마감했다고 한다.

다 쓰면 100달러를 준다는 인센티브였으면 기대할 수 없었을 효과다. 이런 결과를 만든 디테일은 '내 돈을 남이 가져가서 쓴다'는 불편한 상황을 만든 점이다. 특히 저자는 이 돈으로 A를 뺀 파티를 하겠다고 밝혔다. A가 배 아파서 참을 수 없는 상황을 만들었고, 겨우 100달러로 논문 마감이라는 성과를

행동경제학으로 노벨상을 받은 경제학자의 역작답게 책의 내용은 녹록하지 않다. 하지만 책 표지의
어미 코끼리와 아기 코끼리의 모습에 담긴 함의를 이해했다면 (조금 과장해서) 책이 전하고자 하는 핵
심 메시지를 간파한 거나 다름없다. 아기 코끼리가 샛길로 이탈할 때 어미 코끼리는 결코 힘자랑을
하지 않는다. 어미가 우아한 코로 아기의 사랑스런 엉덩이를 부드럽게 터치하는 것만으로도 아기는
다시 어미의 품 안으로 들어온다. 어미의 코에는 '강요에 의하지 않고 자연스럽게 선택을 유도하는
부드러운 개입'이라는 넛지 효과가 담겨 있다.

만들어냈다.

〈넛지〉의 메시지는 사소해 보인다. 화장실 변기에 파리 모양 그림을 그려넣는다거나, 쓰레기장에 가짜 눈을 다는 이야기가 이어지니까. 하지만 책의 핵심은 눈 모양 스티커가 아니다. 인간은 섬세하게 이해하기 위해 노력하고, 고민해야 하는 존재라는 사실이다. 이건 '선한 의도'로 가득 찬 정부가 특히 새겨야할 가르침이다. 좋은 목적으로 밀어붙인다고 꼭 좋은 결과가 나오지 않는다. 더 중요한 건 인간에 대한 이해와 존중이다.

예를 들어 심각한 저출산 문제를 해결하려 한다고 하자. 아이를 낳을 때마다 매달 10만 원씩 준다고 하던 정부가 이 돈을 20만 원으로 늘리면 어떨까? 지원금을 2배나 늘렸으니 아이를 더 낳을 것이라고 예상한다. 하지만 이렇게 매년 늘어나는 보조금을 보며 어떤 이들은 '기다리면 더 많이 지원해준다'고 생각한다. 오히려 출산을 미루도록 장려하는 신호를 주는 셈이다.

인간은 여전히 블랙박스다. 과학기술이 발전하고 국가 체계가 강화되면서 인간을 손쉽게 통제할 수 있다고 믿었던 시절이 있었다. 착각이었다. 우리는 더 깊이 이 미묘한 존재에 대해 탐구하고 고민해야 한다. 통제할 수 있다는 오만보다 섬세한 배려가 열쇠다.

〈넛지〉
Nudge _ 원제
리처드 탈러(Richard H. Thaler), 캐스 선스타인(Cass R. Sunstein) 지음
이경식 옮김 / 최정규 감수
리더스북 / 2022년 6월 20일(개정판 기준)

KILLER TEXT

인간은 인센티브에 끌린다. 이 단순한 명제에 따라 선한 목적을 갖고 많은 정책이 탄생한다. 목표하는 결과를 내면 지원금을 주고, 반대의 결과를 내면 벌금 같은 제재를 하는 방식이다. 하지만 인간은 이렇게 간단하게 통제될 만큼 단순하지 않다. 섬세하고 때로는 기묘하기까지 한 인간에 대한 이해에 무관심했던 정책은 실패하기 마련이다. '선한 의도'로 가득 찬 정부가 특히 새겨야할 가르침이다. 좋은 목적으로 밀어붙인다고 꼭 좋은 결과가 나오지 않는다. 더 중요한 건 인간에 대한 이해와 존중이다.

호모 사피엔스라는 '호구'

거짓말은 어떻게 신화와 종교, 역사가 되었나

사람은 쉽게 속는다. 단체채팅방에 누군가 찌라시를 올리면 많은 사람들이 사실로 믿는다. 사이가 가까운 사람의 말이라면 더 쉽게 믿는다. 남의 말을 쉽게 믿는 건 위험한데도 그렇다. 뉴스에는 사람에게 속아 평생 번 돈을 잃은 사기 피해자의 안타까운 사연이 끝없이 나온다. 이런 소식을 접하면 '쉽게 남을 믿지 말자'고 다짐하지만, 우리는 금세 또 다른 사람을 믿고 상처를 받곤 한다.

수백만 년 동안 서로 속고 속여 온 인류는 왜 여전히 남의 말을 잘 믿는 걸까? 긴 진화의 과정을 생각하면 쉽게 남에게 속고 손해를 보는 개체는 도태되고, 남을 잘 속이거나 의심이 투철한 이들만 살아남을 수 있었던 게 아닐까 싶다. 인류는 여전히 고등교육을 받으면서까지도 '비판적으로 사고하기'를 학습해야만 살 수 있는 순진한 존재로 남아있다.

거짓말을 잘 믿어야 성공한다

〈사피엔스〉는 이 순진하기 그지없는 딱한 종(種)이 살아남는 걸 넘어 번성하는 이유를 설명한다. 저자 유발 하라리Yuval Noah Harari는 인류의 성공 비결을 '거짓말을 잘 믿기 때문'이라고 주장한다. 7만 년 전, 인류는 있지도 않은 이야기를 지어내기 시작했다. 거짓말쟁이 주위에 모여든 이들은 이 허무맹랑한 이야기에 홀려 고개를 끄덕거렸다. 저자는 이를 가리켜 '인지 혁명'이라고 부른다.

거짓말은 이런 식이었다. '우리 부족의 선조는 호랑이다.' 이런 황당한 이야기를 누군가 주장한다. 선사시대일지라도 호랑이와 사람이 전혀 다른 존재라는 건 누구나 알고 있었을 것이다. 저자에 따르면 '우연히' 호모 사피엔스는 그런 거짓말을 떠올리고, 믿는 종으로 변화했다. 그 결과 겨우 혈연으로 엮인 수십 명이 모여 지내던 한계를 깨고, 수백 혹은 수천 명 규모의 '호랑이 부족'이 공동체를 이루기 시작했다. '우리는 호랑이의 후손'이라는 거짓말이 공동체를 묶은 '문화'로 거듭난 결과다.

인지 혁명은 집단 규모의 한계를 무너뜨렸다. 호랑이 부족은 '호랑이 신화'로 발전해서 '호랑이 나라'의 토대가 됐다. 이런 상상력은 사후 세계 같은 초월적인 영역까지 뻗어나갔다. 기원전 900년 무렵부터는 전 세계에서 보편 종교의 씨앗이 뿌려졌다. 중동에서는 기독교, 인도에서는 불교, 중국에서는 유교가 출현했다. 마침내 호모 사피엔스의 인지 혁명이 가족, 부족 그리고 국가를 넘어 모든 인간으로 뻗어나간 것이다.

인지 혁명은 정치 체제에만 영향을 미친 게 아니다. 한 순진한 호모 사피엔스는 친구에게 이런 제안을 받는다. '배가 고파서 그런데 고기 한 덩어리만 빌려

줘. 대신 나중에 갚는다는 표시로 조개껍데기를 하나 줄 게.' 귀한 고기를 먹을 수 없는 조개껍데기와 바꾸는 건 바보 같은 짓이다. 하지만 이 거래는 성사된다. 조개가 언젠가 돌아올 고기의 값어치를 가질 거라고 믿기 때문이다.

이런 식으로 호모 사피엔스는 있지도 않은 존재에 가치를 부여하며 신용(credit)을 창조해왔다. 우리는 스마트폰 화면에 비치는 숫자의 나열을 보면서 울고 웃는다. 눈앞의 멋진 외제차를 사는 대신 평생 가보기도 쉽지 않을 브라질에서 발행한 채권을 사기도 한다. 주식, 채권이라는 '거짓말'을 만들어내는 것도 모자라 이걸 다시 활용한 파생상품이라는 가공의 존재도 만들어서 사고판다.

인류의 문명은 모두가 같은 이야기를 믿어왔기 때문에 쌓아올릴 수 있었다. 겨우 수십 마리가 모여 사냥을 하는 늑대와 달리 인간은 수백만 명이 작전을 짜서 전쟁을 벌이기도 하고, 지구 반대편의 기업과 협력해 물건을 만들어내기도 한다. 이 순진한 종은 실체가 없는 이야기를 믿으며 사회 시스템을 유지하고 발전시킨 끝에 지구의 정복자로 올라섰다.

수만 년 전 상상력 넘치는 누군가가 '호랑이 조상설'을 이야기했을 때, 누군가는 말도 안 된다고 생각하며 조용히 나무에서 열매를 따러 다녔다. 반면 순진한 이들은 '호랑이 부족'이라는 자긍심을 갖고 뭉쳐 다니며 큰 동물도 쓰러뜨리고, 힘을 합쳐 다른 부족을 내쫓기도 했을 것이다. 〈사피엔스〉에 따르면 우리는 이런 순진한 '호구'의 자손인 셈이다.

사상과 종교, 민족, 이념 등 수많은 사람을 하나로 묶어주는 문화의 힘은 여전히 막강하다. 2020년 태국 방콕에선 별안간 한국의 철지난 노래인 소녀시대의 〈다시 만난 세계〉가 울려 퍼졌다. 뜻밖에도 콘서트장이 아닌 반정부

아주 오래 전 인류는 있지도 않은 이야기를 지어내기 시작했다. 거짓말쟁이 주위에 모여든 이들은 이 허무맹랑한 이야기에 홀려 고개를 끄덕거렸다. 인류의 문명은 모두가 같은 이야기를 믿어왔기 때문에 쌓아올릴 수 있었다. 〈사피엔스〉의 저자 유발 하라리는 이를 가리켜 '인지 혁명'이라고 부른다. 어떤 이야기는 저잣거리에서 맴돌다 휘발되기도 하고, 어떤 이야기는 영험(靈驗)한 전달자를 만나 신화 혹은 종교가 되어 전 세계로 퍼져나가며 집단 규모의 한계를 무너뜨렸다. 이미지는 미켈란젤로 (Michelangelo Buonarroti)가 1508년경 바티칸 시스티나 성당의 천장에 그린 〈천지창조〉의 일부.

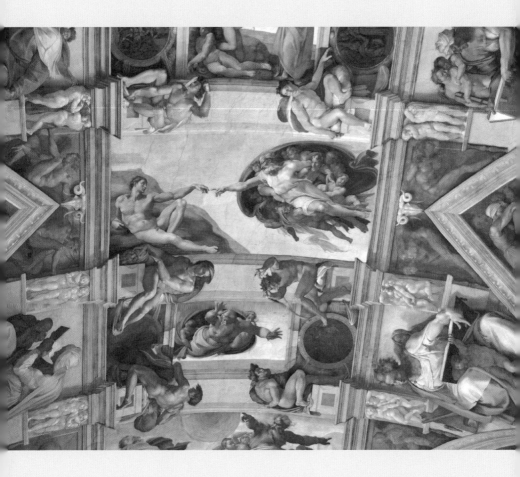

시위대 사이에서다. 태국의 시민들은 새로운 세계라는 꿈을 담은 외국 노래를 함께 부르며 전의를 불태웠다. 중국공산당은 '불건전한' 내용의 한국 음악을 금지하고, 팬클럽을 해산시키곤 한다. 여럿이 같은 상상을 하는 게 얼마나 강력한 힘인지 알기 때문이다.

인지 혁명의 결과 물질의 풍요를 이룬 우리는 역설적으로 '상상력의 힘'을 잊고 있는 게 아닐까. 최근 미국 중년 백인의 평균 수명은 줄어들고 있다. 세계 패권국이자 부자 나라인 미국에서 알코올과 마약 중독, 총기 범죄와 자살로 생긴 일이다. 경제학자 앵거스 디턴[Angus Stewart Deaton]은 미국인들이 '절망사' 하고 있다고 지적했다. 수십 년을 고생한 끝에 선진국에 올라선 한국은 뉴델리의 시민들보다도 삶에 만족하지 못하고, 불행하게 살아가고 있다.[*]

우리는 항상 꿈을 꾸면서 성장해왔다. 아이만 꿈이 필요한 게 아니다. 인류는 별을 바라보듯, 환상을 자극하는 이야기를 통해 다른 이들과 협력하고 더 좋은 사회를 만들어왔다. 이 동력이 지금 고갈되고 있다. 이 공허함을 채울 새로운 '거짓말'은 어디서 찾아야 할까? 분명한 건 이 연료통은 10초짜리 유튜브 쇼츠 만으로는 채울 수 없다는 점이다.

사피엔스
Sapiens _ 원제
유발 하라리(Yuval Noah Harari) 지음 / 조현욱 옮김 / 이태수 감수
김영사 / 2015년 11월 23일

---

[*] 서울대 아시아연구소와 한국리서치가 15개국 대도시에 거주하는 시민 1만500명을 대상으로 조사한 결과에 따르면, '현재 삶에 만족한다'는 응답이 서울의 경우 42.3%로 15개 도시 중 최하위로 나타났다. 삶의 만족도 1위인 베이징(84.9%)과 2위 뉴델리(80.3%)의 절반 수준이다. _ 〈조선일보〉 2023.5.30.자

KILLER TEXT

인류의 문명은 모두가 같은 이야기를 믿어왔기 때문에 쌓아올릴 수 있었다. 겨우 수십 마리가 모여 사냥을 하는 늑대와 달리 인간은 수백만 명이 작전을 짜서 전쟁을 벌이기도 하고, 지구 반대편의 기업과 협력해 물건을 만들어내기도 한다. 이 순진한 종은 실체가 없는 이야기를 믿으며 사회 시스템을 유지하고 발전시킨 끝에 지구의 정복자로 올라섰다.

합리적 존재의 죽음

충동적 존재들이 일으켜 온 위기의 실체

삶의 많은 문제는 '단기'와 '장기' 사이의 부조화에서 생겨난다. 점심 때 쯤 당이 떨어지면 서랍에서 초콜릿을 꺼내 먹으면 행복하다. 하지만 수십 년이 지나면 내장지방 때문에 볼록해진 배와 임플란트 시술로 돌아온다. 몇 시간이고 넋 놓고 보게 되는 숏폼 영상을 몇 년째 보다 보면, 책 한 장 읽기도 어려운 뇌가 된다. 주말에 쉬고픈 마음에 친구들의 결혼식에 연달아 가지 않았다면, 몇 년 뒤 자신의 결혼식을 앞두고 빈 하객 좌석을 떠올리며 전전긍긍하기 마련이다.

오랜 진화의 시간 동안 호모 사피엔스는 하루살이 같이 버텨왔다. 당장 먹을 게 없었던 그 땐, 바로 에너지로 쓸 수 있는 당분을 잘 찾아내야 생존에 유리했다. 우리는 단 맛을 찾아내면 쾌감을 느끼고, 남는 에너지를 지방으로 알차게 보관했던 이들의 후손이다. 하지만 예상치 못한 풍요가 찾아왔다. 하루

하루를 걱정하며 버틴 몸으로, 갑자기 100년을 살게 되자 온갖 성인병에 시달리게 됐다. 우리가 지금 누리는 문명의 기본적인 요소도 호모 사피엔스의 역사를 놓고 보면 여전히 '신문물'이다.

탐욕에 무릎 꿇은 이성

돈은 현대 사회에서 너무나 중요한 위치를 차지하지만, 이를 다루는 인간의 뇌는 숲에서 숨어살던 시절과 다를 바 없다. 조금만 투자가 성공하면, 숫자에서 눈을 떼고 숲속의 유인원 시절로 돌아가 사냥에 성공한 것처럼 흥분한다. 자신감이 뿜어져 나오면서 무리한 베팅을 한다. 사냥꾼이었다면 필요한 배짱이지만, 현대 사회에서는 처절한 버블 붕괴로 돌아오기 마련이다.

〈야성적 충동〉은 인간의 한계가 어떻게 경제위기를 불러왔는지 설명하는 책이다. 이 책은 2008년 금융위기 직후인 2009년에 출간됐다. 전 세계 사람들이 대체 무슨 일이 벌어졌는지 어리둥절해 하던 때다. 열심히 일해서 집을 마련해 살던 사람이 하루아침에 거리에 나앉았다. 무슨 일인가 신문을 펴보니 평생 가본적도 없는 미국 월가에서 만든 모기지담보부증권(MBS)이니 신용부도스왑(CDS)이니 하는데서 문제가 생겼다는 게 아닌가.

문제는 현대 사회를 사는 우리가 '양복 입은 원숭이'라는 점이다. 저자들은 경제 문제를 일으킨 인간의 특성을 다섯 가지로 나눠 설명한다. '자신감', '공정성', '부패와 악의', '화폐 착각' 그리고 '이야기'다.

인간은 마땅한 근거도 없이 배짱으로 베팅을 하고(자신감), 그럴싸한 환상에 끌려 무모한 선택을 한다(이야기). 모두가 규칙을 지키면 가장 좋은 결과를 얻는데도 눈앞의 이익을 탐내며 나쁜 짓을 저지른다(부패와 악의). 물가 상승이 이뤄지는 데도 당장 명목 임금이 떨어지지만 않으면 소비력이 그대로라 생각하고 무리한 지출을 한다(화폐 착각). 그러면서 나에게 피해가 없더라도, 남이 잘되면 배가 아프다(공정성).

초등학교 '바른생활' 시간에 나올 법한 유치한 행동이 세계 경제를 무너뜨린 사건을 설명할 열쇠라는 얘기가 쉽게 납득되지 않는다. '야성적 충동'의 요소로 설명하면 이렇다. 2000년대 미국 사람들은 넘쳐나는 달러(나중에 밝혀진 사실은 중국의 흘러넘치는 무역 흑자가 미국으로 돌아온 결과였다)와 저금리를 활용해 집을 사기 시작했고, 금세 자신감에 취한 과감한 베팅이 나타났다.

계속 오르는 집값은 '집값 불패'의 신화라는 이야기로 퍼져나간다. 다시 자신감을 자극한다. 월가가 끼어든다. 은행들이 집주인에게 집을 담보로 내준 대출을 여러 개 묶어서 상품을 만든 후 사고판다. 모기지담보부증권이다. 여기서 사기꾼이 끼어든다. 집주인이 갚을 여력도 없는 대출을 여러 개 묶어놓고는 최고 신용 등급의 상품이라며 판다. 과도한 자신감은 이야기를 낳아서 더 큰 베팅으로 이어지고, 큰 장이 열리자 부패와 악의가 끼어든다.

그러다 현실을 자각하면서 높은 탑은 한순간에 무너진다. 이 설명에 수학은 필요 없다. 광기에 사로잡혔다가 우울증에 빠진 원숭이의 모습으로 이해할 수 있는 풍경이다. 이렇게 〈야성적 충동〉은 경제학에서 오랫동안 '합리적 존재'로 가정해왔던 호모 사피엔스가 얼마나 충동적인 존재인지, 그들이 일으켜 온 사고를 하나씩 나열하며 설명한다.

2008년 금융위기에만 적용할 수 있는 이야기는 아니다. 예를 들어 2018년

돈은 현대 사회에서 너무나 중요한 위치를 차지하지만, 이를 다루는 인간의 뇌는 숲에서 숨어살던 시절과 다를 바 없다. 조금만 투자가 성공하면, 숫자에서 눈을 떼고 숲속의 유인원 시절로 돌아가 사냥에 성공한 것처럼 흥분한다. 자신감이 뿜어져 나오면서 무리한 베팅을 한다. 사냥꾼이었다면 필요한 배짱이지만, 현대 사회에서는 처절한 버블 붕괴로 돌아오기 마련이다.

이후 벌어진 미국과 중국 간 무역전쟁은 순전히 경제적 관점에서만 본다면, 매우 비합리적인 일이다. 미국은 중국의 저렴한 물건을 쓰고, 중국은 많이 파는 게 최선의 결과다. 하지만 '공정성'의 렌즈로 보면 얘기가 달라진다. 미국인들은 중국이 자기들에게 물건을 팔아 번 돈으로 국력을 키우는 게 불공정한 일이라고 생각했다. 자기들의 제조업 일자리를 내준 데 대해 분개했다. 중국산 저가품을 쓰는 효용이 더 큰데도 말이다.

거창한 국가 경제의 이야기로만 생각하면 곤란하다. 개인도 야성적 충동에 이끌려 경제적으로 손해를 보곤 한다. 각 나라마다 국민의 노후 준비 상황을 연구한 결과를 찾아보면, 정도의 차이만 있을 뿐 거의 모두가 필요한 돈보다 저축을 적게 한다. 책은 인간이 자신의 미래를 지나치게 낙관하고, 당장의 효용에 이끌려 돈을 쓰는 행태를 지적한다. 하긴 내일 출근하는데도 전날 폭음하며 골골 거리는 게 사람 아닌가.

우리는 여전히 이 낯선 시장을 이해하지 못한다. 태생적으로 그렇다면, 인간의 유용한 도구인 '이성'으로 대처해야 한다. 과도한 자신감이 일으키는 문제는 금융 규제로 예방하고, 사람을 홀리는 이야기는 정확한 정보 전달과 교육으로 차단해야 한다. 부패는 엄단하고, 더 공평한 체제를 만들어서 결과를 수긍할 만한 시스템을 구축하는 것이다.

개인도 마찬가지다. 경제적으로 성공을 거둔 투자의 대가들 가운데 '경제학을 배우라'고 하는 이는 많지 않다. 대신 사람의 심리, 즉 '너 자신을 알라'고 말한다. 충동적인 매매를 자제하고, 그럴싸한 이야기에 휩쓸리지 말라. 지나친 낙관을 거두고 자신의 소득 수준을 정확히 파악해 미래를 위해 저축하라. 동시에 타인과 '윈-윈'하는 관계를 구축하라.

충동으로 가득한 불완전한 존재이지만, 그래도 우리가 때때로 바보짓을 저지른다는 점을 인정하고 담담히 이 책을 읽는 것만으로도 큰 발전일 것이다. 야성적 충동을 이기기 위해서라도 〈야성적 충동〉을 읽어야 한다.

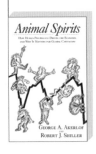

〈야성적 충동〉
Animal Spirits _원제
조지 애커로프(George Akerlof), 로버트 쉴러(Robert J. Shiller) 지음 / 김태훈 옮김
랜덤하우스코리아 / 2009년 6월 10일

인간은 마땅한 근거도 없이 배짱으로 베팅을 하고 (자신감), 그럴싸한 환상에 끌려 무모한 선택을 한다(이야기). 모두가 규칙을 지키면 가장 좋은 결과를 얻는데도 눈앞의 이익을 탐내며 나쁜 짓을 저지른다(부패와 악의). 물가 상승이 이뤄지는 데도 당장 명목 임금이 떨어지지만 않으면 소비력이 그대로라 생각하고 무리한 지출을 한다(화폐 착각). 그러면서 나에게 피해가 없더라도, 남이 잘되면 배가 아프다(공정성).

데이터센터,
다음 세기의 주강삼각주

인간이란 존재의 효용가치 톺아보기

"노동자는 디플레적이고, 노인과 청소년은 인플레적이다."
학문의 대가는 명확한 전제에서 시작한 통찰로 삼라만상을 꿴다. 그러면 이 한
줄의 명제로 세계 경제의 변곡점과 다음 30년의 변화를 그릴 수 있을까. 이 어
려운 일을 한 사람이 있다. 거시경제학의 대가, 찰스 굿하트^{Charles Goodhart}다.

다시 첫 명제로 돌아가면, 노동자는 소비하는 것보다 많이 생산한다. 직관
적으로도 직장을 다녀보면 이해할 수 있고, 경제적으로도 자본가는 노동자
가 월급보다 많은 산출물을 만들 경우에만 고용한다. 그러므로 노동자는 경
제에서 소비보다 많은 생산을 해 물가를 낮춘다. 청소년과 노인은 그 반대의
역할을 하기에 물가 상승을 만드는 존재다.

석학의 세계 경제 전망은 이 토대에서 시작한다. 성격 급하게 결론부터 말
하면, 앞으로 세계 경제는 과거의 저금리-저물가 시대를 끝내고 고금리-고

물가로 간다. '그거 지금 누가 모르나' 싶지만, 이 주장을 담은 〈인구 대역전〉이 출간된 게 2020년 8월이다. 그땐 제롬 파월Jerome Powell 미국 연방준비제도이사회 의장도 인플레이션이 오지 않을 거라 하던 시기다.

지난 한 세대의 저물가는 중국과 동구권발 노동력 공급 충격의 결과다. 여기에 선진 경제도 전후 베이비붐을 맞아 노동 공급이 쏟아졌다. 이젠 이 수레바퀴가 거꾸로 돈다. 지구별이 누리던 인구 보너스는 끝났다. 많은 나라에서 정년 연장을 해봤지만, 평균 은퇴 연령은 그다지 오르지 않았다. 즉 공급 곡선이 왼쪽으로 간다.

여기에 수요를 갉아먹는 문제도 있다. 이 책의 '엣지'는 노인 치매 문제를 진지하게 거시경제의 비용 문제로 다룬 점이다. 앞으로 고령화는 공급 감소에 그치지 않는다. 전 세계적으로 치매가 '창궐'해 엄청난 비용을 잡아먹는

│ 세계 알츠하이머 지도 (단위 : m=백만 명)

출처 : https://ncdalliance.org/news-events/news/world-alzheimer-report-2015-launched

다. 여기서 비용에는 노동력도 포함한다. 특히 젊은 여성 노동력이 시장에서 사라진다.

기억을 잃어가는 인간, 기억을 학습하는 AI

거의 냅킨에 슥슥 그려놓고 푼 썰에 가깝지만, 〈인구 대역전〉에서의 주장은 검증으로 채운 지극히 학자가 쓴 책이다. 주장의 논증도 기초적인 거시경제학 지식이 없으면 따라가기 버겁고, 책의 후반부는 전부가 예상 반박에 재반박하는 내용이다.

　여기서 급커브! 그러면 범용AI의 등장은 어떤 미래를 만들까? 우리가 생각해야할 건 '터미네이터'나 '아이 로봇'이 아니다. 18세기의 서아프리카 노예해안(Slave Coast)*과 20세기의 주강삼각주(珠江三角洲)**를 다시 떠올려야 한다. 잠깐 백미러를 보자.

　현재까지 나온 범용AI를 이렇게 저렇게 뜯어보고 생각한 미래의 모습은 이렇다. 앞으로는 구글 같은 빅테크가 고교생 수준의 말귀를 알아듣고, 상식을 갖춘 AI를 찍어낼 것이다. 그러면 또 다른 기업이 이 AI를 데려다가 다시 교육시킨다. 법률, 금융, 교육 등 전문 분야에 맞춰 구글에서 데려온 친구를 재교

---

* 기니만 동부와 베냉만의 볼타강 어귀에서 동쪽으로 나이지리아 베닌시티에까지 약 500km의 해안선을 가리킨다. 지역 주민은 거의 수단(Sudan)계로, 연안에는 토고 로메와 나이지리아 라고스 등의 항만도시가 있다. 이 지역이 노예해안으로 불리게 된 까닭은, 16~17세기경 많은 흑인 노예가 미국 등지로 잡혀간 데서 비롯한다.

** 중국 주강 하구의 광저우, 홍콩, 선전, 마카오를 연결하는 삼각지대를 가리킨다. 인구가 밀집한 지역으로, 풍부한 노동력을 기반으로 외자 기업들의 공장이 많이 진출하면서 글로벌 제조업의 집적지 가운데 하나가 되었다.

튀르키예 출신 그래픽 아티스트 레픽 아나돌(Refik Anadol)은 뉴욕현대미술관(MoMA)이 소장한 근·
현대 작품 13만8151점을 AI에 학습시켰다. AI는 학습 결과를 재해석하여 〈Unsupervised〉라는 그래
픽 작품을 창작했다. 기존 AI가 데이터와 패턴을 학습해 대상을 이해했다면, 생성형AI는 기존 데이터
와 비교학습을 통해 새로운 창작물을 구현한다. 작품은 강렬한 색채의 파도가 벽에서 튀어나오듯 휘
몰아친다. MoMA는 폭이 8미터에 이르는 이 거대한 작품을 1층과 2층 미술관 로비에 걸면서(사진),
'우리가 소장한 작품들을 학습한 기계는 어떤 꿈을 꿀까?'라는 질문으로 전시를 소개하는 카피를 대
신했다. 이에 대해 〈뉴욕타임스〉는, "AI가 예술을 창조한다면 인간에게 남은 건 뭘까? 두려운 질문!"
이라고 논평했다.

육시킨다.

실제로 지금까지 나온 AI 생태계는 이렇게 굴러가고 있다. 범용AI의 API*를 토큰을 지급하고 데려와서, 작문이나 그림 그리기, 사진 편집 SaaS** 서비스를 만들어서 재판매한다. 이 기업의 서비스를 사용하는 고객사들은 이들을 이용해 어시스턴트와 인턴 역할을 맡긴다. 월 몇 달러만 내면 그만이다.

리서치센터의 RA(애널리스트를 보조하는 역할), 로펌의 어쏘(Associate Lawyer, 로펌 소속 보조 변호사), 컨설팅펌의 인턴이 대체로 하는 일은 자료를 찾고 정리하고 모으는 일이다. 모두 범용AI가 잘할 수 있다. 시안 수십 개 뽑는 디자인 회사 어시스턴트나 장당 일만 원 받는 통역가도 마찬가지다. 단기적으로는 이들이 범용AI의 경쟁자다.

AI는 어떻게 일자리를 잠식할까? 예를 들어 속보, 가십 기사 쓰기와 기사용 도표 만들기에 최적화한 SaaS 서비스를 만들어서 월 사용료를 받고 언론사에 팔 수 있다. 현실화하면 인턴 기자나 디자이너 상당수를 줄일 수 있다.

미국과 중국의 빅테크를 제외하고는 이렇게 범용AI를 데려다(API) 특정 기능에 적용해 강화한 버티컬AI***로 갈 가능성이 높다. 카카오도 이 방향을 언급하고 있다. 국내 플랫폼 플레이어 '빅2'라고 할 기업마저 감히 수십조가 들지도 모를 범용AI를 만든다고 나서기 어려운 현실이다.

---

* Application Programming Interface : 운영 체제와 응용프로그램 간 통신에 사용되는 언어나 메시지 형식.

** Software as a Service : 하드웨어나 소프트웨어 등 각종 IT 자원을 소유하지 않고 인터넷에 접속해서 빌려 쓰는 클라우드 방식 가운데 하나.

*** 범용을 뜻하는 '수평적(horizontal)'의 상대적 개념은 '수직적(vertical)'이다. 전자가 불특정 다수의 대상을 상대로 보편적이고 개방된(open) 서비스를 지향한다면, 후자는 카테고리를 좀 더 세분화 · 전문화하여 전자가 지배하지 못하는 틈새 시장을 찾아 비즈니스 모델을 만든다. 기존 포털이나 SNS가 유저와의 수평적 관계를 중시하는 반면, 챗GPT는 수직적 관계를 통해 좀 더 구체적이고 내밀한 영역으로의 서비스를 지향한다.

정리하면 앞으로는 구글이나 MS가 돈과 데이터를 퍼부어 데이터센터에서 '지적 노동력'을 전 세계에 돈을 받고 공급하고, 각 나라에서는 이들을 데려다가 직업 교육을 시켜서 필요한 회사에 공급한다. (아직은) AI에게는 재산권도 없고, 노동력이 이쪽으로 건너오는 일이니 우리는 이제 남부의 백인이 됐다고 생각하면 된다. 나는 저들과 경쟁 관계인가, 아니면 주인이 될 것인가.

이런 일이 역사에서 처음 있는 일이 아니다. 18세기 서아프리카 해안에는 발에 차꼬를 찬 노예가 줄지어 배를 타고 아메리카 대륙을 향해 갔다. 20세기의 중국 주강삼각주는 수억 명의 인구를 세계 경제에 공급했다. 둘 다 공급 충격 요인이다. 다만 범용AI는 '근육 노동'이 아닌 '지적 노동'을 대신한다는 게 다르다.

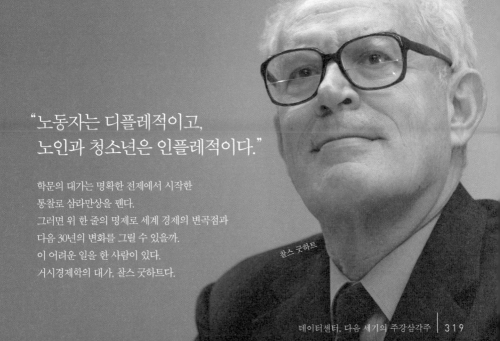

"노동자는 디플레적이고,
노인과 청소년은 인플레적이다."

학문의 대가는 명확한 전제에서 시작한
통찰로 삼라만상을 꿴다.
그러면 위 한 줄의 명제로 세계 경제의 변곡점과
다음 30년의 변화를 그릴 수 있을까.
이 어려운 일을 한 사람이 있다.
서시경제학의 대가, 찰스 굿하트다.

찰스 굿하트

지난 세계화 기간 동안 승자는 경제에 진입한 동아시아의 노동자들과 이들에게 기술과 자금을 제공한 선진국의 자본이었다. 패자는 새로 공급된 아시아의 저렴한 노동자에 밀려난 선진국의 육체노동자들이었다. 범용AI발 '두뇌 공급 충격' 사태의 영향을 예상하는 데는 이 논리가 유용할 것 같다.

두려워만 할 일은 아니다. 개발자들은 '인도인이 하는 유튜브' 없이는 일을 못한다. 인도인 때문에 당장 내 일자리가 사라지기보단 지름길을 찾고 업무 역량을 높이는 방향으로 굴러갈 가능성이 높다. 물론 대체될 정도로 낮은 생산성을 가진 사람이라면 문제겠지만 말이다.

모두가 패자가 될 리는 없고, 오히려 지난 세대동안 경험한 공급 증가의 수혜를 앞으로 누릴지도 모른다. 다만 필자를 포함한 화이트컬러 직장인 대부분은 중국이 WTO에 가입하는 걸 바라보던 오하이오주 공장노동자와 같은 처지다. 중국이 세계 무역 시장에 뛰어든 후 수많은 미국의 제조업 노동자는 실업자로 전락했다. 국가적으로도 한국은 지난 세대에는 세계화의 승자였지만, 앞으로는 쉽지 않다. 긴장할 때다.

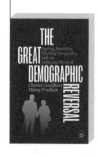

<인구 대역전>
The Great Demographic Reversal _ 원제
찰스 굿하트(Charles Goodhart), 마노즈 프라단(Manoj Pradhan) 지음 / 백우진 옮김
생각의힘 / 2021년 4월 22일

KILLER TEXT

노동자는 소비하는 것보다 많이 생산한다.
직관적으로도 직장을 다녀보면 이해할 수 있고,
경제적으로도 자본가는 노동자가 월급보다
많은 산출물을 만들 경우에만 고용한다.
그러므로 노동자는 경제에서 소비보다 많은
생산을 해 물가를 낮춘다.
청소년과 노인은 그 반대의 역할을 하기에
물가 상승을 초래하는 존재다.

양복 입은 침팬지의
내구연한

'몸뚱이'란 자산의 경제학적 고찰

길고양이의 수명은 대략 3년 내외다. 대체로 7살 정도면 '노묘(老猫)'로 본다. 길고양이는 나이들 걱정은 안 해도 되는 셈이다. 반면 집고양이는 수명이 15살 정도다. 갑자기 너무 좋은 환경으로 옮겨와 묘생 절반 이상을 늙은 채 살 운명이다. 그렇기에 집사는 고양이가 어릴 때부터 좋은 사료를 먹이고 치아, 연골 관리를 한다.

우리 삶도 집고양이와 마찬가지다. 그런데 우린 고양이를 키우는 집사보다도 자신을 돌보지 않는다. 인류는 얼마 전까지 50살 전후까지 기력을 유지하며 살다 10년쯤 병치레를 하다 죽었다. 젊을 때 과로도 하고 술, 담배도 즐기면서 내달려 50살 무렵에 성취를 이루면 끝인 게임이었다. 그런데 이제는 달려온 만큼 더 가야한다.

이 미스매치는 사회적으로도 문제다. 수명과 건강하게 사는 시간이 엇비슷할 줄 알고 만든 연금이 무너질 것이고, 건강을 잃은 채 나이든 기성세대는 온갖 만성질환에 시달릴 게 확실해 건강보험도 문제다. 100년을 살 청년 세대는 50년의 시간 지평으로 살아온 윗세대와 사사건건 맞는 게 없다.

이 책은 우리의 '내구연한(耐久年限)'에 대한 책이다. 내구연한의 사전적 의미는 원래의 상태대로 사용할 수 있는 기간이다. 의료 기술 발전과 먹거리 문제 해결로 인해 우리는 장수 시대를 누리게 됐다. 하지만 건강은 훌쩍 늘어난 수명을 따라가지 못한다.

여생을 불행하게 보내는 시간을 조금이라도 줄이려면 반드시 내구연한을 늘려야 한다. 책에서는 내구연한을 줄이는 행동을 '가속노화'라고 부르는 데, 저자는 가속노화를 부추기는 문제를 지적하고 해결방안까지 꼼꼼하게 제시한다.

30년 동안 '연봉'이라는 쿠폰이 나오는 채권

모든 문제의 근원은 우리가 여전히 '양복 입은 침팬지'라는 점이다. 문명을 이뤘지만, 수백만 년 동안 진화한 뇌는 아프리카 초원에서 살던 때랑 다를 게 없다. 그래서 굶어죽지 않기 위해 단 것에 환장하며 열량 낭비를 막기 위한 게으름과 새로운 자극에 빠지는 모험가 기질도 그대로다. 이게 풍요의 시대에 문제를 일으킨다.

인간의 뇌는 맛있는 것과 새로운 것을 보면 도파민으로 보상한다. 그런데 이 단순한 침팬지의 뇌를 이제 명문대 심리학 박사들이 만든 SNS 알고리즘과 식품공학자가 만든 가공식품이 공략한다. 이런 거대 기업의 입장에서 인간의 뇌를 해킹하는 건 어렵지 않다. 쓰레기 같은 유튜브 채널이 금세 수십만 구독자를 모으는 걸 보면 알 수 있다.

10초짜리 코카인 댄스로 시작한 유튜브 쇼츠는 새벽 4시까지도 잠을 못 이루게 하고, 액상과당이 투하된 음료는 만성질환을 부른다. 직원을 위한다며 사장님이 사준 허먼밀러 의자 '덕분에' 하루 10시간을 스트레칭 한 번 없이 보낸다. 당연히 운동능력은 떨어지고 우리 몸은 노화 급행열차를 탄다.

책에 더 깊이 빠져든 건 가속노화의 결과물을 너무 많이 봐왔기 때문이다. 너무 지쳐있고 몸은 아프면서 주변 사람에겐 짜증인 사람들을 자주 목격했다. 반면 자기관리에 성공한 이들은 40대에도 30대 초반 같은 사람도 흔하다. 이미 내구연한 양극화는 현실이다.

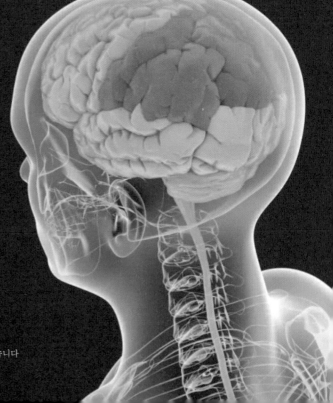

인간의 뇌는 맛있는 것과 새로운 것을 보면 도파민으로 보상한다. 그런데 이 단순한 침팬지의 뇌를 이제 명문대 심리학 박사들이 만든 SNS 알고리즘과 식품공학자가 만든 가공식품이 공략한다. 이런 거대 기업의 입장에서 인간의 뇌를 해킹하는 건 어렵지 않다.

당신도 느리게 나이 들 수 있습니다

기업가치가 수천조 원 규모의 빅테크부터 식품, 미디어까지 우리 뇌의 뒷문을 열려고 하는 시대에는 내가 나를 지켜야 한다. 책에서 강조하는 건 이동성(운동), 마음건강(정신), 건강과 질병(대체로 식사), 나에게 중요한 것(인생관)이다.

챕터의 구성을 보면 허무할 정도로 교과서적이다. 하지만 그래서 정답에 가깝다. 저자는 '정도(正道)'를 제시하고, 노년내과 전문의이자 의과학자로서 철저하게 검증하며, 의사로서의 안타까움이 묻어나는 글로 설득한다.

이 책은 경제적 자산을 넘어 우리가 타고 태어난 몸뚱이의 자산관리 비법을 말한다. 대다수 사람은 대략 30년 동안 '연봉'이라는 쿠폰이 나오는 채권이다. 이를 금융자산으로 환산하면, 결국 우리가 가진 거의 모든 재산은 몸뚱이 하나다.

이 자산을 이제부터 100년을 굴려야 한다면, 일찍부터 정석대로 운용하는 게 좋지 않을까. 운동하고, 좋은 음식 먹고, 명상하고. (책에는 없는 내용인데) 스마트폰에서 SNS와 유튜브 앱을 지우고 흑백 필터를 쓰는 것도 좋겠다. 다들 자산관리, 재테크에는 관심이 많다. 하지만 전 재산인 자신에겐 무관심하다. 이제는 가속노화에 맞서 내구연한을 지킬 때다.

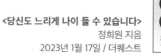

<당신도 느리게 나이 들 수 있습니다>
정희원 지음
2023년 1월 17일 / 더퀘스트

책이 강조하는 4가지는, 이동성(운동), 마음건강(정신), 건강과 질병(대체로 식사), 나에게 중요한 것 (인생관)이다. 저자는 노년내과 전문의이자 의과학자로서 철저하게 검증하고, 의사로서의 안타까움 이 묻어나는 글로 설득한다. 이미지는 호주 출신의 초상화가 조지 워싱턴 램버트(George Washington Lambert)가 그린 메디컬 아트 〈첼섬 병원〉(1910년). 화가는 런던 첼섬 스트리트의 한 병원에서 중년 남성의 폐 소리에 귀를 기울이는 의사를 그렸다. 그림 속 중년 남성의 얼굴은 '난 아무렇지도 않아'라 는 듯 의기양양하지만, 신중함과 걱정이 서려있는 의사의 표정은 마치 이 책의 문체와 닮았다.

KILLER TEXT

모든 문제의 근원은 우리가 여전히
'양복 입은 침팬지'라는 점이다.
문명을 이뤘지만, 수백만 년 동안 진화한 뇌는
아프리카 초원에서 살던 때랑 다를 게 없다.
그래서 굶어죽지 않기 위해 단 것에 환장하며
열량 낭비를 막기 위한 게으름과
새로운 자극에 빠지는 모험가 기질도 그대로다.
이게 풍요의 시대에 문제를 일으킨다.
10초짜리 코카인 댄스로 시작한 유튜브 쇼츠는
새벽 4시까지도 잠을 못 이루게 하고,
액상과당이 투하된 음료는 만성질환을 부른다.
직원을 위한다며 사장님이 사준 허먼밀러 의자 '덕분에'
하루 10시간을 스트레칭 한 번 없이 보낸다.
당연히 운동능력은 떨어지고
우리 몸은 노화 급행열차를 탄다.

'세대론'이란 떡밥

무명 세대의 허랑한 푸념

이한열 열사 추모식을 취재하러 갔던 적이 있다. 이 열사의 모교인 연세대에서 6월이면 해오던 연례행사였다. 선배의 얼굴을 새긴 티셔츠를 맞춰 입고 군무를 추는 20대 초반 후배들 사이로 영정이 들어왔다. 학생 네댓 명은 미리 준비한 선배 세대를 향한 존경을 담은 소감을 발표했다. 다른 학생들은 천막 밖 땡볕에 서서 내빈으로 온 어르신들을 맞이했다.

행사가 잠시 멈춘 사이 금빛으로 빛나는 배지를 단 키 크고 잘생긴 국회의원이 도착했다. 자리를 지키고 있던 교수들이 순식간에 그의 주변으로 모여들었다. 1987년의 한가운데 섰던 그는 역사적 순간이 수십 년이 지난 그때까지도 한창 때의 자신감으로 가득했다. 정치적 영향력과 사회적 존경 그리고 경제적 성취를 거머쥔 그 세대를 상징했다.

내빈석. 86세대의 자리다. 6월항쟁에 이어 촛불집회의 성취까지 얻어냈으니 그럴 만도 하다. 천막 바깥. 20대의 자리다. 혁명은커녕 취업도 이뤄내기 힘든 세대는 6월의 내리쬐는 햇볕에 찡그리는 얼굴로 땀을 비오듯 쏟는다.

떡밥 속 바늘에 다치는 건 누구인가

〈386 세대유감〉이라는 제목에서 알 수 있듯이 이 책은 최근 한국 사회의 화두로 떠오른 86세대에 대한 비판 혹은 푸념을 담았다. 86세대는 경제적 혜택을 받았고, 정치적 단결력으로 권력을 점유하며 한국 사회를 좌지우지한다는 내용이 주를 이룬다. 국회의원의 평균 연령이나 주요 기업 이사진의 연령별 통계 등 86세대의 전성기를 드러내는 자료는 다양하다.

'86세대 장기집권론'을 가장 집요하게 주장하는 이들은 다름 아닌 그 윗세대인 산업화 세대다. 이 책이 주목받은 이유는 화자(話者)가 2030세대이기 때문이다. 인터넷서점 알라딘에 따르면 이 책의 구매자 가운데 26%는 50대 이상이다. 2030세대는 17%에 그친다. '20대가 86세대를 비판하는 얘기를 들으며 공감하는 산업화 세대'의 구도는 한국 사회 담론지형의 한 장면이다.

산업화 세대와 민주화 세대의 틈바구니에 낀, 부를 이름도 없는 '2030세대'가 86세대와 각을 세우려 해도 어려운 몇 가지 이유가 있다.

86세대로 인해 가장 많은 혜택을 보고 있는 건 역설적으로 2030세대다. 지금의 2030세대는 86세대의 자녀 세대다. 사실 한 가족인 셈이다. 80~90년대생이 고등학교를 다닐 때쯤 무상급식이 시행됐다. 몇 년 뒤에는 반값등록금이 시작되더니 이제는 정부의 역점사업으로 청년-신혼주택 공급이 떠오른다.

몇 번의 전국 단위 선거에서 드러났듯 2030세대의 영향력은 언론의 관심에 비해 크지 않다. 다른 세대보다 수가 적기 때문이다. 그래도 정책적 혜택은 누리고 있다. 이 세대의 부모가 바로 86세대이며 2030세대에 돌아가는 혜택은 사실 86세대가 쟁취한 성과다. 아이들의 눈길을 끌어 부모 지갑을 여는 고전적 마케팅 수법이 정치에서도 먹히는 셈이다. 이런저런 불평을 해도 2030세대는 86세대와 후원관계다.

86세대의 장기집권을 비판하는 목소리가 공허한 다른 이유는, 이들의 집권이 이제 시작이기 때문이다. 오히려 그들의 수명은 늘고 있다. 현재 86세대는 50대다. 치안총수인 현 경찰청장이 68년생이다. 예전 같았으면 총장 퇴임 후 한 20년 정도 친목 모임 같은데 다니며 왕년을 추억하면서 생을 마쳤겠지만, 이제 50대는 한창 때나 마찬가지다.

86세대 중 세속적으로 성공을 거둔 일부 기득권 세력들이 1987년 6월 항쟁의 숭고한 가치를 이야기하는 건 볼썽사나운 일이다. 이미지 속 운동화는 이한열 열사의 유품.(출처 : 이한열기념사업회 홈페이지)

100세시대이니 50대면 앞으로 적어도 40년은 더 산다는 계산이 나온다. 정년 없는 노후 사업에 관심이 간다. 정치다. 이런 사람이 쏟아져 나온다. 언론, 기업, 학계에 넘친다. 86세대

정치가 이제 시작인 이유다. 여의도가 점점 더 노후화되는 건 이어질 추세다.

　86세대의 경제적 주도권도 이어지고 있다. 고령화에 발맞춰 경제에서 연금을 수령하는 이들의 영향력은 커지게 돼있다. 일본 등 앞서간 고령 사회가 보여준 '연금 경제'다. 86세대는 앞으로 수십 년간 수천조 원에 이르는 국민연금을 수령할 예정이다. 오랫동안 이어진 집값 상승의 혜택을 누린 이 세대는 연금을 통해 소비력까지 유지한다. 고갈되는 연금은 2030세대가 앞으로 일해서 채워 넣는다. 소비력이 아래 세대에서 위로 이전되는 것이다. 내집 마련부터 결혼, 출산까지 포기한 2030세대 입장에선 헛헛한 얘기다.

　'세대 교체'를 요구하는 청년 정치인을 향해서 86세대의 정치인은 조소하며 말한다. 권력은 달라고 요구하는 게 아니라 쟁취하는 것이라고. 이 말대로 86세대의 장기집권은 엄혹한 독재정권에 맞서 정치적으로 이기고, 고성장 시기의 경제활동을 하며 경제적 성취까지 거둔 정당한 성과물일지도 모른다. '꼰대' 같은 소리지만, 틀린 말은 아니라는 불편한 진실이다.

　90년대생인 필자는 86세대에 일갈하는 저자들의 외침에 마음이 울린다. 하지만 현실에서 세대의 벽은 아득히 높다. 달콤한 세대론의 뒤끝이 헛헛한 이유다.

<386 세대유감>
김정훈, 심나리, 김항기 지음
웅진지식하우스 / 2019년 7월 17일

'세대론'은 결국 '떡밥'이자 '미끼'일지도 모른다.
떡밥을 물어봤자 다치는 건 자신의 입이다.
그럼에도 사람들이 세대론에 집착하는 이유는 뭘까?
혹시 부도덕한 기득권층에 대한 반감이 특정 세대에 대한 분노로 치환되는 건 아닐까.
한 드라마에서 퇴물 취급 오십대와 절망의 끝판왕 이십대가 한편(!)이었던 건
'세대'와 상관없이 '계급'이 같아서 아니었을까.
이를테면 이 책의 독자 가운데 '86세대를 비판하는 이십대의 얘기를 들으며
공감하는 산업화 세대'가 적지 않은 이유도 같은 맥락이지 않을까.
이미지는 드라마 〈나의 아저씨〉의 한 장면.

KILLER TEXT

내빈석. 86세대의 자리다.
6월항쟁에 이어 촛불집회의 성취까지
얻어냈으니 그럴 만도 하다.
천막 바깥. 20대의 자리다.
혁명은커녕 취업도 이뤄내기 힘든 세대는
6월의 내리쬐는 햇볕에 찡그리는 얼굴로
땀을 비오듯 쏟는다.

'우선'하지 않으면 안 되는 문제

사회적 아픔을 표현하는 데 서툰 약자들을 위한 진단서

고등학생 때까지 살았던 평택은 굵직한 시위가 잦았다. 초등학생 때는 미군 부대 이전, 고등학생 때는 쌍용차 구조조정을 두고 전쟁 같은 시위가 벌어졌다. 시위와의 인연은 이 도시를 떠나고도 이어졌다. 첫 직장이 '시위의 성지'라고 할 만한 광화문이었기 때문이다. 퇴근길에 억울하고 분한 목소리로 가득한 광장을 지나는 게 익숙한 일이 됐다. 사안은 다르더라도 하려는 말은 억울하고 분하다는 얘기들이다.

이 책 〈아픔이 길이 되려면〉의 저자는 그들의 목소리를 훌륭하게 '통역'했다.* 데이터와 그의 언어로 풀어낸 메시지는 그들 혹은 사회의 많은 사람이

---

* 저자처럼 의과대학을 졸업한 이들에게 '아픔'이란 직업적 존재이유일지도 모르겠다. 다만 저자는 아픔의 결을 '진료실'에서 '사회'로 확장해 공부했다. 저자는 장애인, 비정규직 노동자, 성소수자를 비롯한 여러 사회적 약자들이 겪어내야 하는 사회적 통증을 치유하기 위한 정책을 연구하고, 또 세상에 알리기 위해 글을 쓴다. 보건학으로 박사 학위를 받은 뒤 서울대학교 보건대학원 환경보건학과 교수로 재직 중이다.

아파하고 있고, 또 우리 사회가 그들을 아프게 하고 있다는 얘기다. 건조한 현실에서는 그들이 아무리 확성기를 울려도 대다수 도시중산층에게는 잘 와 닿지 않는다. 그들의 말을 전문가가 나서서 훌륭하게 통역하는, 이런 작업이 없다면 전해지지 않는다.

최소한의 상식이자 보편적 명제

선진국이란 '반드시 지켜져야 할 가치'가 지켜지는 나라라고 생각한다. '그거 당연한 거 아니야' 할지 모르지만, 책을 읽고 나면 우리가 놓친 당연한 것이 무엇인지 깨닫게 된다. 돌이켜보면 지금은 당연한 모습도 먼저 발전한 선진국에서 '수입'하기 전까진 낯선 일이었다.

이 책은 경제성과 같은 '효율의 논리'가 어느 지점에서 멈춰야 하는지 선을 긋는다. 보편적 기준에 맞는 사회라면, 구성원이 '아프다'고 하면 우선 귀를 기울여야 한다고 말한다. 선진적인 사회란, 구성원들의 핵심적인 권리가 침해되지 않도록 배려하는 사회가 아닐까. '아프다'는 건, 그러한 권리가 침해됐다는 경고음이다.

공항에는 노약자와 장애인을 위한 '패스트 트랙'이 있고, 지하철에는 노약자석이 있다. 주차장에는 배려를 받아야 하는 이들을 위한 공간을 비워둔다. 평소에는 비어있더라도 침해하지 않는다. 다른 걸 제쳐두고 우선해야 하는 가치를 상징한다.

그러나 한국 사회에선 여전히 우선해야 할 가치를 다른 가치와 함께 저울에 올려놓고 비교하는 일이 잦다. 안전이나 건강, 약자에 대한 배려 등이 다른 실용적 가치 뒤로 밀려나곤 한다. 우리의 논의에서 아픔은 우선하지 않는다. 그보다 아프다는 걸 증명해내야 한다. '감성팔이'가 되고 싶지 않다면 증거를 가져와야 한다.

저자는 뒤로 밀려난 이들을 앞으로 보내기 위한 진단서를 내민다. 밀려난 이들의 아픔을 연구와 데이터로 입증해서 적는다. 여론을 주도하는 사람들에겐 먼 얘기이고, 고통 받는 이들은 언어가 없거나 자신이 힘들다는 사실조차 몰라서 지나치는 아픔을 저자는 포착했다. 언어가 없는 이들을 대신해 데이터로 정리한 자료와 글을 읽다보면, 우리가 놓친 '우선해야 할 이들'이 누군지 알게 된다.

여전히 우리는 갈 길이 멀다. 아직도 도심 한 가운데서 날림으로 철거하던 빌딩이 무너져 사람이 죽는 일이 벌어진다. 그때마다 관련된 사람을 구속하고 법정에 세우는데도 반복된다. 일하다 병에 걸리고 죽는 사람이 생겨도 그렇다. 이런 아픔들은 길이 되지 못하고 사라지기 일쑤다.

이 책은 아픔을 모아서 우리가 가야할 길을 닦아 놓았다. 아픔으로 만든 길을 읽으며, 놓치고 있던 우선해야 할 가치를 생각하게 된다.

<아픔이 길이 되려면>
김승섭 지음 / 동아시아 / 2017년 9월 13일

KILLER TEXT

한국 사회에선 여전히 우선해야 할 가치를
다른 가치와 함께 저울에 올려놓고
비교하는 일이 잦다.
안전이나 건강, 약자에 대한 배려 등이
다른 실용적 가치 뒤로 밀려나곤 한다.
우리의 논의에서 아픔은 우선하지 않는다.
그보다 아프다는 걸 증명해내야 한다.
'감성팔이'가 되고 싶지 않다면
증거를 가져와야 한다.

오독의 즐거움

초판 1쇄 발행 | 2023년 8월 7일
초판 4쇄 발행 | 2024년 5월 28일

지은이 | 남궁민
펴낸이 | 이원범
기획 · 편집 | 어바웃어북 기획편집실
마케팅 | 안오영
표지 · 본문 디자인 | 강선욱
펴낸곳 | 어바웃어북 aboutabook
출판등록 | 2010년 12월 24일 제2010-000377호
주소 | 서울시 강서구 마곡중앙로 161-8(마곡동, 두산더랜드파크) C동 1002호
전화 | (편집팀) 070-4232-6071 (영업팀) 070-4233-6070
팩스 | 02-335-6078

ⓒ 남궁민, 2023

ISBN | 979-11-92229-27-0 03320

위기를 조장하는 이코노미스트들의 위험한 선택
샤워실의 바보들
| 안근모 지음 | 324쪽 | 16,000원 |

**정부와 중앙은행의 위험천만한 화폐 실험이
경제를 통제불능의 괴물로 만들고 있다!**

중앙은행은 시장을 지배하는 神이기를 자처했고, 시장은 그러한 신의 계시를 맹목적으로 따랐다. 그 결과 거품과 붕괴, 인플레이션과 디플레이션이 끝없이 반복되고 있다. 국내 최고의 '중앙은행 관찰자(central bank watcher)'로 불리는 저자는 정부와 중앙은행에 대한 비판적인 시각을 견지하며 금융위기 이후 주요국의 재정과 통화 정책을 한 편의 다큐멘터리처럼 생생하게 재현했다.

한국의 자본시장은 어떻게 반복되는가
시장의 기억
| 이태호 지음 | 392쪽 | 18,000원 |

"역사는 예측의 강력한 도구다!"

시장은 놀라울 정도로 반복된다. 그렇다면 과거의 타임라인에서 현재 우리에게 필요한 좌표를 찾아낼 수 있지 않을까. 이 책은 일제강점기 쌀 선물시장의 흥망부터 코로나19로 촉발된 팬데믹 시대에 이르기까지 지난 100년 동안 한국 자본시장이 겪은 사건들을 추적하며 시장의 기억에 새겨진 경제위기의 패턴을 되짚는다. 우리는 잊었지만 시장은 기억하는 역사 속 생존 전략은 무엇일까?

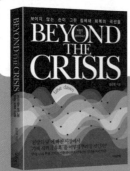

보이지 않는 손이 그린 침체와 회복의 곡선들
비욘드 BEYOND THE CRISIS
더 크라이시스
| 안근모 지음 | 322쪽 | 18,000원 |

**국내 최고 중앙은행 관찰자가 엄선해 분석한
150여 개의 그래프로 위기 이후 반등의 기회를 포착한다!**

산이 높으면 골이 깊은 게 자연의 섭리이듯 침체가 깊어질수록 회복과 반등의 기대가 커지는 게 경제순환의 원리이다. 하지만 회복과 반등의 욕망이 커질수록 온갖 무분별한 전망들이 쏟아져 시장의 혼란을 가중시킨다. 결국 경제술사들의 공허한 예언에서 벗어나는 가장 효과적인 방법은, 전망을 덮고 팩트를 자각하는 것이다.

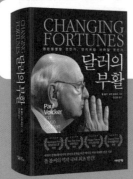